Heinz Müller-Pozzi

Psychoanalytisches Denken

Eine Einführung

Verlag Hans Huber
Bern Stuttgart Toronto

Für den Umschlag wurde das Bild der Vorderseite eines Sarkophages verwendet, der sich im Athener Nationalmuseum befindet (Kat.-Nr. 159). Das Bild wurde dem Tafelband zu „Oedipe, la Sphinx et les Thébains“ von Jean-Marc Moret entnommen (Bibl. Helv. Romana, Bd. 23, 1984).

Die Deutsche Bibliothek – CIP-Einheitsaufnahme

Müller-Pozzi, Heinz:
Psychoanalytisches Denken: eine Einführung / Heinz Müller-Pozzi. – 1. Aufl. – Bern ; Stuttgart ; Toronto : Huber, 1991
ISBN 3-456-82055-0

1. Auflage 1991

Gesamtherstellung: Kösel GmbH & Co., Kempten
Printed in Germany

Inhalt

Teil III: Der Aufbau der psychischen Wirklichkeit

Einleitung

Psychoanalyse ist die Lehre vom unbewußt Psychischen, die Sigmund Freud (1856–1939) begründet und als erster ausgearbeitet hat. Ausgehend von Freuds monumentalem Werk hat sich die Psychoanalyse zu einer geistigen Bewegung entfaltet, welche die Kultur des zwanzigsten Jahrhunderts nachhaltig prägt. Nicht nur hat sie die Psychotherapie revolutioniert und der Psychiatrie und Psychologie völlig neue Perspektiven eröffnet, sondern hat darüber hinaus auch der Literatur und Kunst wesentliche Impulse vermittelt. Das Verständnis von Zivilisation, Gesellschaft, Kultur und Kunst hat sich durch die Berücksichtigung ihrer unbewußten Wurzeln entscheidend verändert und erweitert.

In ihrem Kern aber ist und bleibt die Psychoanalyse eine Theorie des psychischen Funktionierens, die auf den klinischen Erfahrungen in einer ganz spezifischen Beziehung beruht, die wir die psychoanalytische Situation nennen. Was Psychoanalyse ist, hat Freud einmal so umrissen: „*Psychoanalyse* ist der Name 1) eines Verfahrens zur Untersuchung seelischer Vorgänge, welche sonst kaum zugänglich sind; 2) einer Behandlungsmethode neurotischer Störungen, die sich auf diese Untersuchung gründet; 3) einer Reihe von psychologischen, auf solchem Wege gewonnenen Einsichten, die allmählich zu einer neuen wissenschaftlichen Disziplin zusammenwachsen.“ Und er präzisiert: „Die Annahme unbewußter seelischer Vorgänge, die Anerkennung der Lehre vom Widerstand und der Verdrängung, die Einschätzung der Sexualität und des Ödipus-Komplexes sind die Hauptinhalte und die Grundlage ihrer Theorie, . . .“ (Freud 1923a, 211 u. 223).

Psychoanalyse ist, um dasselbe in moderneren Begriffen zu sagen,

1. eine Erkenntnismethode unbewußter psychischer Prozesse,
2. eine Methode der Verarbeitung psychischer Konflikte und
3. eine psychologische Theorie des psychischen Lebens und Erlebens, vor allem deren unbewußter Anteile.

Kurz, Psychoanalyse ist eine einzigartige Möglichkeit, die psychische – vorab unbewußte – Wirklichkeit des Menschen zu verstehen. Sie ist eine Methode der Interpretation, und steht damit der Hermeneutik, der Auslegung von Texten, näher als den experimentellen Methoden der empirischen Psychologie. Das sollten die Psychoanalytiker und ihre in experimenteller Psychologie geschulten Kritiker wissen und ernst nehmen. Die Psychoanalyse kann nicht mit der Verhaltenspsychologie konkurrieren, und sie kann nicht an deren Kriterien gemessen werden, weil sie sich auf einer anderen Ebene bewegt.

Die beste Einführung in die Psychoanalyse ist nach wie vor Freuds Werk selber. Freud hat eine wissenschaftliche Prosa geschrieben, die ihresgleichen sucht und jedem interessierten Leser zugänglich ist. Das Vergnügen, Freud zu lesen, sollte sich niemand entgehen lassen, der sich mit Psychoanalyse zu beschäftigen beginnt. Ja, die Lektüre Freuds ist eine Voraussetzung jeder ernsthaften Auseinandersetzung mit der Psychoanalyse. Seine „Vorlesungen zur Einführung in die Psychoanalyse" (1916–17) sind noch immer ein geeigneter Einstieg. Zudem gibt es gute Einführungen in sein Werk, z.B. von Brenner (1979) und Robert (1967), um nur zwei Standardwerke zu nennen.

Die Psychoanalyse hat sich in den gut hundert Jahren ihres Bestehens in verschiedene Richtungen weiterentwickelt, und es haben sich unterschiedliche psychoanalytische Arbeits- und Denkstile herausgebildet (Eagle 1988; Kutter 1989; Mertens 1990a; Segal 1983; Widmer 1990). Aber nicht in diese Vielfalt will ich einführen, sondern einem Weg psychoanalytischen Denkens folgen, dessen Angelpunkt der psychische, oder, wie die Psychoanalytiker gerne sagen, der „verinnerlichte Konflikt" und seine psychische Bearbeitung ist. Als klinische Praxis ist Psychoanalyse eine Möglichkeit, innere Konfliktlösungsstrategien zu verändern. Die psychoanalytische Theorie ist ein Versuch, diese Prozesse begrifflich zu fassen. Was das konkret heißen kann, soll in den einzelnen Kapiteln unter verschiedenen Gesichtspunkten entfaltet werden.

Teil I:

Die psychoanalytische Situation als Darstellung psychischer Wirklichkeit

1. Das Setting, die freie Assoziation und die freischwebende Aufmerksamkeit

Die unbewußte Wirklichkeit entzieht sich per definitionem der unmittelbaren Verfügbarkeit des Menschen. So will ich als erstes die psychoanalytische Situation skizzieren. Sie ist der klassische Erfahrungsbereich, den sich die Psychoanalyse geschaffen hat, um unbewußtes Geschehen faßbar zu machen.

Der äußere Rahmen der psychoanalytischen Situation – das Setting, wie die Psychoanalytiker sagen – ist denkbar einfach. Zwei Menschen, Analysand und Analytiker, treffen sich im Sprechzimmer des Analytikers, in der „klassischen" hochfrequenten Langzeitanalyse in der Regel viermal die Woche über einige Jahre. Der Analysand liegt auf einer Couch, der Analytiker sitzt hinter ihm, am Rande oder außerhalb des Blickfeldes des Analysanden. Eine ungewöhnliche, ja befremdliche Gesprächssituation. Mehr als ein Gespräch findet jedoch, äußerlich gesehen, nicht statt. Dieses Gespräch aber, der analytische Diskurs, folgt recht ungewöhnlichen Regeln. Der Analytiker ermuntert den Analysanden, alles zu sagen, was ihm durch den Kopf geht, ohne seine Gedanken zu sortieren und der üblichen rationalen Kontrolle und Bearbeitung zu unterziehen. Freud hat diese nicht selektive Art des Sprechens „freie Assoziation" genannt. Der Analytiker hört mit „freischwebender Aufmerksamkeit" zu, d. h. ohne sein Augenmerk vorerst auf etwas Bestimmtes zu richten und das Material – so nennen die Psychoanalytiker etwas unschön die Produktionen des Analysanden in der analytischen Situation – zu bewerten.

Die psychoanalytische Situation ist jedoch mehr als eine äußere Anordnung, und freie Assoziation und freischwebende Aufmerksamkeit sind mehr als eine Gesprächstechnik. Das Setting ist der Rahmen, freie Assoziation und freischwebende Aufmerksamkeit sind das Medium des analytischen Prozesses, der unbewußt-psychische Wirklichkeit in einer Interaktion abbildet. Diese eigentümliche Art, miteinander zu reden, schafft eine hoch spezifische Beziehungsdynamik, die in die tiefsten Schichten der Person hineinreicht. Das Unbewußte des Analytikers – so hat es Freud einmal ausgedrückt – kommuniziert mit dem Unbewußten des Analysanden. Der psychoanalytische Diskurs ist auf weiten Strecken die gemeinsame Reflexion dessen, was sich innerhalb dieser Beziehung abspielt. Reflexion ist an Sprache gebunden. Die beiden Teilnehmer setzen die unbewußten Vorstellungen und Affekte, aus denen der Mensch sowohl die „psychischen Störungen" wie seine Träume und Phantasien schafft, und die in der psychoanalytischen Situation einen neuartigen Ausdruck gewinnen, in Sprache, in Dialog, in „symbolische Interaktion" um. Was vorerst szenische Darstellung ist, soll „verbalisiert", „gedeutet" werden. Greenson (1973), Mertens (1990b), Thomä und Kächele (1985) und Stone (1973) haben das Wesen der psychoanalytischen Situation und Technik umfassend beschrieben.

Die zentralen *Konzepte der psychoanalytischen Technik* mögen als Leitfaden dienen, das Geschehen in der psychoanalytischen Situation als Darstellung unbewußter psychischer Wirklichkeit so konkret und lebendig wie möglich und in seinen mannigfaltigen Facetten zu fassen. Jedes dieser Konzepte legt den Schwerpunkt anders, gewinnt aber seine Bedeutung erst im Zusammenhang mit den anderen Konzepten. Analysand und Analytiker prägen die psychoanalytische Situation in sehr unterschiedlicher Weise. *Übertragung, Widerstand* und *Arbeitsbündnis* konzeptualisieren die Seite des Analysanden, *psychoanalytische Haltung* und *Gegenübertragung* die Rolle des Analytikers. Die Konzepte der *Einsicht*, des *Deutens* und *Durcharbeitens* bestimmen das Wesen der gemeinsamen analytischen Arbeit im Medium von Übertragung, Gegenübertragung und Widerstand. Jedes dieser Konzepte nimmt ein Merkmal menschlicher Beziehungen auf und schafft daraus ein Instrument der analytischen Arbeit. Nicht die Phänomene von Übertragung, Widerstand und Gegenübertragung als solche sind spezifisch für die psychoanalytische Situation, sondern der Gebrauch, den sie davon macht. Ohne eine Vorstellung dessen, was Analysanden und Analytiker in der psychoanalytischen Situation tun, werden einem psychoanalytisches Denken und das psychoanalytische Verständnis des Menschen ewig fremd bleiben.

Wenn ich die psychoanalytische Situation unter dem Gesichtspunkt verschiedener Konzepte betrachte, trenne ich um der Darstellbarkeit willen, was immer zusammengehört. Ich hoffe, daß in der Beschreibung der Elemente das Ganze sichtbar bleibt.

2. Übertragung und Konflikt: Die negative Übertragung

Das Wesen der Übertragung läßt sich am besten dort sichtbar machen, wo ein Konflikt in der Beziehung zum Analytiker direkt reaktiviert, wiederbelebt wird. Ein einfaches und harmloses Beispiel mag das veranschaulichen.

Frau S., 34 Jahre alt, beginnt einige Zeit nach der Geburt ihres zweiten Kindes eine psychoanalytische Behandlung. Ihr Mann ist Ingenieur in leitender Stellung bei einer großen Firma der Metallbranche. Sie selber ist Tierärztin und führt teilzeitlich eine Kleintierpraxis. Familie, Haushalt und Beruf kann sie problemlos integrieren, weil sich ihre Praxis im eigenen Haus befindet. Beide Ehepartner haben kulturelle Interessen, reisen gern und fühlen sich wohl im geselligen Kreis. Sie haben gemeinsame und getrennte freundschaftliche Beziehungen und Freizeitbeschäftigungen. Er ist leidenschaftlicher Segler, sie hat lange in einer anspruchsvollen Laientheatergruppe mitgespielt. Beide sind Menschen, die zu leben verstehen.

Doch seit der Geburt des zweiten Kindes fühlt sich Frau S. mehr und mehr eingeengt, niedergeschlagen und innerlich blockiert. Sie wird zunehmend mißtrauisch, fühlt sich verlassen und ist unfähig, Familie, Beruf und Freizeit so wie früher zu genießen. In letzter Zeit ist sie launisch und nörglerisch geworden. Sie fühlt sich oft überfordert. Natürlich hängt ihr Gefühl der Einengung teilweise mit den realen Einschränkungen zusammen, die zwei Kinder mit sich bringen. Aber das ist es nicht, was sie verstimmt und depressiv macht. Jetzt, da sie naturgemäß mehr zu Hause ist als früher, realisiert sie, wie oberflächlich viele ihrer bisherigen Kontakte waren. Auch die Beziehung der Ehepartner erweist sich als weniger tragfähig und intensiv, als es bisher den Eindruck machte. Ihr sexuelles Erleben ist wenig intim, nicht gerade unbefriedigend, aber erotische Nähe und sexuelle Lust spielen in ihrem gemeinsamen Leben eine merkwürdig geringe Rolle.

Zunehmend fühlt sich Frau S. hohl und leer. „Ich habe mein Leben kaum gelebt", klagt sie. „Ich bin aus dem Elternhaus in die Ehe gestolpert, unabhängig gelebt habe ich eigentlich nie." Obwohl das objektiv so nicht ganz stimmt, drückt Frau S. damit doch eine subjektive Wahrheit aus. Sie träumt von Ausbrechen, tut das aber sofort als pubertäre Phantasterei ab. Anderseits sucht sie mehr Nähe, Zärtlichkeit und Intimität bei ihrem Mann. Zwar ist auch er viel mehr zu Hause als früher und kümmert sich liebevoll um die Kinder, doch die Wünsche seiner Frau scheint er nicht recht zu verstehen. Er fühlt sich irritiert und offenbar unbehaglich. Enttäuscht zieht sich Frau S. zurück, ja verhält sich ihrerseits oft abweisend, kritisierend und entwertend. Sie spürt, daß hier Gefahr droht, und daß diese Gefahr mehr aus ihr selber als aus der unbefriedigenden Ehesituation kommt. Sie sucht den Psychoanalytiker auf.

Ich möchte aus dieser Analyse lediglich ein Bruchstück einer Stunde schildern, das vielleicht ein wenig das Wesen der Übertragung verdeutlichen mag. Nach einer lebhaften Phase war Frau S. in der letzten Stunde ohne ersichtlichen Grund recht zugeknöpft. Zur Stunde, von der ich berichten will, komme ich mit wenigen Minuten Verspätung. Eine unvorhersehbare Verkehrsstörung hat mich aufgehalten. Frau S. beginnt die Stunde mit längerem Schweigen, was recht ungewöhnlich ist, aber zur letzten Stunde paßt. Dann spricht sie von diesem und jenem, ohne innere Beteiligung und ohne ersichtlichen Zusammenhang. Sie scheint deutlich irritiert. Ich mache sie darauf aufmerksam und frage, ob ihre Irritation nicht mit meiner Verspätung zusammenhängen könnte. „Ja sicher", bestätigt Frau S. Hilflos fügt sie bei: „Aber für das Verkehrschaos können Sie doch nichts." Ich: „Das ist wohl wahr. Aber als Sie draußen saßen und warteten, wußten Sie nicht, weswegen ich zu spät bin. Ich gäbe viel darum zu wissen, welche Gedanken Sie sich gemacht haben." – „Ach ja, aber das ist blöd." – „Blöd?" Es fällt ihr ausgesprochen schwer, die Phantasien preiszugeben, die sie schon vor der letzten Stunde quälten, die sie aber wieder verscheucht hatte. Darauf war sie zugeknöpft. Allmählich schält sich etwa folgendes heraus: Sie hat gedacht, daß ich den Analysanden, der zweimal wöchentlich unmittelbar vor ihr seine Analysenstunde hat, und dem sie schon im Treppenhaus begegnet ist, besser mag als sie. Sie hat den Eindruck, daß ich lieber mit Männern arbeite und sie nur in

Analyse genommen habe, weil ich gerade keinen männlichen Anwärter auf den freien Platz hatte. Als ihr diese Phantasie bewußt wird, fühlt sie zum erstenmal etwas wie Wut, ja gar Haß auf mich, Gefühle – wir sind in unserer bisherigen gemeinsamen Arbeit mehrfach darauf gestoßen –, mit denen sie nur schwer zurechtkommt. Ich: „Sie haben diese Phantasie und die Gefühle, die sie begleiteten, beiseite geschoben. Ich verstehe jetzt, warum sie in der letzten Stunde so zurückhaltend waren. Als sie heute draußen warten mußten, konnten sie wohl die Phantasie nicht länger unterdrücken." Zögernd stimmt sie zu. „Obwohl ich weiß, wie unsinnig das ist, konnte ich den Gedanken nicht verscheuchen, Sie säßen mit meinem Stunden-Vorgänger im Café und hätten mich darob vergessen."

„Ist denn die Phantasie schon unsinnig, bloß weil Sie wissen, daß ich mit keinem Analysanden im Café sitze? Zudem wissen Sie es nicht einmal, sie glauben es bloß." Daß ich der Phantasie Raum lasse oder erst Raum gebe, erleichtert sie auf der einen und belastet sie auf der anderen Seite, kann sie sich doch ihren überwältigenden und ungeordneten Gefühlen von Zorn, Neid und Eifersucht, aber auch Verzweiflung und Scham nicht mehr erwehren.

Nun wird es möglich, an sich längst bekannte Dinge wieder aufzunehmen und besser zu verstehen. Sie beginnt von ihrem zwei Jahre jüngeren und einzigen Bruder zu sprechen, den sie sehr liebt, früher geradezu vergöttert hat. Davon war bereits früher in der Analyse die Rede gewesen. Aber jetzt werden bestimmte Erinnerungen und Phantasien wieder lebendig, Erinnerungen, die um die Beziehung des Vaters zu ihr und ihrem Bruder kreisen. Zum Beispiel: Ihr Vater war ein leidenschaftlicher Skifahrer. Schon früh erteilte er ihr geduldig und liebevoll Skiunterricht. Sobald aber der kleine Bruder auch auf Skiern stehen konnte und sich als gelehriger und mutiger erwies als sie, fühlte sie sich mehr und mehr als das fünfte Rad am Wagen. – Aber vor allem beschwor sie Erinnerungen an die Abende, an das Zu-Bett-Gehen herauf. Manchmal waren es für sie reine Horrorszenen, obwohl äußerlich gar nichts besonderes geschah. Im Gegenteil, es war alles ganz „normal". Der Bruder als der kleinere mußte vor ihr schlafen gehen. Begreiflicherweise beschäftigte sich dann der Vater zuerst mit ihm. Während er aber für ihn viel Zeit übrig hatte, ihm Geschichten erzählte, mit ihm scherzte und lachte, kam er – so jedenfalls hat sie es in Erinnerung – zu ihr nur auf einen Sprung. Sie erlebte dabei nie die herzliche Verbundenheit, die zwischen Vater und Sohn zu herrschen schien. Ihr Zimmer lag neben demjenigen des Bruders. Fast zwanghaft und selbstquälerisch horchte sie an der Wand, wenn sich die beiden abends unterhielten. Sie empfand es immer als große Erleichterung, wenn der Vater abwesend war, reagierte sie doch auf die mitgehörten Szenen zwischen Vater und Bruder mit Zorn, Tränen und quälenden Eifersuchtsphantasien, die sie aber vor dem Vater verstecken mußte, um ihn nicht zu verärgern.

Es dürfte nun leicht sichtbar sein, daß Frau S. diesen Eifersuchtskonflikt in der Beziehung zu mir wiederholt. Was sie in der Beziehung zu mir erlebt, bzw. phantasiert – und Übertragung ist immer eine unbewußte Phantasie –, entspricht in wichtigen Zügen einem verinnerlichten Konflikt, den sie in der Beziehung zum Vater nie austragen konnte. Was wir in dieser Szene zu sehen bekommen, ist nicht die realistische Frau, die gelernt hat, ihr Leben zu meistern, sondern das fünfjährige

Mädchen, das sich von ihrem Vater vernachläßigt, in ihren mächtigen, unbezwingbaren, nach Befriedigung verlangenden Liebesgefühlen unverstanden und verschmäht fühlt. Sie reagierte mit Haß auf die – wirkliche oder vermeintliche – Zurückweisung ihrer Liebe, mit Eifersucht auf den Bruder, der zu bekommen schien, was ihr versagt war, mit Wut auf die Mutter, die ihre Not nicht spürte und ihr nicht half, mit Minderwertigkeitsgefühlen und Selbstzweifeln fertig zu werden. Alle diese Gefühle und Konflikte mußte sie allein bewältigen, denn von den Menschen, mit denen sich diese Not verband, war sie abhängig. Frau S. hat Möglichkeiten gefunden, sich in diesem Beziehungsgeflecht zu arrangieren. Die Konflikte verschwanden von der Bildfläche, blieben aber als verinnerlichte bestehen und bei aller äußeren Lebendigkeit in ihrem Gefühl nur unzulänglich gelöst. Ihre frühen Konflikte werden nun in einem bestimmten Zusammenhang des aktuellen Lebens in der Beziehung zu ihrem Mann wieder lebendig. Sie beläßt sie aber nicht dort. Sie trägt sie in den Raum der Analyse, wo sie in ihrer ganzen Entwicklung durchgearbeitet werden können.

Solche Neuinszenierungen verinnerlichter früher Erfahrungen in einer gegenwärtigen Beziehung, insbesondere in der Beziehung zum Analytiker, nennen wir Übertragung. Wird in der Übertragung, wie im obigen Beispiel, ein frühkindlicher Konflikt aktualisiert und der Analytiker zum Konfliktpartner gemacht, als ob es sich um einen realen, aktuellen, eben hier und jetzt entstandenen Konflikt handeln würde, spreche ich von konflikthafter Übertragung. Weil diese Übertragungssituationen von „negativen", schwer erträglichen Gefühlen wie Haß, Neid, Eifersucht, Zurückweisung usw. geprägt werden, hat Freud sie negative Übertragung genannt. In der negativen Übertragung legt der Analysand oder die Analysandin ein Verhalten an den Tag, das einem außenstehenden Beobachter als unangemessen, befremdlich, bizarr und unverständlich erscheinen müßte, ein Verhalten, das ein Partner in einer natürlichen Lebensbeziehung schwerlich hinnehmen und ertragen würde. Gelingt es, dieses Verhalten jedoch als Neuinszenierung pathogener und konflikthafter Beziehungen zu bedeutsamen Beziehungspersonen der Vergangenheit zu verstehen, verliert es seine Befremdlichkeit, und die scheinbar unpassenden Affekte erweisen sich regelmäßig als ganz spezifische Gefühle, die einen bedeutsamen psychischen Konflikt offenbaren. Indem der Analytiker die Übertragung als „Ausdrucksverhalten" aufnimmt, wird sie zur Mitteilung, und indem er diese Mitteilung deutet, macht er aus der Übertragung Kommunikation. Der Analysand drückt szenisch etwas aus, was er verbal nicht oder noch nicht mitteilen kann, weil er gar nicht weiß, was er mitteilen will. Er verbalisiert nicht, er inszeniert. Er erinnert nicht, er wiederholt.

Das Phänomen der Übertragung, ich habe das bereits früher angedeutet, ist keineswegs spezifisch für die psychoanalytische Situation. Spezifisch ist erst der Gebrauch, den die Psychoanalyse von der Übertragung macht. Alle menschlichen Beziehungen bauen auf den Erfahrungen der primären Beziehungen auf und beruhen teilweise auf Übertragung. Erst darüber hinaus werden sie zur neuen Erfahrung. Aus dieser allgemein menschlichen Übertragungsneigung schafft sich die Psychoanalyse eines ihrer Hauptinstrumente, die *bearbeitbare Übertragung* oder die *Übertragungsneurose*. „Die Übertragung stellt sich in allen menschlichen Beziehungen ebenso wie im Verhältnis des Kranken zum Arzte spontan her, sie ist überall der eigentliche Träger der therapeutischen Beeinflussung, und sie wirkt um so stärker, je weniger man ihr Vorhandensein ahnt. Die Psychoanalyse schafft sie also nicht, sie deckt sie bloß dem Bewußtsein auf, und bemächtigt sich ihrer, um die psychischen Vorgänge nach dem erwünschten Ziele zu lenken" (Freud 1910a, 55).

„Wiederholungszwang" hat darum Freud die merkwürdige Tendenz des Psychischen genannt, die eingeprägten, unbewußten Muster psychischer Konflikte in aktuellen Beziehungen stets neu zu inszenieren. Der Wiederholungszwang zeugt für die Vitalität und Unveränderbarkeit der ins Unbewußte verdrängten Wünsche und Vorstellungen. Sie geben keine Ruhe, lassen sich nicht erledigen, sie bleiben einerseits, wie Freud sagt, dynamisch wirksam, anderseits aber der Weiterentwicklung und der Integration in neue Verhältnisse und Beziehungen entzogen. Es wiederholt sich in ewigem Wechsel ewig dasselbe.

Das Wesen der psychoanalytischen Beziehung kann also nicht in der negativen Übertragung liegen. Sie markiert den äußersten Punkt, auf den eine Übertragungsbeziehung gewöhnlich unaufhaltsam zusteuert. Die volle Reaktivierung eines Konfliktes in der Beziehung zum Analytiker und die Entwicklung einer negativen Übertragung bis zu ihrem bitteren Ende kommt einem Triumph des Wiederholungszwanges gleich, und der analytische Prozeß droht zu scheitern.

Wenn eine negative Übertragung die analytische Beziehung zu überschwemmen und zu sprengen droht, hat der Analytiker immer seinen Anteil daran. Es ist ihm dann in der einen oder anderen Weise nicht geglückt, in der Entwicklung der Übertragung die Arbeit am Konflikt zu sehen und zu deuten. Und es ist die Arbeit am Konflikt – Freud spricht von Abwehr –, die zuforderst die Übertragung in der psychoanalytischen Situation bestimmt.

3. Übertragung und Konfliktverarbeitung: Der Übertragungswiderstand

A. Der Übertragungswiderstand als Ausdruck der inneren Arbeit am Konflikt

Das Phänomen des Widerstandes muß auf's erste befremdlich, ja unsinnig erscheinen. Da geht einer in Analyse, um sich mit sich und seinen Konflikten auseinanderzusetzen. So z. B. Herr P., von dem ich später eine Stundensequenz schildern werde, um die psychoanalytische Arbeit am Widerstand zu illustrieren. Voller Hoffnung begann er die Analyse, und sie kam gut in Gang. Er fühlte sich erleichtert. Neue Möglichkeiten taten sich auf. Seine Konflikte bei der Arbeit und in seinen Beziehungen erschienen in neuem Licht. Die Stunden waren aufwühlend, brachten aber bedeutsame Einsichten. Noch selten hatte er sich so lebendig gefühlt. Er bewegte sich freier, konnte besser arbeiten und die bohrenden Kopfschmerzen, die ihn oft zu

Hause festgehalten hatten, waren schwächer geworden und traten seltener auf. Alles schien auf bestem Weg.

Aber allmählich schleicht sich Unbehagen ein, fast unmerklich zunächst, dann immer deutlicher. Seine Erzählungen werden dünn und nichtssagend, Träume bleiben aus. Er kommt verspätet zur Stunde, und ich gehe kaum fehl in der Annahme, daß seine wiederholten verstohlenen Blicke auf die Uhr Unbehagen und Langeweile signalisieren. Darauf angesprochen, bestreitet er das vehement. In der folgenden Stunde überschüttet er mich mit einem wahren Redeschwall, der mich wohl zufriedenstellen und mundtot machen soll. Was er erzählt, ist jetzt tatsächlich langweilig, sein Reden erscheint leer und bietet mir keine Möglichkeit, im analytischen Dialog Tritt zu fassen. Ich verharre in Schweigen, und allmählich verstummt auch Herr P. Er wirkt nun sichtlich nervös. Mit meiner Vermutung, er ärgere sich über mein Schweigen, komme ich schlecht an. Allerdings ist jetzt der Ärger unübersehbar, auch für Herrn P. Aber, so meint er, ist es denn nicht ärgerlich, wenn einem der Analytiker Ärger unterschiebt? Für die vielen Anzeichen, daß etwas nicht stimmt, hat er scheinbar plausible Erklärungen. Auch geht es ihm ja gut, und er ist unsicher, ob er die Analyse überhaupt fortsetzen soll. Widerstand prägt die Übertragung und bestimmt den analytischen Prozeß.

Bloß, was heißt Widerstand im psychoanalytischen Sinn? Wogegen richtet er sich, und welchen Sinn hat er? Will der Analysand nicht mehr vorankommen? Ist seine Motivation zur Analyse doch nicht so tragfähig, wie es anfänglich schien, und denkt er tatsächlich daran, die Analyse abzubrechen? War eine Analyse gar nicht angezeigt? Solche Zweifel, die der Analytiker bei sich wahrnimmt, enthalten eine unbewußte Botschaft des Analysanden, die oft in krassem Widerspruch zu seinen verbalen Äußerungen steht. Kann der Analytiker seine Gefühle und Phantasien nicht als Reaktion auf die Übertragung des Analysanden werten und auswerten, bringt er den analytischen Prozeß tatsächlich in Gefahr. Deutet er gar, wie „subtil" das immer auch geschehen mag, den Widerstand als bewußte Obstruktion, wird die Analyse kaum in die Jahre kommen. Zurecht, denn das wäre keine Deutung, sondern eine Unterstellung. Und Unterstellungen sind das letzte, was der Analysand gebrauchen kann in einer Situation, die ihn selber zutiefst beunruhigt.

Läßt sich hingegen der Analytiker auf den Widerstand ein, und läßt er, wie Freud (1914g, 135) sagt, dem Analysanden Zeit, sich in den Widerstand zu vertiefen, wird bald deutlich, und das Wort sagt es bereits, daß Widerstand allemal psychische Arbeit ist – und Sinn macht. Man darf wahrhaftig nicht erwarten, Konflikte in einer konfliktfreien Situation bearbeiten zu können. „Man kann niemanden und nichts in effige oder in absentiae erschlagen", hat Freud (z. B. 1912b, 374) immer wieder gemahnt.

Dem Konflikt in der Übertragung sind wir bereits bei der negativen Übertragung begegnet. Was unterscheidet den Übertragungswiderstand von der negativen Übertragung? In der negativen Übertragung ist der Analysand schutzlos dem reaktivierten Konflikt preisgegeben. Im Übertragungswiderstand drückt der Analysand zuallererst aus, was er hier und jetzt, in der analytischen Situation tut, um die Reaktivierung eines Konfliktes zu verhindern. Wie er das tut, d. h. Art, Qualität und Stärke des

Widerstandes, ist aber nicht zufällig, sondern sagt einiges darüber aus, wie der Analysand einen inneren Konflikt zu bewältigen versucht hat. „Abwehr" hat Freud etwas mißverständlich diese innere Arbeit am Konflikt bezeichnet. Verdrängung, d. h. Unbewußt-Machen, ist ihr Prototyp und prominentes Beispiel. Widerstand ist somit Übertragung von Abwehr, äußere Darstellung der psychischen Verarbeitung verinnerlichter Konflikte in der Übertragungsbeziehung.

Daß der Übertragungswiderstand Einsicht in die psychische Konfliktverarbeitung ermöglicht, war in der Geschichte der Psychoanalyse eine aufregende und umwälzende Entdeckung und ist es in jeder individuellen Analyse von neuem. Sie sprengt das traditionelle medizinische Krankheitsverständnis und läßt die psychische Störung zuallererst als psychische Leistung erscheinen, die es zu würdigen gilt.

Was nach außen als psychische Störung mit ihren mannigfachen Symptomen beeindruckt, und im Übertragungsgeschehen der psychoanalytischen Situation zugänglich wird, ist nun nicht mehr ein Defekt, der möglichst rasch, schmerzlos und egal wie behoben werden soll. Die psychischen Störungen eines Menschen sind seine Versuche, mit den Zwistigkeiten, Ungereimtheiten und Widersprüchen im eigenen Inneren zurecht zu kommen und psychischen Schmerz in Grenzen zu halten. Die„psychischen Störungen" eines Menschen enthalten die Geschichte seiner psychischen Konflikte *und* deren bestmögliche Lösungen, die er im Laufe seines Lebens und unter den wechselnden äußeren und inneren Bedingungen seiner psychischen Entwicklung aufbauen konnte. Denn wie sehr die Auswirkungen abgewehrter Wünsche und Konflikte das bewußte Leben eines Menschen stören, beeinträchtigen und einengen, so sehr sind sie auch die Bedingungen seiner Sicherheit und schützen einen Bereich, innerhalb dessen er lieben, genießen und arbeiten kann.

Er kommt in Analyse, wenn ihm das nicht mehr genügt, wenn er die einengenden Bedingungen nicht länger hinnehmen mag, unter denen allein er lieben, hassen und kreativ sein kann, wenn ihm die Kosten für das bißchen Wohlbefinden und Glück zu hoch sind, das er sich durch mancherlei Einengungen sichert. Wo immer die analytische Arbeit an versteckte Wünsche rührt, die aus dem bewußten Erleben ausgegrenzt wurden, muß ein Kampf ausbrechen. Alle Kräfte, die aufgeboten werden mußten, um einen Wunsch zu bändigen, der eine lebenswichtige Beziehung hätte gefährden können, werden sich in der Übertragung als Widerstand manifestieren. Ob diese Gefährdung eine wirkliche oder nur vermeintliche war, tut in diesem Zusammenhang vorerst nichts zur Sache. Darum begleitet Widerstand in vielfältiger Weise und auf den unterschiedlichen psychischen Organisations- und Funktionsniveaus die ganze Analyse. Die Arbeit an den Widerständen in der Übertragung oder den *Übertragungswiderständen*, wie wir nun kurz sagen, ist das eigentliche Arbeitsfeld der Analyse. Die unbewußten Phantasien, die wir verstehen müssen, sind die Bilder der unbewußten Konflikte in ihrer ganzen Komplexität.

B. Entreacte: Vom Verdrängungswiderstand zum Übertragungswiderstand

Das Verständnis des Übertragungswiderstandes als Ausdruck der inneren Arbeit am psychischen Konflikt war keineswegs von Anfang an leitend im psychoanalytischen Denken Freuds, und ich zweifle, ob sich diese Erkenntnis mittlerweile bei allen Analytikern durchgesetzt hat und ihre analytische Praxis bestimmt. Freuds Konzept des Widerstandes stammt noch aus der Zeit, als er das Wesentliche des psychoanalytischen Prozesses lediglich darin sah, Unbewußtes bewußt zu machen, Verdrängung aufzuheben, d. h. „die Erinnerung an den veranlaßenden Vorgang zu voller Helligkeit zu erwecken, damit auch den begleitenden Affekt wachzurufen" (Freud 1985d, 85). In Katharsis und Abreaktion, nicht in Erkenntnis der inneren Bedingungen sah Freud das Wesentliche des Prozesses. Das Bewußtwerden der verursachenden traumatischen Situation war lediglich Mittel zum Zweck und conditio sine qua non, um Symptome zum Verschwinden zu bringen. Zu dieser Zeit sah Freud im Widerstand lediglich ein Hindernis auf dem Weg des Erinnerns und der Katharsis. Alles, was sich der Arbeit des Erinnerns widersetzt, nannte er Verdrängungswiderstand.

Um die Verdrängungswiderstände zu überwinden, versuchte er sich zunächst mit Hypnose zu behelfen. Die Hypnose schaltet die Widerstände fast völlig aus, und unbewußte Erinnerungen können recht leicht bewußt gemacht, Affekte freigelegt und Symptome zum Verschwinden gebracht werden. Der Gewinn ist jedoch enttäuschend gering. Dauerhafte Erfolge lassen sich unter Hypnose nicht erzielen. Freud verzichtete bald auf die Hypnose und wandte suggestive Techniken an, um die Erinnerung an die traumatische Situation wachzurufen. Je mehr er auch auf diese verzichtete und auf die freien Assoziationen des Analysanden vertraute, desto mehr war er mit den Widerständen konfrontiert. Als stärkster Widerstand erwies sich bald – die Übertragung.

Als Freud die Suggestion zugunsten des freien psychoanalytischen Dialoges im eigentlichen Sinne des Wortes aufgab, machte er die ärgerliche Erfahrung, daß ihn seine Analysanden nicht mehr als den neutralen Arzt und Forscher akzeptierten, als den er sich sah, und wie es sich für einen zünftigen Wissenschaftler gehört. Die Patienten entwickelten eine merkwürdige Gefühlsbindung an ihn, die – das bemerkte Freud wohl – wenig mit seiner Person zu tun hatte, in ihrer affektiven Qualität und Intensität rasch wechselte und sich mitunter bis zur heftigen Gemütsbewegung und Verliebtheit steigerte, die, wurde sie nicht erwidert, unmittelbar in blanken Haß umschlagen konnte. Freud nannte diese spezifische Gefühlsbindung Übertragung.

Die Entdeckung der Übertragung war eine der vielen Enttäuschungen, die sich in Freuds Werk so fruchtbar ausgewirkt haben. Fruchtbar, weil er sich durch keine Enttäuschung die Gewißheit rauben ließ, daß es im Seelischen nichts gibt, was keinen Sinn macht. Aber welchen Sinn macht die Übertragung? Für's erste schien sie bloß den Fortschritt der psychoanalytischen Erkenntnis zu bremsen, bringt sie doch, wie das im einleitenden Beispiel von Herrn P. deutlich geworden ist, die freie Assoziation zum Erliegen. Freud widerstand der Versuchung, auf alte Methoden zurückzugreifen, die Widerstände auszuschalten. Er hielt an der Methode der freien Assoziation und der frei schwebenden Aufmerksamkeit als Zugang zum Unbewußten fest.

Neugierig, sensibel und innovativ, wie Freud nun einmal war, begann er alsbald Widerstand und Übertragung als bedeutsame psychische Akte in die Analyse mit einzubeziehen, aus denen es vieles über die innere Welt des Menschen, über sein psychisches Leben zu lernen galt. Er wollte wissen, was da vor sich geht. Und so entdeckte er, daß sich in dem, was sich als Widerstand der Analyse entgegenstellt, die Konfliktlösungsstrategien des Patienten widerspiegeln. Was ursprünglich ein Hindernis schien, erwies sich nun als ein völlig neuer Zugang zum Unbewußten. Jetzt konnte es nicht mehr bloß darum gehen, die abgewehrten Erinnerungen an die traumatische Situation und auslösenden Momente einer psychischen Störung aufzudecken und die eingeklemmten Affekte freizulegen. In der Analyse von Übertragung und Widerstand erkannte Freud die Seelenarbeit des Analysanden, die ihm von den traumatischen Erfahrungen abgefordert worden war und noch immer abgefordert wird. Freud erkannte die Ebene der Übertragung als spezifische averbale, präverbale und paraverbale Kommunikation, als „Handlungsdialog" (Klüwer 1983), der dem verbalen analytischen Dialog erst seine spezifische Bedeutung verleiht. Freud realisierte, daß der Analysand in der Übertragungsbeziehung wiederholt, was er noch nicht erinnern und deshalb anders noch nicht mitteilen kann. Damit ist die psychoanalytische Situation als ein Spiel von Übertragung, Widerstand und Gegenübertragung – die uns gleich noch beschäftigen wird –, und d.h. als ein Setting installiert, in dem psychische Wirklichkeit erforscht und verändert werden kann. Erst wenn der Analytiker auf jede Form „bewußtseinserweiternder" Manipulation verzichtet, die den Widerstand lediglich umgeht, die „Abwehr" überlistet und damit eine Seite des Konfliktgeschehens ausschaltet, kann ein bearbeitbarer Übertragungskonflikt entstehen.

C. Abwehr und Widerstand: Vom verinnerlichten Konflikt zum Übertragungskonflikt

Die Konzepte von Übertragung und Widerstand auf der einen, Abwehr auf der anderen Seite sind wesentlich aufeinander bezogen, gehören aber unterschiedlichen Theorieebenen an, deren Verhältnis genau zu bestimmen für das psychoanalytische Denken konstitutiv ist. Übertragung und Widerstand sind Begriffe der psychoanalytischen Situation und Technik und bezeichnen klinisch beobachtbare Phänomene. Es ist sicher leichter zu verstehen, wie die psychoanalytische Situation funktioniert, wenn ich vorgreifend hier einige Anmerkungen zum Konfliktverständnis und zur Abwehrlehre der Psychoanalyse mache.

„Abwehr" ist ein Konzept der psychoanalytischen Theorie des psychischen Konflikts. Als Abwehr bezeichnet die Psychoanalyse jede psychische Aktivität, die darauf abzielt, psychischen Schmerz in all seinen möglichen Formen zu vermeiden. Abwehr ist gleichbedeutend mit psychischer Konfliktverarbeitung. Der psychische, verinnerlichte Konflikt und seine Bearbeitung ist ein „intra"psychisches Geschehen, das niemals empirisch gefaßt und direkt beobachtet, aber aus seinen Manifestationen in Übertragung und Widerstand erschlossen werden kann. Die Analyse der Übertragungswiderstände – und nur sie – kann uns mit den spezifischen Wegen und Methoden der inneren Konfliktverarbeitung eines Menschen vertraut machen.

Wir müssen im psychischen Konfliktgeschehen mindestens fünf Ebenen oder Aspekte unterscheiden:

- den frühkindlichen „traumatischen“ Konflikt,
- den verinnerlichten Konflikt,
- die äußeren Symptome als körperlichen und erfahrbaren Ausdruck des Konflikts,
- den aktuellen Konflikt
- und den Übertragungskonflikt.

Ich erwähne bloß und brauche es in diesem Zusammenhang nicht weiter auszuführen, daß auch der aktuelle Konflikt ein Übertragungskonflikt und umgekehrt der Übertragungskonflikt ein aktueller Konflikt ist. Der terminologischen Einfachheit halber beschränke ich den Begriff des Übertragungskonfliktes auf die psychoanalytische Situation und nenne die Übertragungskonflikte in nicht analytischen Beziehungen den aktuellen Konflikt.

Ich will versuchen, diese komplexen Verhältnisse in einem vereinfachten Schema zu erfassen und mit wenigen Worten näher zu erläutern:

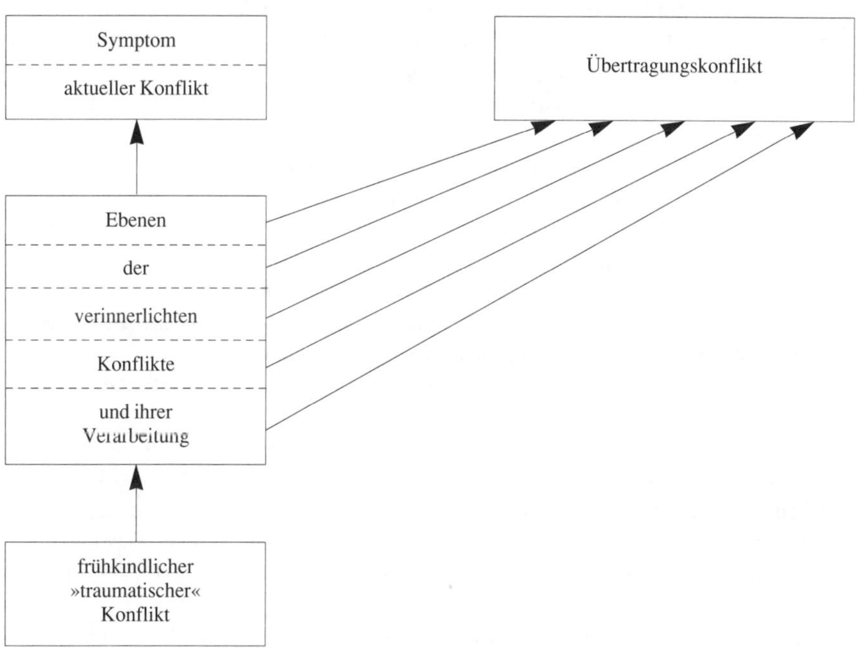

Niemand wird erwarten, daß die therapeutische und theoretische Arbeit mit einem derart vielschichtigen Konfliktmodell einfach sein wird. Aber niemand wird erwarten dürfen, mit einer einfacheren Vorstellung der psychischen Wirklichkeit des Menschen gerecht zu werden.

Wenige Worte müssen in diesem Zusammenhang genügen, die Verbindung der vielen Schichten anzudeuten. Frühe Konflikte, die nicht in der zugehörigen Beziehung gehalten und ausgehandelt werden konnten, bleiben als ewig virulenter und unlösbarer Widerspruch im Subjekt bestehen und konstituieren das, was wir *den unbewußten, den verinnerlichten Konflikt* heißen.

Der verinnerlichte Konflikt existiert in der psychischen Wirklichkeit in verschiedenen Verarbeitungsformen oder auf verschiedenen Ebenen. Denn jede Entwicklungsstufe und jede neue Erfahrung birgt auch eine Vielzahl von Gelegenheiten, früher verinnerlichte Entwicklungs- und Konfliktlösungsmuster zu verändern. Wenn ich einfach vom „verinnerlichten Konflikt" spreche, meine ich immer einen Komplex, eine Vielfalt erprobter Konfliktlösungen. Die verinnerlichten Konflikte manifestieren sich nach außen auf zwei unterschiedlichen Wegen. Einmal in den sogenannten Symptomen und Ersatzbildungen, zum andern im Wiederholungszwang, der sich im neurotischen Anteil aktueller Konflikte, im sozialen Handeln und Verhalten manifestiert.

Die Symptome und mannigfaltigen Ersatzbildungen wie Träume, Phantasien und andere kreative Produktionen, aber auch die aktuellen Konflikte bilden den Inhalt der Rede, sind das Material der psychoanalytischen Situation. Seine spezifische Bedeutung als Darstellung psychischer unbewußter Wirklichkeit erhält das Material aber erst im Medium der Übertragung, in der unmittelbaren Darstellung in der Beziehung zum Analytiker. Innerhalb der analytischen Beziehung erlangen alle Symptome, Träume und Konflikte, die Ausdruck unbewußter Phantasien sind, eine spezifische Bedeutung, bzw. sie erlangen die Bedeutung wieder, die sie einmal hatten. Es ist das Wesen der psychoanalytischen Arbeit, das isolierte symptomatische Leiden und den aktuellen neurotischen Konflikt in der Übertragungsbeziehung lebbar, erlebbar und damit erst faßbar zu machen. Die *psychische Realität* des verinnerlichten Konfliktes wird in die *materielle Realität* des Übertragungskonfliktes umgesetzt. Aus der „gemeinen Neurose" wird die „Übertragungsneurose" (Freud 1914g, 134). Allgemeiner: der verinnerlichte Konflikt wird im *Übertragungskonflikt* externalisiert, besser reexternalisiert. Das Geschehen in der psychoanalytischen Situation *wird so zum äußeren Abbild der inneren, psychischen Wirklichkeit.*

Die psychoanalytische Situation ist also mehr als irgend ein therapeutisches Arrangement. Sie ist die Situation par excellence, die innerpsychisches Geschehen in einer Interaktion darstellt. Und zwar in einer Interaktion, die vom Analysanden unter dem Druck des Wiederholungszwanges nach dem Muster frühkindlicher Erfahrungen gestaltet wird. Dieser Umstand läßt die psychoanalytische Situation zu einer einmaligen Erkenntnisquelle psychischer Wirklichkeit werden. Das macht sie wissenschaftlich so interessant. Übertragungskonflikt und verinnerlichter Konflikt entsprechen einander.

Übertragung ist also nie bloß, wie viele Formulierungen gerade in der älteren

Literatur nahelegen, Übertragung von Gefühlen, Triebregungen, Impulsen usw. auf den Analytiker. Sie ist immer auch *Übertragung* von Abwehr, d. h. Reexternalisierung von Konflikt und Konfliktverarbeitung in der Übertragungsbeziehung. Und Übertragung ist nie bloß eine Wiederholung der Vergangenheit in der Gegenwart. Es greift zu kurz, wenn Greenson (1967, 163) in seiner geradezu klassisch gewordenen Definition meint, in der Übertragung werde im wesentlichen „auf eine Person in der Gegenwart so reagiert, als sei sie eine Person in der Vergangenheit. Übertragung ist eine Wiederholung, eine Neuauflage einer alten Objektbeziehung. Sie ist ein Anachronismus, ein Irrtum in der Zeit." Diese Definition trägt der komplexen Dialektik von Vergangenheit, Gegenwart und Zukunft nicht Rechnung. Übertragen wird nicht die traumatische Situation als solche, sondern der verinnerlichte Konflikt in seiner gegenwärtigen Gestalt. Seine gegenwärtige Gestalt enthält aber immer seine Genese, das ist die Geschichte der Konfliktverarbeitung auf den veschiedenen Stufen der psychischen Entwicklung.

Es ist auch falsch, im besten Fall eine unzuläßige Vereinfachung, zu sagen, Abwehr und Widerstand richteten sich gegen verpönte Wünsche oder Triebregungen, auch wenn die psychoanalytische Literatur von solchen und ähnlichen Formulierungen strotzt. Es gibt ursprünglich und es gibt im Unbewußten keine verpönten Wünsche. Es gibt nur wunschbestimmte Vorstellungen und Vorstellungen, die sich gegen diese Wünsche richten. Die „Abwehrvorstellungen" entstammen der Verinnerlichung von realen oder phantasierten „verbietenden" Erfahrungen. Trauma hat Freud die Erfahrungen mit den bedeutsamen Personen der Außenwelt genannt, die die Entfaltung einer gleichzeitig wunsch- und realitätsbestimmten inneren Welt erschweren und mehr Abwehrleistung erzwingen, als die Bewältigung der „normativen" Krisen im Wachstum der Persönlichkeit fordern würde. Abwehr beginnt in der Konfrontation der Wünsche mit der äußeren Realität, auf die der Wunsch zu seiner Befriedigung angewiesen ist. Indem der Mensch die Einschränkung, die Modifikation, das Verbot gegen bestimmte Wünsche übernimmt, verinnerlicht, schützt er sich vor realer Enttäuschung und der Wiederkehr der traumatischen Situation. Aus dem äußeren wird ein innerer Konflikt.

Aber Wünsche lassen sich nicht töten. Sie bleiben virulent. Der Wiederholungszwang drängt nach Realisierung der konflikthaften Wünsche in der Außenwelt. Nur, das ist die Tragik des Wiederholungszwanges, führt das in aller Regel nicht zu einer realen Befriedigung, sondern zur Reaktivierung des Konfliktes. Der Widerstand dient der Vermeidung der Reaktivierung des Konfliktes und letztlich dem Schutz vor der traumatischen Situation. Die psychoanalytische Situation ist die Bearbeitung der Dialektik von Wiederholungszwang und Widerstand. Der Widerstand repräsentiert das „unbewußte Wissen", daß das Eindringen früherer Bedürfnisse in eine gegenwärtige Beziehung diese Beziehung gefährdet. Der Widerstand richtet sich also nicht gegen die Wünsche, sondern gegen die schmerzlichen Affekte und Vorstellungen, die mit der Reaktivierung des Konfliktes, mit der Wiederbelebung der traumatischen Situation verbunden wären.

Widerstand ist Ausdruck der intentionalen Aktivität des Menschen, „des abwehrlustigen Ich" (Freud 1895d, 280). Die Konzepte von „Abwehr" und „Widerstand" sind die Vorläufer dessen, was Freud später im Rahmen der sogenannten Strukturtheorie als „das Ich" konzeptualisiert hat. Die Psychoanalyse versteht den Menschen als ein Wesen, das nicht bloß aus Erfahrung lernt, sondern in einem buchstäblichen Sinn seine Erfahrung selber macht. Das psychoanalyische Konzept des „verinnerlichten Konfliktes" will etwas von dieser spezifisch menschlichen Verfassung in psychologischen Begriffen fassen. Im Übertragungswiderstand gewinnt der Konflikt wiederum aktuelle zwischenmenschliche Gestalt. Der verinnerlichte Konflikt wird zum Übertragungskonflikt.

Nun läßt sich das Wesen der psychoanalytischen Situation wohl bereits besser verstehen. Sie gibt dem Wiederholungszwang Raum, um ihn zu brechen. Die Reibungsfläche ist der Übertragungswiderstand. „Das Hauptmittel aber, den Wiederholungszwang des Patienten zu bändigen und ihn zu einem Motiv fürs Erinnern umzuschaffen, liegt in der Handhabung der Übertragung. Wir machen ihn unschädlich, ja vielmehr nutzbar, indem wir ihm sein Recht einräumen, ihn auf einem bestimmten Gebiete gewähren lassen. Wir eröffnen ihm die Übertragung als den Tummelplatz, auf dem ihm gestattet wird, sich in fast völliger Freiheit zu entfalten, und auferlegt ist, uns alles vorzuführen, was sich an pathogenen Trieben im Seelenleben des Analysierten verborgen hat. Wenn der Patient nur so viel Entgegenkommen zeigt, daß er die Existenzbedingungen der Behandlung respektiert, gelingt es uns regelmäßig, allen Symptomen der Krankheit eine neue Übertragungsbedeutung zu geben, seine gemeine Neurose durch eine Übertragungsneurose zu ersetzen, von der er durch die therapeutische Arbeit geheilt werden kann. Die Übertragung schafft so ein Zwischenreich zwischen der Krankheit und dem Leben, durch welches sich der Übergang von der ersteren zum letzteren vollzieht. Der neue Zustand hat alle Charaktere der Krankheit übernommen, aber er stellt eine artifizielle Krankheit dar, die überall unseren Eingriffen zugänglich ist. Er ist gleichzeitig ein Stück des realen Erlebens, aber durch besonders günstige Bedingungen ermöglicht und von der Natur eines Provisoriums" (Freud 1914g, 134f).

Einer solchen dynamischen Auffassung des psychischen Leidens, der Psychopathologie und des psychoanalytischen Prozesses werden die konventionellen medizinischen Konzepte von Krankheit und Heilen nicht gerecht. Sogar die geläufigen Begriffe von Kur, Behandlung und Therapie sind fragwürdig, wenn es um die Arbeit an psychischen Konflikten geht. Wenn wir nicht ohne sie auszukommen glauben – neue, dem psychoanalytischen Prozeß angemessenere hat jedenfalls die Psychoanalyse bis anhin nicht vorgeschlagen –, dann müssen wir uns ihrer Herkunft und ihres Bedeutungswandels im Rahmen des psychoanalytischen Denkens bewußt bleiben. Für Freud, der unbefangen Worte wie „Arzt", „Krankheit" und „Heilen" benutzte, war das selbstverständlich. Heute kämpft die Psychoanalyse um ihre Anerkennung als „Heilverfahren" und um die Zulassung zu den Krankenversicherungen. Das kann zu einer Antwort auf die Herausforderung durch gesellschaftlichen Wandel werden, wenn die systematische Reflexion der Zwiespältigkeit von Heilen und Analysieren nicht durch pragmatische Überlegungen in den Hintergrund gedrängt wird.

Ob nun der Analytiker mit einer hohen Stundenfrequenz über Jahre mit einem

Patienten im klassischen Setting arbeitet, oder ob er einem Menschen für nur wenige Gespräche gegenübersitzt, nie ist er der Arzt, der behandelt, wenn er diese Gespräche in analytischer Haltung führt. Sobald er sich als *Objekt* der Übertragungen seines Gegenübers versteht, und darauf als *Subjekt* antwortet, wird er zum Teilnehmer am Übertragungsprozeß, in dem sich unbewußte Phantasien an den Analytiker heften und im Übertragungswiderstand, in der Interaktion Analysand–Analytiker sichtbare Gestalt gewinnen. Der Analytiker wird zum Brennpunkt der Analyse der Übertragungswiderstände. Wenn die freien Assoziationen versagen, stellt Freud kurz und bündig fest, steht der Analysand „unter der Herrschaft eines Einfalls, der sich mit der Person des Arztes oder mit etwas zu ihm Gehörigen beschäftigt“ (Freud 1912b, 366).

D. Die analytische Arbeit am Widerstand: Ein klinisches Beispiel

Ich möchte nun einen Ausschnitt aus einer Stunde wiedergeben, der etwas von Art und Atmosphäre der Arbeit am Übertragungswiderstand vermitteln sollte.

Herr P. ein geistig und emotional außerordentlich begabter und lebendiger Sozialarbeiter, hat eine Analyse begonnen, weil er mehr und mehr gewahr wurde, daß er sich persönlich und beruflich nicht so entfalten kann, wie er das möchte. Er kommt aus einem sozial geordneten und wirtschaftlich starken, affektiv aber dürftigen Milieu. Objektiv ist er in seinem Beruf effizient, und seine Klienten schätzen ihn. Er wirkt gelassen, sicher, aktiv und in echter Weise überlegen. Er kann zwar verstehen, warum er von anderen so qualifiziert wird, erlebt sich selber aber ganz anders, nämlich gehemmt, einsam und unsicher in den persönlichen und beruflichen Beziehungen. Alles wird ihm zum Krampf und zur Qual, so daß ihn seine beruflichen Erfolge, die er wohl sehen kann, kräftemäßig teuer zu stehen kommen. Erotisch ansprechbar und ansprechend, bleiben ihm sexuelle und zärtliche Beziehungen unvereinbare Welten. Er leidet unter dieser „Spaltung“ seines Erlebens, die er als fremd, ja krankhaft empfindet. Ob er nun mehr die eine, sexuelle, oder die andere, zärtliche Seite zu leben versucht, immer fühlt er sich – zurecht – von einem wesentlichen Teil seiner selbst getrennt. Weder gelingt es ihm, eine sexuell befriedigende dauerhafte Liebesbeziehung zu halten, obwohl er nichts sehnlicher wünscht, noch seiner Arbeit lustvoll und mit Freude nachzugehen, obwohl er überzeugt ist, daß sein Beruf ihm entsprechen würde und er vorwärts kommen könnte.

In den letzten Stunden hat er viel und eindrücklich von seinem gegenwärtigen Leben und seiner Kindheit erzählt. Der Inhalt dieser Stunden ist im jetzigen Zusammenhang nicht wichtig. Wichtig ist hingegen die Atmosphäre, von der die Stunden getragen waren: Wie noch selten fühlte er sich mir und sich selber nahe. Es wurde immer deutlicher, wie sehr seine aktuellen Schwierigkeiten die Nöte seiner Kindheit widerspiegeln: Zunehmend wurde ihm bewußt, wie sehr er als Kind mit seinen Wünschen und Gefühlen nicht bloß auf keine Resonanz, sondern auf Verständnislosigkeit, Leere, ja Ablehnung gestoßen war. „Ich glaube, meine Eltern hatten Angst vor allen starken Gefühlen. Auch untereinander waren sie kühl und distanziert. Vornehm halt. Ich habe mich immer versteckt. Meine Phantasien gehörten mir allein."

Er ist in der Stunde, von der ich berichten will, im Gegensatz zu den vorhergehenden wortkarg und mürrisch. Nach längerem Schweigen will er wissen, ob die Zeichnungen und Bilder an den Wänden, die schon immer dort gehangen haben, von meinen Kindern stammen. Ich weiß bereits, daß seine Eltern seine Zeichnungen nie aufgehängt haben. Ich nehme aber diesen Faden nicht auf. Nach einer kurzen Weile weiteren Schweigens sage ich: „Sie haben auffallend lange geschwiegen. Mir scheint auch, Sie sind in ganz anderer Stimmung als in den letzten Stunden. Ich frage mich, was während des Schweigens in Ihnen vorgegangen ist, und was Sie zu Ihrer Frage veranlaßt." Er geht darauf nicht ein. Darauf eingehen hieße, den Phantasien Raum geben, die um mich und unsere Beziehung kreisen, die aber mit seiner Liebe und seinem Haß den Eltern, vor allem dem Vater gegenüber zusammenhängen. Sehen wir also weiter zu. Er erzählt nun von einem Fest, das er letzten Samstag mit seiner gegenwärtigen Freundin besucht hat. Er glaubt, mich dort gesehen zu haben. Ob ich tatsächlich dort war? Er ärgert sich – begreiflicherweise –, daß ich seine Fragen nicht einfach beantworte, sondern verstehen möchte, warum diese Fragen gerade jetzt auftauchen.

Nach längerem Schweigen wirft er mir vor, ich spiele Verstecken. „Es wird Sie kaum überzeugen, wenn ich Ihnen versichere, daß mir das fernliegt. Ich meine allerdings, daß Ihre Fragen Gründe haben, die zu kennen für uns wichtig wäre." Ironisch entgegnet er: „Eine Frage kann doch auch einmal einfach eine Frage sein und nichts weiter. Oder nicht? Aber wer kann Sie schon zwingen zu antworten. Sie haben ja hier das Sagen." – „Herr P., eine Frage ist nichts als eine Frage. Und wenn hier Fragen auftauchen, müssen sie eine Antwort finden. Nur: Wissen wir überhaupt schon, was Sie mich wirklich fragen möchten?" Erneut Pause. Dann lacht er gepreßt und meint gleichermaßen hilflos und anerkennend: „Ich dachte nur eben, daß Sie sich wieder einmal bewundernswert geschickt aus der Affaire gezogen haben." Dann verfällt er wieder in Schweigen.

In völlig verändertem Tonfall fährt er schließlich weiter: „Wissen Sie, manchmal frage ich mich schon, was für ein Mensch Sie überhaupt sind. Ich weiß gar nicht wer Sie sind." Ich will schon einwerfen: „Wie Sie von Ihrem Vater nichts wissen." Sein Vater war immer mehr als distanziert gewesen. Im letzten Moment jedoch halte ich die Bemerkung zurück. Zu glatt, zu geschliffen kommt sie mir vor. Irgend etwas stimmt nicht. Aber was? Es stimmt ganz einfach nicht, was Herr P. soeben gesagt hat. Er weiß von mir – und von seinem Vater – eine ganze Menge. Damit konfrontiere ich ihn: „Stimmt das? Sicher, Sie kennen mich allein innerhalb dieser vier Wände. Aber von der Art und Weise, wie ich auf Sie reagiere, was ich Ihnen sage und nicht sage, wissen Sie eine Menge über mich." – „Sind Sie das überhaupt, wenn Sie auf mich reagieren, wie Sie so schön sagen. Es ist ja ihr Job, sich mit mir zu beschäftigen." – „Sie sind unsicher, ob Sie dem, was Sie hier mit mir erfahren, was Sie an mir wahrnehmen und über mich denken, trauen können. Sie konnten ja dem, was Sie bei Ihrem Vater wahrgenommen haben, auch nicht trauen, weil Ihre eigene Vorstellung über ihn nie mit der Vorstellung übereinstimmte, die er Ihnen von sich zu vermitteln suchte." – „Aber ich muß wissen, was für ein Mensch Sie sind, unabhängig von hier, unabhängig von mir!" – „Ich habe immer wieder den Eindruck, daß Sie sich recht klare Vorstellungen über mich machen, sich diese aber nicht eingestehen. Sie befürchten, es könnte sich zeigen, daß ich ein ganz anderer Mensch bin als Sie, oder umgekehrt, Sie könnten entdecken, daß Sie ein ganz anderer Mensch sein möchten, als Sie in mir sehen." Seufzend gesteht er zu: „Da haben Sie wahrscheinlich recht. Wenn ich nur daran denke, wie es mich irritiert hat, daß Sie sich im Dörfli (einem Zentrum des Zürcher Milieus) kaum auszukennen scheinen." – „Sie sind überzeugt, daß jemand, von dem Sie sich so unterscheiden möchten, gerade die sinnliche Seite in Ihnen nicht akzeptieren wird, von der Sie sich selber so entfremdet fühlen."

„Jetzt fällt mir ein (sicher nicht zufällig an dieser Stelle im Ablauf der Stunde!), was ich heute nacht geträumt habe. Ich befand mich mit jemand anderem in einem weglosen Wald und fand nicht heraus. Plötzlich hörten wir Musik und Stimmengewirr. Ängstlich gingen wir den Tönen nach und kamen an einen kleinen See mit einer Insel. Auf dieser Insel war ein Fest im Gang. Es war warm und die Menschen waren nur leicht bekleidet oder gar nackt. Sie tanzten, tranken und lachten. Es herrschte eine geradezu märchenhafte Atmosphäre. Ich fühlte mich seltsam erregt, nicht eigentlich sexuell, viel umfassender. Mein Begleiter wollte mich wegziehen, als gälte es, einer Gefahr zu entrinnen. Ich stand wie angewurzelt. Es gab keine Brücke auf die Insel. Immer mehr faszinierte mich ein Mann. Er hatte eigentlich nichts besonderes an sich, bewegte sich lediglich frei und ungezwungen unter all den Menschen. Er tanzte viel, gar nicht besonders gut, aber leichtfüßig und selbstverständlich. Dann schien er plötzlich zu mir hinzusehen. Obwohl er mich im Dunkeln gar nicht sehen konnte, glaubte ich, daß unsere Blicke sich für einen Moment trafen. Dann verschwand er. Mein Begleiter drängte immer mehr und wollte mich gewaltsam wegziehen. Plötzlich rannte ich wie von Panik ergriffen davon. Ich erwachte mit Herzklopfen. Mir war sofort klar, dieser Mann auf der Insel, das war auch ich."

Ohne daß ich etwas gesagt hätte, beginnt er seinen Traum als Ausdruck seiner Angst vor der „anderen Seite", vor der Sinnlichkeit, ja als Ausdruck seiner Flucht vor dem Leben überhaupt zu deuten. Obwohl diese Deutung auf der Hand liegt, scheint sie mir zu glatt, zu vordergründig, zu undifferenziert, um das zu erfassen, was die Übertragung und den Widerstand in der Übertragung dieser Stunde ausmacht. Zudem zeigt sein jammernder Ton, der ganz im Gegensatz zur bisherigen Atmosphäre der Stunde steht, daß etwas nicht stimmt. Ich setze wiederum beim Übertragungswiderstand an, indem ich ein Element aus dem manifesten Traum aufgreife, das direkt auf die Übertragung verweist und seine Angst in Beziehung zu mir aufgreift, eine Angst, die mit seinen von mir unabhängigen Wünschen zu tun hat. Ich sage: „Ja, ich glaube auch, daß Sie der Mann auf der Insel sind. Der Traum bringt jedoch nicht bloß Ihre Angst, sondern auch ihren Wunsch zum Ausdruck, sich mit sich selber zu konfrontieren..." Kalt, abweisend, zynisch wirft er ein: „Wie tiefsinnig!" Ich fahre unbeirrt fort: „Der unbestimmte Begleiter bin doch ich. Und ich glaube der Traum enthält eine Frage. Können wir sie verstehen, wissen wir wohl, was Sie mich *wirklich* fragen wollen, nämlich: Bin *ich* bereit, mich mit Ihrer

‚anderen Seite' zu konfrontieren? Folge ich Ihnen wenn Sie daran gehen, die Seite einzuholen, von der Sie sich getrennt fühlen? Können Sie mich, so wie Sie mich wahrnehmen und erleben, für sich und Ihre Wünsche und Konflikte in Anspruch nehmen? Oder müssen Sie so sein, wie Sie glauben, daß ich Sie haben will, um von mir akzeptiert zu werden?" – „Ja, ich habe ja gesagt, ich muß wissen was für ein Mensch Sie sind!", sagt er fast triumphierend, auf seine vorangegangene Äußerung anspielend. Nachdenklich fährt er nach einer Weile fort: „Ich weiß, es ist unsinnig, aber ich komme manchmal mit der Angst zur Stunde, Sie würden mir sagen, die Analyse sei zu Ende, es hätte keinen Sinn, weiterzuarbeiten". Ich dopple nach: „Könnte es sein, daß es vielmehr Angst davor ist, ich könnte mich durch Ihre ‚andere Seite' gefährdet fühlen?" – „Meinen Sie?" fragt er zögernd zurück. „Wenn Sie tatsächlich mein Begleiter im Traum sind, wollten Sie nicht hinsehen. Und das wäre offenbar für mich wichtig gewesen. Ich weiß ja selber nicht, wer ich eigentlich bin und sein möchte, und warum mir diese ‚andere Seite' derart Angst macht. Ich glaube, ich fürchte, ich könnte aus jedem Rahmen fallen." – „Spüren Sie, wie Sie mit mir dasselbe glauben machen zu müßen, was Sie als Kind mit Ihren Eltern machen mußten? Da sich die Eltern nicht darum kümmerten, was für ein Mensch *Sie* zu werden im Begriff waren, mußten Sie wissen, was für Menschen Ihre Eltern waren, und wie Sie für sie zu sein hatten. Anders konnten Sie sich in Ihrer damaligen Welt nicht zurecht finden."

Ich breche die Schilderung des Verlaufs an dieser Stelle ab. Es ist schwierig, in einer schriftlichen Skizze die Lebendigkeit einer analytischen Stunde einzufangen. Weder Analysand noch Analytiker reden schließlich in druckreifen Sätzen. Noch schwieriger ist es, den Hintergrund zu vermitteln, auf dem eine kurze Sequenz erst ihre spezifische Bedeutung gewinnt. Jedes derartige Fallbeispiel kann natürlich unter verschiedenen Gesichtspunkten dargestellt und gelesen werden. Ich bin zufrieden, wenn es mir zu illustrieren gelungen ist, daß, warum und wie ich in der geschilderten Stunde konsequent den Widerstand in der Übertragung aufgenommen habe. Der spezifische Übertragungswiderstand, mit dem ich es zu tun hatte, war durch Inhalt und emotionale Atmosphäre der vorhergehenden Stunden, die Nähe geschaffen hatten, manifest geworden. Unter bewußter Vernachläßigung aller inhaltlichen Aspekte habe ich lediglich das aktuelle Geschehen in der aktuellen Beziehung zu mir und den formalen Ablauf der Stunde thematisiert und ansatzweise interpretiert. Andere Fokussierungen, die ebenfalls möglich gewesen wären, hätten einen anderen Stundenverlauf ergeben. Die veränderte Stimmung von Herrn P. und seine Fragen zeigten mir, daß sich die Übertragung entscheidend von den vorhergehenden Stunden unterschied und aufgegriffen werden mußte. Aufgrund seiner bisherigen Erfahrungen in der Analyse „wußte" auch Herr P. und vertraute darauf, daß ich seine Fragen kaum einfach beantworten würde. So brachte er mich in die Rolle des versagenden, sich entziehenden Vaters, denn eine Frage nicht zu beantworten, ist und bleibt eine Versagung. Die vorhergehenden Stunden hatten die Hoffnung wiederbelebt, vom Vater in seiner Andersartigkeit, mit seinen eigenen Impulsen, Wünschen, Vorstellungen und Interessen akzeptiert zu werden, eine Hoffnung, die sich nie erfüllt hat. Die wieder erwachte Hoffnung weckte aber auch die alten Ängste und ihre Abwehr, d. h. den verinnerlichten Konflikt. Es wäre eine Anmaßung und eine Lüge, hätte ich versucht, mich quasi als der bessere, d. h. als der gute, gewährende und unabhängige Vater anzubieten, den Herr P. nicht gehabt hat. Das würde am verinnerlichten Konflikt nichts ändern, und er könnte seine Beziehung zum „inneren Vater" niemals verändern. Das Wechselspiel von Hoffnung und Enttäuschung, Lebensbewältigung und Resignation prägt die Übertragung. Das ist seine Chance, und das ist die Chance der Analyse.

Neubeginn hat es Michael Balint genannt, wenn der Analysand frühere Bedingungen des Liebens und Hassen fallenlassen kann. Der Neubeginn ist nicht ein großartiges Erlebnis, einer Bekehrung gleich. Er ist das Ergebnis der Widerstandsanalyse und verändert die Übertragung in Richtung einer neuen Erfahrung. Erst der Neubeginn in der Analyse ermöglicht dem Analysanden, in neuen Beziehungen neue Erfahrungen zu machen. Damit wandeln sich die verinnerlichten Beziehungen des Analysanden zu den Personen seiner frühen Liebe und seines frühen Hasses und mindern seine Angst und seine Übertragungsneigung. Der Dialektik von Wiederholungszwang und Widerstand muß nun als drittes Moment der Neubeginn hinzugefügt werden. In der psychoanalytischen Situation, definiert durch Wiederholungszwang, Übertragungswiderstand und Neubeginn, entfaltet sich ein bewegtes Bild der psychischen unbewußten Wirklichkeit des Menschen, seiner Kämpfe, Niederlagen und Siege.

4. Übertragung und Arbeitsbündnis: Die positive Übertragung

Die bisherigen Ausführungen könnten den Eindruck erwecken, daß Übertragung nur konflikthaft ist. Diesen Eindruck muß ich korrigieren. Auch die befriedigenden Erfahrungen haben ihren Anteil an der Übertragung. Gefühle von Vertrauen, Liebe, Zuneigung, Achtung, Verehrung, Freude, Hoffnung usw. verleihen einer Beziehung Sicherheit und Selbstverständlichkeit und bestimmen das Ausmaß, in dem sie auch Ambivalenz und Konflikt aushält. Freud hat die Gefühle von Zuneigung, die der Analysand dem Analytiker spontan entgegenbringt, als *positive Übertragung* bezeichnet. Die Bereitschaft eines Menschen, in die psychoanalytische Situation einzutreten, sich dem Analytiker anzuvertrauen und im analytischen Prozeß mitzuarbeiten ist „schon Ausdruck der Wiederbelebung früher Gefühle von Zuneigung und Vertrauen zu den Eltern" (Racker 1978, 22). Es sind die individuellen Erfahrungen mit der befriedigenden, haltgebenden, zugewandten Mutter und dem beschützenden und toleranten, aber auch herausfordernden Vater, die der positiven Übertragung ihr individuelles Gepräge geben. Die positive Übertragung bleibt im Gegensatz zur negativen und zum Übertragungswiderstand in der Regel unauffällig und stumm. Sie schafft einen Bereich affektiv positiv getönter Selbstverständlichkeit und trägt ganz wesentlich zum Gefühl der Sicherheit in der analytischen Situation bei. Wie ein Mensch ohne ein hinlängliches Maß affektiver Befriedigung und emotionaler

Sicherheit nicht lebensfähig wäre, kann der psychoanalytische Prozeß ohne eine hinlänglich verläßliche positive Übertragung weder zustande kommen noch aufrecht erhalten werden.

Die positive Übertragung ermöglicht eine konstante Beziehung zum Analytiker, die seiner realen Person und seiner Funktion als Analytiker gilt. Arbeitsbündnis nennt Greenson (1973, 204) den aufgabenorientierten, „relativ unneurotischen, rationalen Rapport zwischen dem Patienten und seinem Analytiker", der es dem Analysanden erst ermöglicht, sich mit der analysierenden Funktion des Analytikers zu identifizieren, in der analytischen Situation zu arbeiten. Das erfordert die doppelte Fähigkeit, Übertragungskonflikte überhaupt erleben, und sich zu ihnen in beobachtende, kritisch-prüfende Distanz begeben zu können, die Deuten und Einsicht erst möglich machen.

Diese zweifache Einstellung der Person zu sich selbst, einerseits erlebend, anderseits „objektiv beobachtend gegen die psychischen Vorgänge" (Freud 1895d, 271) setzt voraus, was wir als *splitting* oder *therapeutische Ich-Spaltung* bezeichnen. Obwohl gerade das splitting die analytische Beziehung von den normalerweise ungebrochen erlebten natürlichen Beziehungen unterscheidet, ist diese Haltung doch nicht so fremd, wie es auf den ersten Blick scheinen mag. Jeder kennt Situationen, in denen er Akteur und gleichzeitig Zuschauer ist. Zum Beispiel im Traum. So wußte Herr P. schon im Traum, daß er der Mann auf der Insel war, den er beobachtete. Oder wenn wir uns etwas tun sehen, was uns unangebracht erscheint, schon während wir es tun. Wir sagen im Ärger etwas und könnten uns gleichzeitig dafür ohrfeigen. Es ist aber wider besseres Wissen im Moment unmöglich, es nicht zu sagen. Der Impuls ist stärker als die Vernunft, der selbstbeobachtende, kritische Teil unserer selbst setzt sich nicht durch. Leichter ist es in der Regel, die beobachtende Haltung in zeitlicher Distanz zum Geschehen einzunehmen und der kritischen Selbstbeobachtung Raum zu geben. So z.B., wenn wir nachträglich ein Verhalten als unangebracht, ja beleidigend empfinden, uns schämen und entschuldigen.

Auf dieser Fähigkeit des Menschen, sich von sich selbst zu distanzieren ohne sich zu verlieren, beruht das Arbeitsbündnis. Während der Analysand meistens ohne weiteres bereit ist, seinen Symptomen, die er als ich-fremd empfindet und unter denen er leidet, beobachtend kritisch zu begegnen, ist dies für die Übertragungsreaktionen und für viele alltägliche Verhaltensweisen, die Symptomcharakter haben, dem Analysanden aber ganz „normal", natürlich, ja wertvoll erscheinen, keineswegs selbstverständlich. Aber nicht bloß Symptome, Träume, Phantasien und Übertragungsinszenierungen, sondern auch mehr oder weniger realitätsgerechte Verhaltensweisen und Charakterzüge können Mitteilungen von Konflikt und Konfliktverarbeitung und damit Gegenstand der Analyse sein. Es ist nicht die leichteste analytische Aufgabe, eingeschliffene Charakterzüge ich-fremd zu machen. Es bedeutet, schlafende Hunde zu wecken, denn gerade hinter scheinbar ich-gerechten Verhaltensweisen und Charakterzügen können sich die hartnäckigsten und bedeutsamsten Übertragungswiderstände verstecken. Der Analysand wird es dem Analytiker über lange Zeit nicht danken, wenn er diese hartnäckigen Charakterzüge ebenso hartnäckig hinterfragt. Es nicht zu tun hieße, vielleicht die tiefsten Anteile eines Konfliktes auszuklammern. Es zu tun bedeutet unweigerlich, Übertragungswiderstand zu provozieren. Damit erhält seinen Stellenwert, was vorerst ganz unwichtig erschienen sein mochte.

Übertragung und Arbeitsbündnis sind die beiden Aspekte der analytischen Beziehung, die einander bedingen. Daher ist es oft ein und dasselbe, ein tragfähiges Arbeitsbündnis und eine bearbeitbare Übertragung im Sinne eines Übertragungswiderstandes herzustellen. Ich möchte das am Beispiel Patricks, eines 14-jährigen Jugendlichen, illustrieren, der seiner psychischen Konflikte nur mit schwersten Zwangshandlungen und Zwangsphantasien Herr werden konnte. Patrick zeichnet sich durch eine unwahrscheinlich saubere, exakte, ästhetisch perfekte Heftführung aus. Sein Geographieheft ist ein Muster an graphischer Kunstfertigkeit. Da darf kein Strich daneben, ungenau, dünner oder dicker als der andere sein. Die Farben stimmt er in Ton und Schattierung sorgfältig aufeinander ab. Findet eine Seite wegen irgend einer Kleinigkeit, die für mich meistens nicht einmal sichtbar ist, keine Gnade vor seinen Augen, reißt er sie unbarmherzig heraus, schreibt und zeichnet des Ganze nochmals. Ja, es kommmt vor, daß er ganze Hefte neu beginnt, nachdem er zu viele Seiten herausgerissen hat. Patrick ist stolz auf sein druckreifes Geographieheft und reagiert höchst ungehalten, wenn ich seine Freude nicht teilen mag.

Das kann ich beim besten Willen nicht, denn die Medaille hat eine Kehrseite, die sich leicht erraten läßt. Patricks gesamte verfügbare Zeit geht für die Führung weniger Hefte drauf. Für die übrigen Fächer, ja zum effektiven Arbeiten überhaupt, bleibt ihm kaum Zeit. Schulschwierigkeiten größten Ausmaßes sind unvermeidlich. Sein Fleiß verschleiert, daß er unter massiven Arbeits- und Denkstörungen leidet. Versuche ich, ihn damit zu konfrontieren, beklagt er sich darüber, daß ich an allem und jedem etwas zu mäkeln hätte. Oder er versteht nicht, was ich meine. Daß zwischen seiner Heftführung, seiner Zeitnot und seinen Schulschwierigkeiten ein Zusammenhang besteht, kann er lange nicht anerkennen. Mein einziges Bemühen, und das dauert wochenlang, richtet sich während dieser Zeit darauf, ihm erlebbar zu machen, daß er seine Hefte so sorgfältig führen *muß* und er gar nicht anders kann. Versucht er es, gerät er in Panik.

Einmal will er in der Stunde absichtlich eine ganz wüste Seite für das Geographieheft machen. Was er dann mit wenigen gekonnten Strichen entwirft, ist eine ansprechende Karte Europas, die viel lebendiger wirkt, als seine graphischen Stiche, durchaus sauber und im Maßstab erstaunlich genau ist. Er selber ist verblüfft. Nachdenklich meint er: „Es ist schon merkwürdig, daß ich nicht einmal eine wüste Seite machen kann, wenn ich will." Das war noch nicht der Durchbruch, aber allmählich wurde ihm seine zwanghafte Heftführung fremd. Er ist bereit, die Frage ernst zu nehmen, warum er seine Hefte so sorgfältig führen muß, auch wenn sich Angst breit macht. Worauf er früher stolz war, kann er nun als Signal für eine innere Unstimmigkeit erkennen. Ich werde im Abschnitt über das Deuten eine bedeutsame Sequenz aus der Analyse Patricks schildern, die die allmähliche Aufdeckung der Bedeutung seiner Zwanghaftigkeit enthüllte.

Die positive Übertragung in ihrer emotionalen Angemessenheit und Selbstverständlichkeit und als Grundlage der analytischen Arbeit braucht in der Regel nicht bearbeitet zu werden, außer sie wird selber zum Widerstand und damit zum Hindernis im Fortschreiten der Analyse. Das ist dann der Fall, wenn sich der Analysand in der positiven Übertragung behaglich einzurichten anschickt, wenn er die Befriedigung, welche die Übertragungsbeziehung gewähren kann, als Ersatz für wirkliches, gelebtes Leben nehmen will. Der Analysand versucht, die analytische Beziehung in eine reale zu verwandeln und zu sexualisieren. Gelingt ihm das, hat der Analytiker des Spiel verloren. Die positive Übertragung ist dann nicht mehr Grundlage für die gemeinsame Arbeit an den Konflikten des Analysanden, sie wird zum grausamen Liebesspiel. Freud hat von der Übertragungsliebe gesprochen. Heute sprechen wir etwas technischer von erotisierter oder sexualisierter Übertragung. Der Analysand akzeptiert die analytische Situation nicht mehr. Er verlangt, daß der Analytiker die auf ihn gerichteten Liebeswünsche und -impulse nicht analysiert, sondern erwidert. Bewahrt der Analytiker seine analytische Haltung, kann die Übertragungsliebe von einem Moment zum andern in beißenden Hohn und unsäglichen Haß umschlagen. Es wird dann deutlich, wie sehr die forcierte Liebe der Abwehr unerträglicher feindseliger Impulse gilt.

5. Psychoanalytische Haltung und Empathie

Die psychoanalytische Situation ist eine Beziehung, „eine sehr eigenartige, aber eindeutige" (Klauber 1980, 67). Ihre Eigenart läßt sich angemessen wohl nur paradox beschreiben. Der Analytiker muß in der psychoanalytischen Situation echt und natürlich sein, und sich deren „Künstlichkeit" und Professionalität bewußt bleiben. Dieses Paradox ist nicht etwa eine lästige Störung, die es in Kauf zu nehmen gilt. Es ist die notwendige Voraussetzung einer Beziehung, in der Übertragung bearbeitet und verändert werden soll, und macht den Kern der spezifischen Einstellung aus, die wir die psychoanalytische Haltung nennen: Der Analytiker muß dem Patienten gegenüber offen, echt und natürlich, und gleichzeitig distanziert und neutral sein. Stone (1973, 110 u. 127) hat die psychoanalytische Beziehung treffend als „Versagung in der Intimität" und als „Zustand intimer Trennung" gekennzeichnet. Der Analytiker wendet sich dem Analysanden emotional und in exklusiver Weise zu. Er wird zur begehrten Person, welche die unbewußten Wünsche, Phantasien und Konflikte des Analysanden auf sich zieht. Gleichzeitig bleibt er Analytiker und nur Analytiker, wahrt er den Übertragungskonflikten gegenüber Distanz und Neutralität. Er nimmt Wunsch und Abwehr gleichermaßen auf und widersetzt sich ihnen. Beide Beziehungsaspekte – Zuwendung und Versagung – sind notwendig, um die Übertragungskonflikte in der psychoanalytischen Situation zu halten und durchzuarbeiten.

Auf den ersten Blick mag die psychoanalytische Haltung als die Quadratur des Kreises erscheinen. Aber so befremdlich und ohne Vorbild ist sie bei genauerem Hinsehen nicht. Jede Beziehung hat ihr je eigenes Verhältnis von Nähe und Distanz.

Was echt und natürlich ist, ist nicht absolut, sondern hängt von der individuellen Beziehung und der jeweiligen Situation ab. Was einmal echt ist, mag ein andermal ein Affront sein. In der psychoanalytischen Situation ist es natürlich und echt, die Beziehung selbst zu hinterfragen und zu deuten. In einer außeranalytischen Beziehung zu deuten ist hingegen bestenfalls befremdlich, meistens aggressiv, nicht selten sadistisch, die Deutungen mögen so evident sein und so einfühlend daherkommen wie sie wollen. „Es ist anmaßend, in einer gesellschaftlichen oder familiären Situation unaufgefordert als Analytiker aufzutreten. Doch es ist ein technischer Fehler, in der Beziehung zu einem analytischen Patienten etwas anderes als Analytiker sein zu wollen“ (Brenner 1979, 116). Die psychoanalytische Haltung ist die bewußte Gestaltung des optimalen Verhältnisses von Nähe und Distanz in einer Beziehung, die der Bearbeitung der Übertragung dienen soll.

Offensichtlich entspricht die psychoanalytische Haltung des Analytikers der therapeutischen Ichspaltung und dem Arbeitsbündnis des Analysanden. In der psychoanalytischen Situation ist der Analytiker *Objekt* der Übertragung und *Subjekt* der Deutung. In seiner analysierenden Funktion bleibt der Analytiker außerhalb des Übertragungsgeschehens. Im Arbeitsbündnis ist der Analysand mit dem Analytiker als *Subjekt* der analytischen Funktion verbunden, und gemeinsam untersuchen sie die Übertragungsbeziehung, in der sich psychische Wirklichkeit abbildet. Diese Einstellung der Übertragung gegenüber, nicht die Übertragung als solche, ist spezifisch für die psychoanalytische Situation.

Wir wissen es bereits, Übertragung ist ein ubiquitäres Phänomen und ist Bestandteil jeder zwischenmenschlichen Beziehung. In nichtanalytischen Beziehungen gibt es zwei typische Arten, auf Übertragungen zu reagieren: Mitspielen oder sich zurückziehen, natürlich mit allen Schattierungen zwischen den beiden Polen. Mitspielen bedeutet Nähe ohne Distanz, d. h. ohne die Möglichkeit, *innerhalb* der Beziehung Distanz zu nehmen. Wenn die Übertragungstendenzen zweier Menschen zueinander passen, wie der sprichwörtliche Schlüssel zum Schloß, sprechen wir in der Regel von einer neurotischen Beziehung. Solche Beziehungen können recht haltbar sein, solange sich die inneren und äußeren Umstände nicht ändern. Sie ertragen aber wenig Ambivalenz, Konflikt und Unabhängigkeit der Partner. Es gilt entweder-oder, alles oder nichts. Das Zusammenspielen von Übertragungsneigung beim einen, Übertragungsbereitschaft beim anderen mündet im Extrem in eine folie à deux. Die neurotischen Aspekte in den Beziehungen anderer wahrzunehmen, ist nicht allzu schwer. Ist man selber in eine solche Beziehung verstrickt, spricht man allenfalls von einer Beziehungskiste, glaubt Gott, das Recht und die Vernunft auf seiner Seite. Wir sollten nie vergessen: In der Übertragungsbeziehung versucht ein Mensch eine unbewußte Phantasie zu leben.

Anders fühlt sich die Sache an, wenn wir zum Objekt einer Übertragung werden, die in unserem Unbewußten keine Resonanz findet. Dann fühlen wir uns unangenehm berührt oder gar bedrängt. Es ist oft schwierig, nicht mitzuspielen ohne den anderen zu kränken. Man ist vorsichtig und gibt sich zurückhaltend. Das mag der andere bereits als Rückzug verstehen, oder aber er bleibt hartnäckig, versteht Signale nicht, und man droht unversehens in eine Beziehung verwickelt zu werden, die man nicht will. Solche Beziehungen sind sehr fehlleistungsträchtig. Man sagt einen falschen Namen, vergißt Einladungen und vieles andere mehr. Man kann von Glück reden, wenn der andere selber merkt, daß er nicht auf seine Rechnung kommt, und von einem abläßt. Sonst wird man sich seiner früher oder später auf eine Weise entledigen, die der andere dann zurecht als Zurückweisung empfindet. Sich zurückziehen ist Distanz ohne Nähe.

Die psychoanalytische Situation eröffnet einen dritten Weg, der beide Fallen vermeidet, den Übertragungen des Analysanden Raum gibt, sie aber weder erwidert noch zurückweist. Der Analytiker spielt das Spiel der Übertragung nicht mit. Im Verein mit dem „vernünftigen Ich" des Patienten im Arbeitsbündnis spielt er sein eigenes Spiel und unterbricht damit den Wiederholungszwang. Sein Spiel hat drei ineinander verwobene Komponenten: Herstellen, Halten und Deuten der Übertragung.

Die bedingungslose Zuwendung des Analytikers reaktiviert in einzigartiger Weise und in einmaligem Ausmaß die abgewehrten Wünsche und unbewußten Konflikte des Analysanden und fördert ihre Inszenierung im Übertragungsgeschehen. Der Analytiker – ich habe es bereits einmal zitiert – eröffnet dem Wiederholungszwang „die Übertragung als den Tummelplatz, auf dem ihm gestattet wird, sich in fast völliger Freiheit zu entfalten" (Freud 1914g, 134). Diese exzessive Entfaltung der Übertragung ist nur möglich, wenn sie einseitig ist, der Inhalt der Übertragung ganz vom Patienten bestimmt wird. Das ist die Einseitigkeit und Asymmetrie der analytischen Beziehung. Der Analysand genießt eine Freiheit, die der Analytiker für sich nicht beanspruchen darf. Es ist der Kern der psychoanalytischen Haltung, daß der Analytiker keine eigenen Konflikte auf den Analysanden überträgt, keine spezifischen Übertragungsangebote macht, aber umgekehrt alle Übertragungsangebote in „freischwebender Bereitschaft zur Rollenaufnahme" (Sandler 1976) zuläßt. Daß dies ein dauernder Kampf ist und der dauernden kritischen Selbstanalyse bedarf, sollte sich von selbst verstehen.

Die psychoanalytische Haltung schafft erst die Voraussetzung dafür, daß Konflikte in der psychoanalytischen Beziehung „gehalten" werden können. In Analogie zum regulatorischen Aspekt der frühen Mutter-Kind-Interaktion, der das noch unreife Ich des Kindes unterstützt, hat Winnicott die Funktion des Analytikers, die es ermöglicht, einen Konflikt im „Spielraum" der Übertragung zu halten, *holding* genannt. Der Analytiker kann die Funktion des Haltens nur ausüben, wenn er sich durch die Wünsche, Phantasien, Affekte und Konflikte, zu deren Objekt er wird, in der Tiefe seines eigenen Unbewußten ansprechen lassen kann, und er die Wünsche, Phantasien, Affekte und Konflikte, die dadurch bei ihm reaktiviert werden, nicht abwehren muß. Nicht bloß die Übertragungsphantasien des Analysanden, auch seine eigenen Phantasien muß er zulassen. Wie anders als über den Weg seiner Phantasien könnte er das Unbewußte des andern verstehen? Das kann er nur, wenn er in der Selbsterfahrung als Analysand Zugang zu den unbewußten Wurzeln seines Lebens, seiner Konflikte, Charakterzüge und Nöte gefunden hat, und diesen Zugang halten, d. h. immer neu finden kann. Die eigene Analyse des Analytikers ist der Boden, auf dem allein eine tragfähige und flexible psychoanalytische Haltung erwächst.

Halten heißt, daß sich der Analytiker nicht auf die eine oder andere Seite im Konflikt schlägt, weder den Wunsch befriedigt noch die Abwehr des Patienten unterstützt. Er versagt jede Wunschbefriedigung in der Übertragung, wohl wissend, daß er als Übertragungsobjekt nie der Mensch aus Fleisch und Blut ist, dem die Liebe des Analysanden in Tat und Wahrheit galt und gilt. Hielte er sich dafür, wäre er einer Verführung erlegen, und das Spiel wäre verloren. Denn sehr rasch müßte der Patient erkennen, daß er betrogen worden ist – wie schon früher. Nähme der Analytiker hingegen Stellung zugunsten der Abwehr, würde er zu einer verbietenden Instanz, der Wiederholungszwang würde Urständ feiern. Auch dann wäre das Spiel kaum mehr zu retten.

Der Begriff des „Holding" stand Freud noch nicht zur Verfügung. Aber er hatte wohl dasselbe im Auge, als er sagte, die Analyse müsse „in der Entbehrung – Abstinenz – durchgeführt werden", und das als einen Grundsatz hervorhob, dem auf dem Gebiet der Übertragungsanalyse wahrscheinlich die Herrschaft zufallen wird (Freud 1919a, 187). Auch hat er den Analytiker mit einem Spiegel oder gar einem Chirurgen verglichen, Metaphern für die analytische Haltung, die viel Verwirrung und Mißverständnisse gestiftet haben. Heute nennen wir den nicht wertenden und gewichtenden Aspekt der analytischen Haltung lieber *technische Neutralität*. Sie ist die Weigerung des Analytikers, im Wiederholungszwang und Übertragungsspiel auf die eine oder andere Weise mitzuspielen, allen Tendenzen, Gefühlen, Wünschen und Abwehrmaßnahmen des Analysanden mit derselben Aufmerksamkeit, demselben Wohlwollen und Interesse, aber auch derselben kritischen Einstellung zu begegnen. Affektive Neutralität oder gar Gefühlskälte wäre etwas ganz anderes und würde die Echtheit der psychoanalytischen Situation zerstören.

Auch ist unter Abstinenz „nicht die Entbehrung einer jeglichen Befriedigung zu verstehen – das wäre natürlich undurchführbar – . . ." (Freud 1919a, 187). Technische Neutralität und persönliche Zuwendung und emotionales Engagement für den Patienten und seine Konflikte sind dialektisch zueinander gehörende Aspekte der analytischen Haltung. Indem der analytische Prozeß gelingt, schafft er dem Analysanden Befriedigung. Allerdings nicht Befriedigung infantiler Wünsche. Die gehört niemals in die Übertragung. Übertragungsbefriedigung ist Lug und Trug, ein Versprechen, das der Analytiker nicht einlösen kann. Genugtuung umschreibt wohl besser die Gefühle eines Menschen, der vielleicht erstmals in seinem Leben seine Wünsche als zu sich selbst gehörend empfindet, weil sie durch die spezifische Bekräftigung in der psychoanalytischen Situation erstmals Existenzberechtigung, Anspruch und Hoffnung auf Befriedigung in der sozialen Realität erhalten.

Soll der psychoanalytische Prozeß in diesem Sinne wirklich gelingen, fordert er Offenheit. Der im freien Assoziieren angestrebten Offenheit des Analysanden muß die wirkliche Offenheit in der freischwebenden Aufmerksamkeit des Analytikers entsprechen. Freischwebende Aufmerksamkeit ist Offenheit dem anderen und dem eigenen Inneren gegenüber. Sie ist „nicht ein Sich-Losmachen von Gedanken und Erinnerungen", sondern die Fähigkeit des Analytikers, „allen Arten von Gedanken, Tagträumen und Assoziationen Eintritt ins Bewußtsein zu gestatten, während er gleichzeitig dem Patienten zuhört und ihn beobachtet" (Sandler 1976, 199). Die freischwebende Aufmerksamkeit ist die Reaktivierung einer frühen, präverbalen nicht trieb- und wunschbestimmten Kommunikations- und Wahrnehmungsweise. Edith Jacobson spricht von Tiefensensibilität, R. Spitz von coenästhetischer Wahrnehmung. Die Reaktivierung dieser ursprünglichen Kommunikationsweise und ihre Anwendung zum Verstehen anderer nennen wir *Empathie*. Empathie ist die Fähigkeit, das psychische Leben anderer Menschen einfühlend wahrzunehmen und zu verstehen. Sie ist das Herz der analytischen Haltung. Ohne Empathie könnte niemand die unbewußten Inszenierungen im Übertragungsgeschehen als Ausdruck psychischer Wirklichkeit verstehen. Die Empathie des Analytikers ist das Ausmaß, in dem er die Übertragungen des Analysanden aufnehmen und als Ausdruck psychischer Wirklichkeit verstehen und halten kann.

Von der dritten und alles entscheidenden Komponente des analytischen Spiels, dem Deuten und Durcharbeiten wird bald noch ausführlicher die Rede sein. Vorher sollten wir uns aber noch mit dem Phänomen der Gegenübertragung des Analytikers vertraut machen. Der Analytiker kann die psychoanalytische Haltung nur herstellen und halten, wenn er sich mit den eigenen Impulsen, Gefühlen und Einfällen auseinandersetzt, welche die Psychoanalyse im Konzept der Gegenübertragung faßt.

6. Die Gegenübertragung

Es ist nicht ganz leicht zu bestimmen, was Gegenübertragung ist. Das Verständnis und die technische Verwendung des Konzepts hat sich im Lauf der Zeit sehr gewandelt und ist alles andere denn einheitlich. Die einen verstehen darunter die unaufgelösten „neurotischen Reste" des Analytikers, die als Störungen des analytischen Prozeß in der Beziehung zum Analysanden wieder aufleben. Die anderen sehen darin alle emotionalen Reaktionen des Analytikers und ihr Ausdruck in der psychoanalytischen Situation. Beide Konzeptualisierungen scheinen mir wenig angemessen. Die eine ist zu eng, unterscheidet nicht zwischen Gegenübertragung und Übertragung von Konflikten des Analytikers im Raum der psychoanalytischen Situation, und sieht Gegenübertragung lediglich als Störung. Die andere Konzeption ist so weit und unspezifisch, daß sie nichtssagend wird.

Paula Heimann (1950) hat als erste die Gegenübertragung als Mittel der Analyse erkannt. Wir dürften nicht vom „Übertragungsdialog" reden, wenn wir die Antwort des Analytikers auf die Übertragung ausschlössen. Seine Antwort ist aber nicht bloß und nicht zuerst die Deutung. Die Übertragungen des Analysanden lösen beim Analytiker eine Menge widerstreitender Gefühle, bewußte und unbewußte Phantasien und Verhaltensbereitschaften aus, die er nicht unmittelbar einordnen kann, und mit denen er oft nicht ohne Schwierigkeiten zu Rande kommt. Als *Gegenübertragung* konzeptualisieren wir mit Vorteil die spezifische innere Reaktion des Analytikers auf eine bestimmte Übertragung. Sie ist weder ausschließlich ein neurotisch bedingter blinder Fleck des Analytikers, noch umfaßt sie alle Gefühle des Analytikers in der psychoanalytischen Situation. Viel eher ist sie „eine Kompromißbildung zwischen eigenen Strebungen und der *kontrollierten Übernahme der Rolle, die ihm der Patient aufzwingt*“ (Sandler 1976, 302, im Orig. ausgez.).

Einmal mehr ist nicht das Phänomen spezifisch für die Psychoanalyse, sondern der Gebrauch, den sie von ihm macht. Übertragung und Gegenübertragung sind eine Art der unbewußten, averbalen Kommunikation. Wie in jeder emotional bedeutsamen Beziehung begegnen sich auch in der psychoanalytischen Situation zwei Menschen über ihre je individuelle „innere Welt“. In den natürlichen Beziehungen des Lebens werden die auf diese Weise übermittelten Botschaften selten in Worte übersetzt. In der psychoanalytischen Situation ist die Verbalisierung dessen, was der Analytiker mittels seiner Gegenübertragung versteht, Bestandteil der gemeinsamen Arbeit am Konflikt. Die analytische Beziehung ist echt und natürlich, wenn der Analytiker *innerlich* mit seinen eigenen Strebungen, Impulsen, Wünschen, Phantasien und potentiellen Konflikten auf die Übertragungsangebote des Analysanden reagiert. Die Konflikte in der psychoanalytischen Situation können aber nur als Übertragungskonflikte bearbeitet werden, wenn der Analytiker seine Gegenübertragung als Teil der Szene bewußt wahrnimmt und reflektiert. Nur wenn er versteht, was mit und in ihm geschieht, kann er die Gegenübertragung als Schlüssel zum Verständnis der Übertragungsmitteilungen benutzen. Das ist die „Künstlichkeit“ und die Kunst des Analytikers in der psychoanalytischen Situation.

Die freischwebende Aufmerksamkeit des Analytikers gilt nicht bloß den Assoziationen und Übertragungsinszenierungen des Analysanden, sondern auch den eigenen inneren Gegenübertragungsreaktionen. Und das Holding betrifft auch und zuallererst die Gefühle des Analytikers. Der Analytiker muß fähig sein, „die in ihm erweckten Gefühle *festzuhalten*, statt sie (wie der Patient) abzuführen, und sie der analytischen Aufgabe *unterzuordnen*, in der er als das Spiegelbild des Patienten funktioniert . . . Das Unbewußte des Analytikers versteht das des Patienten. Diese Beziehung in der Tiefenschicht kommt in Form von Gefühlen an die Oberfläche, die der Analytiker als Reaktion auf seinen Patienten, als seine Gegenübertragung bemerkt“ (Heimann 1950, zit. nach Sandler 1976, 298, Ausz. bei S.). Die Analyse der Gegenübertragung wird so zum exquisiten Mittel, die Übertragungen des Analysanden zu verstehen und damit zum Herzstück der psychoanalytischen Situation.

Solange dem Analytiker der analytische Umgang mit seiner Gegenübertragung hinlänglich gelingt, tritt sie nicht in Erscheinung. Sie geht indirekt und verarbeitet in die Interventionen des Analytikers ein. Kann er dagegen die durch die Übertragung reaktivierten Phantasien, Affekte und Konflikte nicht als seine Gegenübertragung erkennen und halten, ist er zur ihrer bewußten Wahrnehmung und inneren Verarbeitung kaum mehr in der Lage. Wenn der Übertragungswiderstand des Analysanden einen entsprechenden Gegenübertragungswiderstand beim Analytiker auslöst, drohen die Gegenübertragungs*gefühle* in Gegenübertragungs*reaktionen*, die Phantasien in Handeln, oder, wie wir psychoanalytisch sagen, in Agieren umzuschlagen. Dann verfängt sich der Analytiker in einer der beiden Fallen, die ihm die Übertragung stellt. Er spielt die ihm zugedachte Rolle oder er weist sie zurück, und das Karussell wechselseitiger Übertragungen beginnt sich erneut zu drehen, die psychoanalytische Situation droht einmal mehr zur Wiederholung der traumatischen Situation zu werden. Klinisch kann daher Ausprägung und Intensität der Gegenübertragung am besten veranschaulicht werden, wo sie zu scheitern droht. Daß ich drum einen Ablauf schildern muß, auf den ich nicht stolz sein kann, habe ich in Kauf zu nehmen.

Eine äußerlich anziehende und intelligente, geschiedene junge Frau beklagt sich dauernd darüber, wie alle ihre Bekannten sie vernachläßigen und meiden. Niemand besucht sie, niemand lädt sie ein, niemand will mit ihr die Ferien verbringen. Freundschaften mit Männern wie mit Frauen zerbrechen regelmäßig nach kurzer Zeit. Immer nehmen sie den gleichen Verlauf. Nach einer kurzen gegenseitigen Begeisterung läßt der Partner sie sitzen. Obwohl es offensichtlich ist, merkt sie nicht, daß sie Vernachläßigung und Ablehnung durch ihre anklammernde Anspruchshaltung einerseits, durch plötzlich unfreundliches, ja schroffes Verhalten anderseits provoziert.

Es ist leicht zu erraten, wie sie auf meine Versuche reagiert, ihr Verhalten zu deuten. Entweder scheint sie gar nicht zu verstehen, was ich überhaupt meine und wie ich „auf so etwas komme", oder sie wird wütend und wirft mir Verständnislosigkeit vor. Womit sie nicht ganz Unrecht hat. Denn – rückblickend ist das nur allzu klar – solche Deutungen greifen etwas auf, was offensichtlich ist, ohne aber sorgfältig hinzuschauen und zu hören, was in der Übertragung und Gegenübertragung sich abspielt. So kann natürlich hinsichtlich dieses symptomatischen Verhaltens kein Arbeitsbündnis entstehen. Inhaltlich richtige, aber im besten Fall unzeitgemäße Interventionen haben jedoch auch ihre Wirkung. Sie verstärken den Übertragungswiderstand, was dann wiederum zu einer Herausforderung der Gegenübertragung des Analytikers wird.

Wie stellen sich nun die angedeuteten Konflikte im Übertragungs-Gegenübertragungs-Geschehen dar? Kleinste Unregelmäßigkeiten im Setting irritieren Frau F. maßlos. Sie wird entweder weinerlich und nörgelnd oder wütend und aggressiv. Was ich auch sage, sie hört es als Beweis meiner Unfähigkeit, meines mangelnden Willens, sie zu verstehen. Sie wirft mir vor, ich nörgle dauernd an ihr herum, sei aggressiv und abweisend. Und wehe, wenn ich ihr die Projektion deute, die tatsächlich darin liegt! Sie bringt es immer wieder fertig, mich so ärgerlich und gereizt zu machen, daß ich das mitunter tue, was in dieser Situation tatsächlich eine Aggression meinerseits darstellt, mit der ich mich entlaste. Es ist offensichtlich, ich kann meine Gegenübertragung nicht halten, ich agiere sie, und gebe damit ihren Vorwürfen zumindest im nachhinein recht.

Es kommt noch schlimmer. Einmal muß ich eine Stunde verschieben. Da macht sie mir eine wüste Szene. Sie beschimpft mich in unflätigsten Worten. Mit allem, was ich zu sagen versuche, verstricke ich mich mehr und mehr in einem nörgelnden Gerangel. Es ist ein aggressiver Machtkampf, den ich – weil ich mich überhaupt darauf einlasse – verlieren muß. Ich fühle mich klein, unfähig, ohnmächtig. Aber auch wütend, vor allem wütend und voller Haß. Die Patientin ist mir keinen Pfifferling mehr wert und ich verspüre nicht die geringste Lust, die Analyse fortzusetzen. Der Impuls ist fast unbezwinglich, ihr meine Wut ins Gesicht zu schleudern, ihr zu sagen, ob *sie* nun eigentlich hier eine Analyse mache oder ich. *Ich* sei nicht auf sie angewiesen, meinetwegen könne sie sich zum Teufel scheren. Möglicherweise hätte ich ihr, natürlich fein säuberlich in sogenannte Deutungen verpackt, so etwas auch wirklich gesagt, hätte nicht in diesem Moment die Stimmung von blinder Raserei in tiefste Verzweiflung umgeschlagen. Plötzlich ist mir selber zum Heulen, als die Patientin verzweifelt ausruft: „Sie wollen mich bloß los sein!" Ihr das Gegenteil versichern zu wollen, wäre unsinnig und unwahrhaftig, denn sie hat ja recht. Also sage ich ihr: „Ja, es stimmt. Ich hatte eben den Gedanken, Sie wegzuschicken. Offenbar können Sie sich vorstellen, daß ich Sie tatsächlich lossein möchte, wenn Sie mich so beschimpfen. Hätte ich Sie aber tatsächlich weggeschickt, wäre Ihnen hier dasselbe passiert, wie in allen ihren bisherigen Beziehungen. Wie schlimm das wäre, zeigt mir die Verzweiflung, die Sie jetzt ausdrücken und die ich spüren kann."

Diese ganz spezifischen Beziehungsschwierigkeiten sind Ausdruck ihrer von Anfang an gestörten Beziehung zu ihren Eltern, bzw. *Pflegeeltern*. Frau F. ist ein uneheliches Kind, das bei wenig verständnisvollen Pflegeeltern aufgewachsen ist, die offenbar ihr Problem, keine eigenen Kinder zu haben, nie bewältigen konnten. Es gelang ihnen nicht, eine unmittelbare und herzliche Beziehung zu dem angenommenen Mädchen zu finden, obwohl sie ein fröhliches und zugewandtes Kind gewesen war. Aus ihrer Ambivalenz heraus konnten sie sich vermutlich auch nicht zur Adoption entscheiden. Carla, so will ich das Mädchen nennen, blieb ihnen fremd, eben das Pflegekind, das ja froh sein mußte . . . So jedenfalls hat Carla die Situation erlebt. Sie fühlte sich dauernd bedroht: Wenn es dir nicht paßt, kannst du ja gehen – ins Kinderheim natürlich. Mit ihrem Werben um Liebe und Zuneigung kam sie bei ihren Pflegeeltern nie an. Sie wurde zunehmend trotzig, kapselte sich ab und demonstrierte Unabhängigkeit: Ich bin auf euch nicht angewiesen! Damals war diese Haltung sinnvoll, sicherte ihr das Überleben, weil sie ihr ermöglichte, ohne Liebe auszukommen. Aber diese Haltung prägte sich ein, und sie ist heute noch unfähig, zu lieben und sich lieben zu lassen. Liebevolle Nähe stürzt sie in unerträgliche Ängste vor Abhängigkeit und Zurückweisung, ja Zerstörung, entweder ihrer selbst oder des andern. Sie hat ihre Liebe nie als gut, sondern nur als Bedrohung erleben können.

Es dürfte auf der Hand liegen, was meine Gegenübertragung und die Analyse beinahe zum Scheitern brachte. Ich fühlte mich mißachtet und in meinen Bemühungen, sie zu verstehen und ihr zu helfen, sabotiert und zurückgewiesen. Ich konnte ihre Aggressivität nicht ertragen und folgerichtig auch nicht verstehen, was sie bedeutete. Ich vergalt Gleiches mit Gleichem und konnte nicht wahrnehmen, daß ihre aggressiven Angriffe dem Schutz einer geheimen Liebe dienten, einer Liebe, die nie leben konnte. Ich war verletzt und konnte das nicht im Sinne einer Gegenübertragung als die Verletzung der Patientin sehen, die sie mir nur auf diese Weise mitteilen konnte. Sie hatte keine andere Sprache dafür.

7. Deuten

A. Deuten und Einsehen

Deuten heißt ursprünglich, mit dem Finger auf etwas zeigen, den Blick auf etwas anderes richten, als was gerade das Blickfeld beherrscht. Man sieht dann neue Dinge, oder Dinge neu, oder was am Rande des Blickfeldes war, tritt ins Zentrum. Wir tun gut daran, das sehr ernst zu nehmen. Deuten heißt hinweisen und sonst nichts. Deuten verleiht Bedeutung und verändert die Sicht der Wirklichkeit, fügt Getrenntes zusammen, integriert einzelne Elemente zu einem Gesamtbild. Das Gesamtbild läßt wiederum einzelne Elemente in neuem Licht erscheinen. Deuten heißt eine Sache einkreisen und ist ein Prozeß, der nie zu einem Ende kommt.

Deuten ist keineswegs spezifisch für die Psychoanalyse. Es ist eine Funktion des menschlichen Geistes, ohne die der Mensch zu keiner kohärenten Sicht der äußeren und seiner eigenen inneren Wirklichkeit käme. Deuten ist auch – man spricht dann lieber von Interpretieren – eine wichtige Methode vieler Wissenschaften, denken wir bloß an Philosophie, Theologie, Sprach- und Literaturwissenschaft. Aber auch in den empirischen Wissenschaften müssen die Forschungsergebnisse interpretiert werden. Das Feld der Interpretation ist das Vieldeutige, wo die Bedeutung einer Sache nicht in ihrer bloßen Feststellung aufgeht. Deuten macht nur dort Sinn – und Sinn *machen* ist sehr wörtlich zu nehmen – wo etwas je nach Kontext und Sichtweise unterschiedliche Bedeutungen annehmen kann. Herr P.s Traum vom Fest auf der Insel hat als einfache Erzählung genommen nichts Unverständliches an sich. Aber es ist ein bestimmter Mensch, der in einer bestimmten Situation diesen Traum hat und erzählt. Der Träumer erkennt sich im Mann auf der Insel, er sieht in ihm ein bestimmtes Bild seiner selbst, von dem er sich abgetrennt fühlt, das zu verwirklichen ihm schwer fällt. Ich habe den Traum nicht weiter gedeutet. Aber nur schon das wenige, was ich geschildert habe, mag andeuten, daß da noch manche bedeutungsvollen Zusammenhänge herauszuarbeiten und zu deuten, daß verschiedene Interpretationen möglich wären.

Das Spezifische des psychoanalytischen Deutens liegt in der zu verstehenden Sache, den psychischen Prozessen, Konflikten, Affekten, Phantasien, die der bewußten Reflexion entzogen sind. Nur was der Mensch reflektieren, innerlich bearbeiten kann, kann er auch verändern. Der psychoanalytische Prozeß zielt darauf ab, Einsicht in etwas zu gewinnen, was bislang unbewußt und dem Erleben und Denken entzogen war.

Einsicht ist das Korrelativ der gelungenen Deutung. Erleben und Einsicht werden einander oft polemisch gegenübergestellt. Der Widerspruch fällt dahin, sobald man zugesteht, daß Einsicht bedeutend mehr ist als rationales Wissen. Deutungen vermitteln kein Wissen. Sie machen allenfalls Wissen erfahrbar. Einsicht ist erlebtes Wissen. „Einsehen ist eine spezielle Form des Erlebens" (Junker u. Waßner 1984, 108).

B. Entreacte: Von der Traumdeutung zur Übertragungsanalyse

An dieser Stelle möchte ich meine früheren Anmerkungen zur Entwicklung des psychoanalytischen Denkens Freuds nochmals aufnehmen und weiterführen. Ursprünglich sah Freud die Hysterie, mit der er sich anfangs fast ausschließlich beschäftigte, in einem zwar komplexen aber eindeutigen Ursache-Wirkungs-Verhältnis. Er verstand die Hysterie als die späte, nachträgliche, pathologische Wirkung eines frühen traumatischen, pathogenen Ereignisses, das er damals immer in einer sexuellen Verführung des Kindes durch einen Erwachsenen sah. Die Abwehr der traumatischen Situation bewirkt zweierlei. Einmal löscht sie die Erinnerung an das Ereignis, macht es unbewußt. Zum andern blockiert sie die Affektabfuhr. Freud (1895d, 97) hat vom „eingeklemmten Affekt" gesprochen. Er verknüpft in dieser ersten Phase der Psychoanalyse das kognitive Element der Erinnerung an das Ereignis mit dem emotionalen Element der Affektentladung oder -abfuhr. In diesem Vorgehen hat Deuten als Zuschreiben von Bedeutung noch keinen Platz. Allenfalls das Erraten von Zusammenhängen, die Erinnerungslücken überbrücken und dem eingeklemmten Affekt Abfuhr gestatten.

Daß die Verhältnisse bei der Genese einer psychischen Störung jedoch nicht einfach die einer linearen Kausalität sein konnten, war allerdings bereits in Freuds erstem Modell angelegt. Da war ja diese rätselhafte Abwehr, die zwar der früheste Ausdruck der dynamischen Auffassung der Psychoanalyse ist, aber in Freuds erstem Erklärungsansatz weitgehend eine „black box" blieb. Freud ahnte wohl von Anfang an, daß sich hinter der Abwehr ein Stück bedeutsamer Seelenarbeit verbirgt. Rätselhaftes hat Freud Zeit seines Lebens nicht in Ruhe gelassen. Je mehr ihm seine analytische Arbeit mit unterschiedlichsten Patienten Einblick in das psychische Leben des Menschen gewährte, desto mehr verdichtete sich seine Überzeugung, daß niemals ein äußeres Ereignis einfach und geradlinig eine psychische Störung erzeugen kann. Was seine Patienten in der analytischen Situation produzierten, waren nicht einfache Reproduktionen abgewehrter Erinnerungen an das Trauma, sondern Ausdruck ihrer Versuche, die traumatischen Situationen ihrer Kindheit zu verarbeiten. So stieß Freud auf das Schicksal der inneren Kräfte, die er Triebe nannte, und auf die Bedeutung der Phantasie als der inneren Verarbeitung dessen, was aus der äußeren Realität und aus den Trieben auf die Psyche einstürmt. Im zweiten Teil werden wir mehr darüber erfahren. Mehr und mehr erwiesen sich Hypnose und Suggestion als wenig verläßlich, denn das, was Freud erfahren wollte, nämlich die psychischen Abläufe der Abwehr, wurden damit gerade ausgeschaltet. Freud sann auf neue Mittel. Je mehr er zur Methode der freien Assoziation überging, desto klarer wurde ihm die „traumhafte" Struktur der Rede des Patienten. Dazu kommt Freuds Selbstanalyse, die zur Hauptsache eine Analyse seiner eigenen Träume war. Was lag näher, als den Traum als Ausdruck eines Stückes bedeutsamer psychischer Arbeit zu untersuchen und in die Analyse einzubeziehen. Die Traum*arbeit* wurde zum Paradigma der *Verarbeitung in der Phantasie*, ja der seelischen Arbeit überhaupt; die Traum*deutung* zum Paradigma des *Deutens in der psychoanalytischen Situation*.

Die Konzentration auf den Traum, die in einem von Freuds Hauptwerken, der „Traumdeutung", gipfelte, ließ vorübergehend das affektive Moment etwas in den Hintergrund treten. Freud war fasziniert von den Möglichkeiten, die ihm die Traumdeutung bot, zumal ihm bald klar wurde, daß man auch Tagträume und Phantasien, ja auch die sogenannten Krankheitssymptome analog dem Traum als Ausdruck der psychischen Wirklichkeit verstehen konnte. Deuten als Verstehen des Sinns und der vielfachen Bedeutung, die ein Traum, ein Traumelement oder ein Symptom in der fortschreitenden Analyse annehmen kann, nahm hier seinen Ausgang. Er war natürlich begierig darauf, seine Patienten von seinen Erkenntnissen zu überzeugen. Nicht selten nahm er zu Erklärungen und logischen Argumenten Zuflucht. Der Traum diente ihm als Beweismittel. Rückblickend sagt er über diese Periode (1913c, 475): „In den frühesten Zeiten der analytischen Technik haben wir allerdings in intellektualistischer Denkeinstellung das Wissen des Kranken um das von ihm Vergessene hoch eingeschätzt und dabei kaum zwischen unserem Wissen und dem seinigen unterschieden ... Es war eine schwere Enttäuschung, als der erwartete Erfolg ausblieb."

Immerhin führte diese bittere Enttäuschung Freud zur Entdeckung der Übertragung und ihrer Bedeutung im psychoanalytischen Prozeß. Man kann nicht die Träume, Phantasien und freien Assoziationen eines anderen deuten, ohne daß eine heftige Übertragungsbeziehung entsteht, die ihrerseits gedeutet werden kann und muß. Zur *Inhaltsdeutung* gesellt sich die *Übertragungsdeutung*. Es ist das Spezifische des psychoanalytischen Prozesses, daß die Analyse der Inhalte und die Analyse der Übertragung dauernd aufeinander bezogen werden. Sobald man aber die Übertragung als Darstellung psychischer Wirklichkeit in der aktuellen Beziehung zu deuten beginnt, ist es schlechterdings unmöglich, die Bedeutung der Affekte zu unterschätzen. Die bisherigen kurzen Beispiele mögen das hinreichend belegen. Das Schicksal einer Vorstellung im Abwehrprozeß, im Konflikt- und Übertragungsgeschehen ist das Schicksal ihrer affektiven „Besetzung". Im Rahmen der Übertragung wird die gelungene Deutung zur Erfahrung, welche die innere Wirklichkeit zu verändern vermag. Einsicht ist bedeutend mehr oder gar etwas entschieden anderes, als einem Arzt Glauben zu schenken, dessen Wissen zu akzeptieren. Einsicht ist ein psychischer Prozeß, der kognitive und affektive Momente gleichermaßen enthält. Er vollzieht sich, wenn der Analysand zu verstehen und damit zu arbeiten beginnt, daß die Übertragungen seine Inszenierungen sind, Ausdruck seiner verinnerlichten Konflikte und ihrer bisherigen Lösungsversuche.

So hat Freud – kurz zusammengefaßt – nacheinander zwei Modelle der Analyse entwickelt, die zusammen erst den psychoanalytischen Prozeß ausmachen, wie wir ihn heute verstehen. Das erste Modell können wir kurz *Inhaltsanalyse* nennen. Ihr Paradigma ist die *Traumanalyse*. Das zweite ist die *Übertragungsanalyse*. Erst diese „Doppelbödigkeit" schafft den *bearbeitbaren* Übertragungskonflikt und macht das Spezifische des Deutens und des deutenden Durcharbeitens der Übertragungskonflikte in der psychoanalytischen Situation sinnfällig und verständlich.

C. Deuten und Durcharbeiten

Einsicht ist selten etwas, was sich plötzlich vollzieht. Und scheint es manchmal so, geht diesem beglückenden Ereignis immer eine Zeit harter Arbeit voraus. Freud hat dafür den Begriff des Durcharbeitens geprägt. Durcharbeiten umfaßt aber mehr als Deuten, und nicht jede Intervention des Analytikers ist eine Deutung, wenn auch der Begriff oft in dieser unspezifischen Weise verwendet wird.

Greenson (1973) unterscheidet drei Aspekte oder Typen von Interventionen: Konfrontation, Klärung und Deutung. In der *Konfrontation* soll der Analysand, wie es das Wort sagt, mit etwas konfrontiert werden, was er nicht wahrnimmt oder nicht wahr haben will. Konfrontationen aktivieren die Übertragung. Als Beispiel einer Konfrontation mag meine Arbeit mit Patrick dienen, als es um die Herstellung des Arbeitsbündnisses hinsichtlich seiner exakten Heftführung ging. Ich werde gleich das Beispiel noch weiterführen, um den Prozeß des Durcharbeitens zu veranschaulichen. Eine Konfrontation soll so präzis wie möglich und so offen wie notwendig sein. Sie will den Patienten weder einschüchtern noch will sie mehr ausdrücken, als den Gefühlen und Gedanken des Analytikers entspricht. Die Konfrontation fordert den Analysanden zur Mitarbeit auf.

Oft folgt einer Konfrontation eine Phase der *Klärung*. Vielleicht versteht der Analysand nicht, was der Analytiker meint. Vielleicht will er wissen, wie er darauf komme. Nicht selten verstärkt eine Konfrontation den Übertragungswiderstand, der dadurch aber spürbarer und faßbarer wird. Dann muß geklärt werden, was sich im Anschluß an die Konfrontation im Analysanden abgespielt hat. Oder der Analysand stimmt zu, fühlt sich aber hilflos und irritiert, weil er für die vorerst abgewehrten Gefühle keinen Grund sieht. Immer geht es aber darum, das psychische Phänomen, mit dem der Analysand konfrontiert worden ist, schärfer herauszuarbeiten, zu konturieren und zu konkretisieren. Konfrontation und Klärung bereiten die Deutung vor, sie beackern den Boden, auf dem erst Verstehen wachsen kann.

Deutungen sind jene Interventionen, deren direktes Ziel es ist, Einsicht und dynamische Veränderungen des Übertragungsverlaufes und damit strukturelle Veränderungen im Bereich der verinnerlichten Konflikte und der Abwehr zu erreichen. Jede Deutung fordert den Analysanden auf, über das Faktische hinauszugehen und einem psychischen Phänomen, sei es ein Traum, ein Symptom, ein Übertragungsphänomen, Sinn zuzugestehen und Bedeutung zu verleihen. Das kann nie in einem Schritt vollzogen werden, es ist allemal ein langer und vielschichtiger Prozeß. Wir sprechen vom *Durcharbeiten* der Konflikte.

Vergegenwärtigen wir uns nochmals die Komplexität des psychoanalytischen Konfliktverständnisses und die „Doppelbödigkeit" des analytischen Prozesses. Einmal gibt es die Ebene oder Linie der Rede, des Diskurses, des Erzählens. Dazu gehört alles, was der Patient berichtet, seine Träume, Phantasien und die kleineren und größeren Ereignisse seines Alltags, aber auch seine Symptome, die hauptsächlich über die Rede des Patienten im analytischen Prozeß erscheinen. Dann ist da die Ebene der Übertragung. Sie ist die Linie des Konfliktes, von der traumatischen

Situation über die Verarbeitung im verinnerlichten Konflikt bis zu seiner Reaktivierung in aktuellen Konflikten und im Übertragungskonflikt.

Die psychoanalytische Situation verbindet beide Ebenen, denn die Rede des Analysanden ist nicht eine „neutrale", unabhängig vom Analytiker und der Situation. Was immer der Analysand erzählt, sagt er in einer Situation, die von Übertragung, Gegenübertragung und Widerstand regiert wird. Es hat nicht dieselbe Bedeutung, wenn jemand einen Traum beim Frühstück seinem Partner und kurz darauf in der Analyse erzählt. Die Rede des Analysanden gewinnt ihre spezifische Bedeutung und Deutung auf dem Hintergrund der Übertragung.

Die Theorie der psychoanalytischen Technik versucht, die Vielschichtigkeit des psychischen Konflikts und seiner Erscheinungsweisen zu fassen, indem sie verschiedene Typen von Deutungen oder verschiedene Aspekte des Deutens unterscheidet. Grundlegend ist, entsprechend den beiden Ebenen der psychoanalytischen Situation, die Unterscheidung von *Inhaltsdeutung* und *Übertragungsdeutung*.

Die Inhaltsdeutung ist Deutung des „Materials", der Träume, der Phantasien, kurz: der Rede, der Erzählung des Analysanden. Sie will im manifesten Inhalt den latenten Sinn, die verdrängten Erinnerungen, unbewußten Phantasien und abgewehrten Wünsche ent-decken. Es ist die Art der Deutung, wie sie Freud in der Traumdeutung entwickelt hat. Übertragungsdeutungen beziehen die Inhalte der Rede auf die Übertragung und bringen explizit das Geschehen in der Übertragung zur Sprache. Die psychoanalytische Situation erhält ihre unmittelbare emotionale Tiefe erst in der Verbindung von Inhalt und Übertragung. Wenn die Deutungen des Materials den Boden der Übertragung verlassen, werden sie affektiv leer und zur rein intellektuellen Übung. Gelingt es dem Analytiker nicht, eine solche Situation als Übertragungswiderstand zu verstehen und zu bearbeiten, verläuft sich der psychoanalytische Prozeß ins Leere.

Die für den psychoanalytischen Prozeß konstitutive Dialektik von Inhalt und Übertragung im Auge, können wir nun weitere Aspekte des Deutens unterscheiden.

Die *Widerstandsdeutung* ist per definitionem eine Übertragungsdeutung, ist doch Widerstand ein Phänomen der Übertragung. In der Deutung der Übertragungswiderstände geht es darum, die Wege und Weisen der bisherigen Lösungsversuche verinnerlichter Konflikte zu verstehen. *Abwehr- und dynamische Deutungen* machen die Komponenten des Konfliktes, die widerstreitenden Wünsche, Vorstellungen, Affekte und Abwehrmanöver als psychisches Geschehen faßbar. Gelingt es dann noch, die verinnerlichten Konflikte in ihrer Genese, d. h. ihrer Entstehung und Entwicklung zu verfolgen, vielleicht sogar mit ihren Ursprungssituationen in der frühen Kindheit zu verbinden, sprechen wir von *genetischen Deutungen* oder *Rekonstruktionen*.

Einen Deutungsaspekt möchte ich noch erwähnen, der trotz seiner entscheidenden Funktion in Praxis und Theorie oft vernachläßigt wird. Ich meine die *adaptive Deutung*. Ein Mensch kann sich erst analytisch, d. h. radikal, mit seinen verinnerlichten Konflikten auseinandersetzen, wenn ihm – wie es Freud (1914g, 132) gefordert hat – seine sogenannte Krankheit „ein würdiger Gegner" geworden ist. Die Gleichgültigkeit und Kälte, ja Ablehnung, Scham und Verachtung mit der manche

Menschen ihren psychischen Schwierigkeiten begegnen, ist zuweilen erschütternd. Natürlich drückt das auch die Einstellung einer Gesellschaft aus, für die psychisches Leiden Schwäche und Minderwertigkeit bedeutet. Natürlich haben alle diese Gefühle auch eine spezifische Bedeutung im Konfliktgeschehen und müssen analysiert werden. Aber zunächst gilt es, als Leistung zu würdigen, was der Patient an sich verachtet, ihm jedoch nicht selten das Leben gerettet, immer aber ein Stück „gesunde“ Entwicklung ermöglicht hat. Die sogenannte psychische Krankheit ist zugleich beides, Anpassung und Widerstand, und der Analytiker hat beides gleichermaßen ernst zu nehmen. Mit adaptiven Deutungen bringt er dem Analysanden nahe, welche Bedeutung seinen Symptomen zukam, um mit der äußeren Realität zurecht zu kommen. Die Psychoanalyse (Hartmann 1960) spricht etwas mißverständlich von „Anpassung“ oder „Adaptation“ an die Realität. Daher der Begriff der adaptiven Deutung.

Wenn ich nun mit einem kurzen Beispiel einige Aspekte des Deutungsprozesses und des Durcharbeitens zu illustrieren versuche, muß das als aberwitziges Unterfangen erscheinen. Durcharbeiten ist ein langwieriger Prozeß und kann nicht in einer Vignette dargestellt werden. Es gibt aber in jeder Analyse Kulminationspunkte, in denen verschiedene Linien zusammenlaufen, die in mühevoller Kleinarbeit herausgearbeitet worden sind und sich dann mitunter im Verlauf weniger Stunden zu einer neuen Gestalt, einem neuen Sinnzusammenhang verdichten. Aus der Analyse Patricks, der 14-jährig seine Analyse begonnen hat, möchte ich eine solche Episode wenigstens in groben Zügen und gerafft skizzieren. Im Abschnitt über das Arbeitsbündnis habe ich bereits von Patricks exakter, zwanghafter Heftführung gesprochen.

Nachdem therapeutische Ich-Spaltung und Arbeitsbündnis hinsichtlich seiner symptomatischen zwanghaften Heftführung hergestellt sind, beginnt sich zaghaft eine bearbeitbare Übertragung zu entwickeln. Meine wenigen und einfachen Deutungen zielen darauf ab, ihn seine positive Übertragung *und* die Konflikte in der Übertragung erleben zu lassen. Sein Zwang zu pedantischer Exaktheit prägt nun mehr und mehr auch die Übertragung. Wie seine Hefte genau stimmen müssen, muß auch genau stimmen, was er in der Stunde sagt, und es sollte ebenso genau stimmen, was ich sage. Er muß sich dauernd rückversichern, ob ich genau verstanden habe, was er meint, und ist beunruhigt, daß unmißverständliche Verständigung nicht möglich ist. Es ist offensichtlich, daß er jeglichen Konflikt zwischen ihm und mir fürchtet und sich mit seiner Zwanghaftigkeit davor schützt. Das führt zu unbeschreiblichen Wortklaubereien und Verwirrungen, und Patrick lebt zudem in der dauernden Angst, ich könnte seine Rückversicherungen als Mißtrauen auslegen und ihn gekränkt zurückweisen. Ich konfrontiere: „Du möchtest, daß ich Dich unmittelbar und ganz verstehe, auf eine Weise, die gar nicht möglich ist. Offenbar kannst Du dir nicht vorstellen, daß Du bei mir etwas bewirken kannst, und ich bereit bin, verstehen zu lernen, was ich noch nicht verstehe.” Er: „Wenn so etwas ist, muß ich immer eine ganze Stunde daran denken.“ Ich deute, daß er dann mit seiner Abwehr beschäftigt ist: „Ja, und das belastet Dich, Du kannst dann gar nicht machen, was Du willst.“ – „So, jetzt haben Sie mich verstanden. Das ist es! Kann man das wegmachen?“ – „Sicher!“ – „Wie lange dauert das?“ – „*Das* weiß ich nicht. Wir müßen verstehen, was Dich *wirklich* stört." Darauf deutet er zögernd und zweifelnd erste kleine positive Veränderungen an. „Du spürst, daß sich etwas verändert, das gibt Dir Hoffnung, beunruhigt Dich aber auch." Als sich dann wieder einmal alles zu verwirren beginnt, nehme ich Bezug auf die Problematik mit den Heften, deute in der Übertragung, was symptomatische Handlung ist: „Es ist, als hätten Deine Gedanken Hicke und gebogene Ecken." Er versteht die Anspielung und erwidert: „Ich habe wirklich Angst, es passiert etwas, wenn Sie mich nicht richtig verstehen."

Erst nach ungefähr einjähriger Analyse wagte er es, mir von seinen Zwangsphantasien und Zwangshandlungen zu erzählen. Er hat noch zu keinem Menschen davon gesprochen, weil ihm sein Verhalten völlig fremd, unerklärlich und beschämend erscheint.

Das Grundmuster all seiner Zwangssymptome ist immer dasselbe: Wenn ihm etwas passiert, das ihn stört, kommt ihm etwas „Wüstes" in den Sinn, und er kommt stunden-, ja mitunter tagelang nicht davon los. Nur mit bestimmten Zwangsgedanken und Zwangsritualen kann er sich Erleichterung verschaffen. Zum Beispiel sitzt er in der Schule und schreibt. Plötzlich fällt ihm etwas „Wüstes" ein. Er stockt – und muß bei dem Buchstaben nochmals ansetzen, bei dem ihm das Wüste eingefallen ist. Er muß das solange wiederholen, bis es ihm gelingt, etwas Schönes dabei zu denken. Oder: Wenn er nach Hause kommt und ihm auf der Treppe etwas Wüstes einfällt, muß er umkehren, etwas Schönes denken und das durchhalten, bis er die Haustür hinter sich geschlossen hat. Oft hat er deshalb richtig Angst, nach Hause zu gehen. Ich könnte Seiten füllen mit solchen Phantasien und Ritualen, die er jetzt nach und nach vor mir ausbreitet. Das „Wüste", um das es dabei geht, sind im manifesten Sinn ganz gewöhnliche Sachen: Das Einkaufszentrum in seinem Wohnort, bestimmte Häuser, das Treppenhaus bei mir, gewisse Straßen, Tramhaltestellen usw. Oft muß er, kommt ihm etwas Wüstes in den Sinn, in der Phantasie ganz komplizierte Reisen unternehmen, die regelmäßig auf dem Mond oder Mars enden: „Dort gibt es nur Steine und Sand. Das ist schön." Folgt er seinen zwanghaften Impulsen nicht, droht massive Angst.

Wie soll ich mit diesem neuen Material umgehen? Mein theoretisches Wissen um Natur und Charakter von Zwangssymptomen nützt mir in diesem Moment herzlich wenig. Ich bin so betroffen, und seine Schilderungen haben eine solche unmittelbare Wucht, daß mir für's erste irgendwelche mittelbaren Gedanken gar nicht kommen. Meine wenigen Äußerungen nehmen unmittelbar den Charakter adaptiver Deutungen an. Sie betreffen einmal die Tatsache, daß er all das ein ganzes Jahr vor mir verheimlichen mußte und konnte. Er kann allmählich begreifen, daß seine Zwänge der Angstbewältigung dienen. Nun kann ich ihm zeigen, wie bedroht er sich fühlen muß, wenn er nur auf diese Weise seine Ängste bannen kann. Immerhin ist es ihm mittels dieser Zwänge gelungen, im Kontakt mit der äußeren Realität zu bleiben. „Aber ich kann doch so nicht länger weiterleben", beschwört er mich hilflos und hilfesuchend. Nein, das kann er wirklich nicht. Denn handkehrum verstricken ihn seine Zwänge, bzw. die Notwendigkeit ihrer Verheimlichung, immer wieder in Konflikte. Darüber können wir als nächstes sprechen. Jetzt wird beispielsweise verständlich, warum er einen Pullover nicht tragen kann, den ihm seine Mutter in einem Laden gekauft hat, der zu den wüsten Orten gehört. Natürlich kann er der Mutter den wahren Grund nicht sagen, und es kommt zu einem erbitterten Streit. Und wie soll Patrick Schularbeiten machen, wenn er entweder dem Terror seiner Zwänge oder seiner Angst ausgeliefert ist?

Noch weit davon entfernt, die Bedeutung seiner Phantasien und Rituale zu verstehen, bringt die Tatsache Erleichterung, daß er sie überhaupt aussprechen und mit jemandem teilen kann, ohne von Angst und Scham überwältigt zu werden. Das erst schafft die Voraussetzungen, seine Symptome analytisch zu bearbeiten. Die Stunden werden zunächst noch schwieriger. Er ist hin und hergerissen, mir seine Einfälle und Gedanken mitzuteilen oder sie zurückzuhalten. Die zwanghafte Art, die Stunden zu gestalten steigert sich und wird fast unerträglich, aber die Angst nimmt deutlich ab. Sein Verhalten zu mir ist jetzt als Übertragungswiderstand kenntlich, und er kann seine äußeren Probleme als Ausdruck innerer Konflikte sehen. Mehr und mehr tun Widerstands- und Abwehrdeutungen ihre Wirkung. Ein Beispiel, das für viele stehen mag: „Du mußt schöne Gedanken erzwingen, um *die* Gedanken von uns und von Dir fernzuhalten, die Dich *wirklich* beunruhigen." Dem stimmt er lebhaft zu und beklagt sich gleichzeitig: „Das ist erst, seit ich bei Ihnen bin. Sie sind schuld. . .". Erschrocken hält er inne und will mich beruhigen: „Nein, natürlich nicht Sie. . ., aber Sie müßen das wegmachen." Ein schöner Ausdruck dafür, daß Patrick die Chance der psychoanalytischen Situation wahrnimmt.

Aber wie soll ich „das" wegmachen? Allmählich wird konkret faßbar, was theoretisch längst klar sein mochte, daß Patrick seine massiven Zwangssymptome benötigt, um ganz massive Schuldgefühle abzuwehren. Obwohl ich weiß, daß er einer solchen *Deutung* noch nicht zugänglich ist, *konfrontiere* ich ihn mit meiner Vermutung. Tatsächlich weist er das weit von sich, und es droht sich wieder alles zu verwirren. Es setzt ein Agieren ein, das die Analyse fast zu sprengen droht. Agieren nennen wir es, wenn der Analysand außerhalb der Analyse in Handlung umsetzt, was in der Übertragungsbeziehung nicht gehalten und verbalisiert werden kann. Patrick wird in der Schule noch schlechter, er verschläft sich öfter, was sonst nicht seine Art ist, schwänzt die Schule und muß dann den Lehrer oder die Mutter oder beide beschummeln. Oft darf die Mutter gar nichts davon merken. Dann muß er den Vater, der von der Familie getrennt lebt, einspannen, um eine Entschuldigung zu erhalten. Ihn anzulügen fällt ihm aber noch schwerer, weil er ihn sehr mag. Er macht die Aufgaben nicht, gibt dann „aus Versehen" ein falsches Heft ab, kommt dadurch erneut in Not, weil er nun über Mittag die Aufgaben nachholen müßte, was ihm natürlich nicht gelingt. Es droht ihm, daß er von der Schule gewiesen wird. Allmählich verstehe ich, daß er Situationen arrangiert, die ihn bei anderen *wirklich* ins Unrecht setzen, und er dann zurecht Schuldgefühle haben kann. Das heißt, er sucht sich durch die Inszenierung eines äußeren Konfliktes von der Last der verinnerlichten Konflikte zu befreien. Oft bringt er es sogar fertig, nach zwei Seiten ein schlechtes Gewissen zu haben, dem Lehrer und dem Vater, der Mutter und mir gegenüber.

Dieses Geschehen wird erst faßbar, als das acting out zum acting in wird, d. h. die Übertragung unter den Druck seiner Schuldgefühle gerät, bzw. ich die Übertragung in dieser Weise verstehen kann. Wie zu Beginn der Analyse macht er nun in den Stunden wieder vermehrt Schulaufgaben. Was damals ein exquisites Medium des Durcharbeitens war, ist jetzt unangemessen und markiert Widerstand in der Übertragung. Patrick spürt das, es ist ihm sichtlich unwohl in diesen Stunden. Versuche ich die Übertragung zu deuten, macht er mich zur verbietenden Überich-Figur: „Sie mögen das nicht." Nein, ich mag das tatsächlich nicht, es bedrückt mich, und ich konfrontiere ihn wieder mit seinen Schuldgefühlen. „Du brauchst etwas anderes. Du hast ein schlechtes Gewissen, und mich bekümmert, daß Du das nicht einmal merkst, und Dir so dauernd ins eigene Fleisch schneidest." – „Ein schlechtes Gewissen? Ich?! – Sie sollten ein schlechtes Gewissen haben, wenn Sie nicht einmal zulassen, daß ich Aufgaben mache, wo ich das doch so dringend nötig habe. Früher waren Sie verständnisvoller." Und er schwänzt eine Stunde.

Er kommt verlegen zur nächsten. Ich bin entschlossen, nicht mehr locker zu lassen. Als ich dazu ansetze, den Zusammenhang zwischen der vorletzten Stunde, seinem Schwänzen und seiner Verlegenheit heute zu klären, unterbricht er mich: „Ich dachte mir schon, daß Sie damit kommen würden". – „Natürlich dachtest Du das, und es macht Dich verlegen. Soll ich das denn nicht?" – „Machen wir einen Kompromiß: Erst machen wir Aufgaben, ich habe nämlich heute eine Geographie-Klausur. Nachher können Sie dann sagen, was Sie wollen." Ich lasse mich auf den Kompromiß ein. Er beginnt, für die bevorstehende Geographie-Klausur Notizen zu machen. Ich konfrontiere: „Du hast so wenig gelernt, daß Du einen Spick brauchst. Er weist mich empört zurecht: „Keinen Spick! Was Ihnen wieder einfällt! Nur etwas zum Nachschauen". – „Ja, denn wenn Du einen Spick machen würdest, hättest du ein schlechtes Gewissen" – „Nein, wieso auch? Ich mache das so gut, daß der Lehrer nichts davon merkt.„ – „Ja ja, ich weiß, du bist clever. Aber mich beschäftigt, warum Du überhaupt etwas zum Nachschauen brauchst." Jetzt können wir aufarbeiten, daß er nicht so viel lernen kann, wie er möchte, dann muß er einen Spick machen (er kann jetzt von „Spick" reden), was er gerade in Geographie nicht nötig hätte, weil er dieses Fach liebt und beherrscht. Nun treten neben die Widerstands- und Übertragungsdeutungen allmählich dynamische Deutungen: „Ich glaube, Du fühlst Dich dauernd für etwas schuldig. Das muß ein derart unerträgliches Gefühl sein, daß Du Dinge tust, die Du gar nicht tun möchtest, die Dich aber bei anderen ins Unrecht setzen. Dann kannst Du Dich wenigstens zurecht schuldig fühlen." – „Ja, das glaube ich auch bald", erwidert er trocken.

Damit hört diese Form des Agierens schlagartig auf. In einer der folgenden Stunden sagt Patrick: „Ich glaube, ich schiebe mit meinen wüsten Gedanken andere beiseite." Damit hat er integriert, was ich früher gedeutet habe. Er hat bemerkt, daß er in letzter Zeit beim Arbeiten oft unkonzentriert ist. Er denkt etwas anderes, schreckt plötzlich auf, und – weiß nicht mehr, was er gedacht hat.

Nun geht es natürlich darum, diesen anderen Gedanken in der Übertragungsbeziehung Raum zu geben. Jetzt kommt erstmals zur Sprache, daß sein Vater seit Jahren von der Familie getrennt lebt. Mehr und mehr bestimmen seine Liebe und sein Haß beiden Eltern gegenüber die Übertragung. Sein feindseliges Verhalten der Mutter gegenüber wird als Abwehr seiner Liebe deutlich. Wenn er seinen guten Gefühlen für die Mutter nachgibt, gerät alles in Aufruhr. Dann muß er rund um sich Unordnung schaffen, damit er seine Angst und seine Schuldgefühle daran festmachen kann, und die Mutter Grund zum Schimpfen hat. Es ist in der letzten Stunde vor einer Ferienunterbrechung, als ich ihm in einem solchen Zusammenhang, wiederum dynamisch, deute: „Das Wüste ist Dein schlechtes Gewissen." Er fährt auf, schreit fast: „Was haben Sie da gesagt?" Ich wiederhole meine Deutung wörtlich. Überrascht, konsterniert, erfreut und erleichtert in einem sinkt er in den Sessel zurück. „Warum haben Sie mir das nicht längst gesagt? Meinen Sie, daß das stimmt? Ist das Ihr Abschiedsgeschenk?" Und immer wieder kommt er darauf zurück: „So so, Sie meinen, das Wüste ist mein schlechtes Gewissen! Daran könnte etwas sein." In der ersten Stunde nach dem fünfwöchigen Unterbruch bringt er den „Beweis": „Wenn ich wirklich ein schlechtes Gewissen *habe*, kommt tatsächlich das Wüste nicht."

Die genetische Deutung seiner Konflikte wird erst langezeit später möglich. Er ist das voreheliche Kind seiner Eltern, die unter äußerem Druck geheiratet und nie wirklich zueinander gefunden haben. Patrick lebte mit der unbewußten Überzeugung, am Unglück der Eltern schuld zu sein. Wenn er nicht wäre, würden sie sich lieben. Er ist allein schon durch seine Existenz schuldig. Eine Schuld, die nur sein Tod tilgen könnte. Leben und Lieben machten ihn schuldig, denn seine Zuwendung zum einen Elternteil ist Verrat am andern.

8. Psychoanalytische Situation, Sprache und die Konzepte der psychoanalytischen Theorie

Psychoanalyse ist eine Methode des Deutens, der Interpretation. Gegenstand der Psychoanalyse sind Sprache und Bedeutung. Sie unterscheidet sich darin wesentlich vom Zugang der Verhaltenspsychologie. Auf die Diskussion der enormen und ungelösten methodologischen, erkenntnis- und wissenschaftstheoretischen Fragen, die das Verhältnis von Psychoanalyse und Sprache aufwirft, will ich mich im Rahmen einer kurzen Einführung erst gar nicht einlassen.

Nicht aus den Augen lassen will ich aber, daß Psychoanalyse ursprünglich als Textanalyse begonnen hat. Und sie kann weiterhin im wesentlichen als Textanalyse begriffen werden, wenn wir der Übertragungsbeziehung Ausdruck von Bedeutung, von psychischer Wirklichkeit, zuerkennen wollen. Die Psychoanalyse begann als Traumdeutung. Traumdeutung – ich werde im nächsten Kapitel gleich nochmals darauf eingehen – meint aber nicht Deutung des geträumten Traumes. Der ist niemals unmittelbar zugänglich, sondern der Traumerzählung, des manifesten Traumtextes in der analytischen Stunde. Der Traumtext bedarf der Deutung, weil er in mannigfach entstellter und kunstvoll verschlüsselter Weise die „eigentlichen", „latenten" Traumgedanken enthält.

Freud ist nicht bei der Traumanalyse stehen geblieben. Es ist vielleicht seine genialste Entdeckung, daß das Symptom, analog dem Traum, als sinn- und bedeutungsvolles psychisches Gebilde, als Text zu begreifen ist, der ebenfalls in verschlungener und entstellter Weise psychische Wirklichkeit ausdrückt. Es tut das jedoch in einer Sprache, die dem allgemeinen Verständnis sozial und symbolisch vermittelter Sprache und Kommunikation nicht zugänglich ist. Die Symptome sind fremd, befremdlich, oft unsinnig, ohne Zusammenhang mit dem übrigen bewußten Erleben. Die Sprache des neurotischen Symptoms wird zur Sprache des Unbewußten, und im persönlichen Erleben und der sozialen Kommunikation sinnlos und unbrauchbar. Psychoanalyse stellt im scheinbar Sinnlosen einen Sinn her, indem sie die averbale, desymbolisierte und beziehungslose Mitteilung des Ausdrucksverhaltens im Symptom, die Inszenierungen in der Übertragung und die verbale Ebene der freien Assoziation, der Traumerzählung und der Phantasie neu verknüpft.

Nun wird wohl auch die scheinbare „Künstlichkeit" des psychoanalytischen Settings sinnfällig. Es setzt die üblichen umgangssprachlichen Formen des Dialogs partiell außer Kraft, und das individuelle Sprachspiel des Analysanden kann das Geschehen prägen und dominieren. Der Analytiker läßt sich seinerseits auf dieses Sprachspiel ein, nicht um es mitzuspielen, das würde nicht weit führen, sondern um die verschlüsselten Mitteilungen zu entschlüsseln, um zu verstehen und dem Analysanden verständlich zu machen, was dieser selbst nicht versteht.

Wie jeder Text, am auffallendsten vielleicht das Märchen und der Mythos, das Ergebnis einer langen Entwicklung ist, und seine letztliche Gestalt implizit die verschiedenen Ebenen der Verarbeitung einer ursprünglichen psychischen und sozialen Erfahrung noch enthält, so ist auch jede psychische Störung das Ergebnis einer langen Kette von befriedigenden und konflikthaften Erfahrungen und von Versuchen, diese Erfahrungen zu verarbeiten und zu integrieren.

Die psychoanalytischen Konzepte müssen dem Rechnung tragen. Sie müssen einen Interpretationsrahmen zur Verfügung stellen, der es ermöglicht, die verwirrende Fülle der unmittelbaren klinischen Erfahrung zu strukturieren, zu verstehen, zu interpretieren. Die Konzepte der psychoanalytischen Theorie sind Interpretation und dienen der Interpretation. Alfred Lorenzer hat daher die Psychoanalyse als „Tiefenhermeneutik" beschrieben. Die Psychoanalyse kann nie beanspruchen, empirische Wissenschaft im Sinne der kontrollierbaren, positiven Verhaltenswissenschaft zu sein. Ob man der Psychoanalyse den Status einer Wissenschaft zubilligt oder nicht, hängt vom Wissenschaftsverständnis ab, das man einer Erkenntnistheorie zugrundelegt.

Die psychoanalytische Situation ist also mehr als irgend ein therapeutisches Arrangement. Sie ist die Situation par excellence, die psychisches Geschehen in einer Interaktion darstellt, in einer Interaktion, die vom Analysanden unter dem Druck des Wiederholungszwanges nach dem Muster verinnerlichter und psychisch frühkindlicher Erfahrungen gestaltet wird. Dieser Umstand läßt die psychoanalytische Situation zu einer einmaligen Erkenntnisquelle psychischer Wirklichkeit werden. Das macht sie wissenschaftlich so interessant. Übertragungskonflikt und verinnerlichter Konflikt entsprechen einander. Diese Entsprechung, wie komplex und schwer faßbar sie auch sein mag, macht es möglich, aus der interaktiven psychoanalytischen Situation eine Theorie des innerpsychischen Funktionierens zu gewinnen.

Eine psychoanalytische Theorie, die der psychoanalytischen Situation und dem psychoanalytischen Konfliktverständnis gerecht werden will, läßt sich in fünf grundlegenden Konzepten fassen. Sie lassen sich aus meiner Skizze der psychoanalytischen Situation leicht ableiten:

1. In der psychoanalytischen Situation bildet sich die unbewußte Wirklichkeit des Menschen ab. Die Psychoanalyse braucht ein *Konzept des Unbewußten* und seiner Funktionsweise. Das Konzept des Unbewußten definiert den Zuständigkeitsbereich der Psychoanalyse. Psychoanalyse ist „der Name einer Wissenschaft geworden, der vom Unbewußt-Seelischen. Diese Wissenschaft kann nur selten für sich allein ein Problem voll erledigen; aber sie scheint berufen, zu den verschiedensten Wissensgebieten wichtige Beiträge zu liefern. Das Anwendungsgebiet der Psychoanalyse reicht ebensoweit wie das der Psychologie, zu der sie eine Ergänzung von mächtiger Tragweite hinzufügt“ (Freud 1925d, 96).

2. Die verinnerlichten Konflikte betreffen das Schicksal der frühesten und drängendsten affektiven Wünsche des Menschen. Die Psychoanalyse benötigt ein *Konzept des Wunsches* und seiner Affekte. Freud hat diesen zentralen Bereich menschlicher Motivation in der *Triebtheorie* gefaßt und sie hauptsächlich als psychische Ökonomie in Kategorien von Energie und Abfuhr beschrieben. Heute wird die Triebtheorie mehr und mehr als Affekttheorie interpretiert und in Begriffen von Repräsentanz und Besetzung beschrieben.

3. Die psychoanalytische Situation ist eine Beziehung, „. . . eine sehr eigenartige aber eindeutige“ (Klauber 1980, 67). Das sehr Eigenartige liegt in den sehr unterschiedlichen Anteilen der beiden Subjekte dieser Beziehung. Bestimmt wird sie durch die Übertragung des Analysanden auf den Analytiker. Der Analytiker wird zum *Objekt* der Übertragung. Das heißt, die Psychoanalyse konzeptualisiert die Beziehung vom Analysanden her als Subjekt dieser eigenartigen und einseitigen Beziehung. Diese Konzeptualisierung folgt Freuds Triebtheorie. Freud betrachtet die Triebbeziehung vom Subjekt her. Der „bedeutsame Andere“ ist das Objekt des Triebes. Die Psychoanalyse braucht ein *Konzept der Objektbeziehungen.* Aus der Sicht der Objektbeziehung lassen sich die verinnerlichten Konflikte als Schicksale verinnerlichter Objektbeziehungen beschreiben. Das Konzept der Objektbeziehung drückt in besonderer Weise die für das psychoanalytische Denken konstitutive Dialektik von innen und außen aus. Es umfaßt die erlebten, zwischenmenschlichen Beziehungen und die verinnerlichten Objektbeziehungen.

4. Das Konzept der Objektbeziehungen impliziert als notwendige Ergänzung ein *Konzept des Subjekts* oder, wie die Psychoanalyse lieber sagt, *des Selbst.* Freud hat die Thematik des Selbst unter dem Begriff des Narzißmus eingeführt. „Psychologie des Selbst“ und „Narzißmustheorie“ besagen dasselbe. Das Konzept umfaßt das Selbst als erlebende und erlebte Ganzheit und Einheit der Person, aber auch die vielgestaltigen verinnerlichten Selbstbilder, das Selbstgefühl und

das narzißtische Wohlbefinden. Freud hat terminologisch meist nicht zwischen dem Ich als Subjekt und dem Ich als Instanz im Strukturmodell unterschieden. Er spricht beidemale vom Ich.

5. In der psychoanalytischen Situation bilden sich vor allem die verinnerlichten unbewußten *Konflikte* ab. Last but not least fordert die psychoanalytische Praxis von der psychoanalytischen Theorie ein *Konzept des psychischen Konflikts*. Freud (1923b) hat in seinem Spätwerk *Es* (die Triebe), *Ich* und *Überich* als die zentralen Bestandteile der psychischen Struktur unterschieden. Die Strukturtheorie Freuds ist von verschiedenen psychoanalytischen Denkrichtungen sehr verschieden aufgenommen und weitergeführt worden, ist aber für die Entwicklung der Psychoanalyse und ihres Konfliktverständnisses bestimmend. Im Zentrum der Strukturtheorie steht die Ichstruktur, konzeptualisiert als die integrative und konfliktverarbeitende Instanz oder Funktionseinheit.

Diese fünf Konzepte sind nicht Bausteine, die zusammen das Ganze der Psychoanalyse ausmachen würden. Sie sind unterschiedliche Gesichtspunkte, unter denen die Psychoanalyse psychische Wirklichkeit betrachtet und beschreibt. Sie rücken je etwas Bestimmtes in den Fokus des Blickfeldes, sie überschneiden sich aber auch. Die psychoanalytischen Konzepte sind nie Feststellung und Festlegung von Fakten, sie sind immer *Interpretation der psychischen Wirklichkeit*, die als solche nie direkt beobachtet, sondern nur erschlossen werden kann.

Psychoanalytisches Denken hat viele Gesichter und kann unterschiedliche Richtungen einschlagen. Eine als verbindlich zu erklären wäre dogmatisch. Dogmatik und Psychoanalyse vertragen sich aber schlecht. Der theoretische Leitfaden, den ich für die folgende Einführung in einige theoretische Konzepte der Psychoanalyse gewählt habe, folgt interpretierend Freuds Linie der Triebtheorie und Ichpsychologie mit ihren Weiterführungen in der Objektbeziehungslehre und Narzißmustheorie, bzw. Selbstpsychologie. In diesen Ansatz lassen sich viele Konzepte anderer Denkrichtung zwanglos integrieren, und er eignet sich auch, um andere Konzepte vergleichend zu verstehen.

Zweiter Teil

Das Unbewußte und die Sinnlichkeit

1. Das Unbewußte, der Primärprozeß und die Verdrängung

A. Die Entmystifizierung des Unbewußten

Das Konzept des Unbewußten und die Triebtheorie sind recht eigentlich die Grundpfeiler des psychoanalytischen Verständnisses der psychischen Wirklichkeit des Menschen. Sie gehören zusammen, bedingen einander, sind lediglich zwei verschiedene Gesichtspunkte, unter denen die Psychoanalyse psychische Wirklichkeit betrachtet und untersucht. Zusammen bilden sie eine Theorie der frühesten und drängendsten Wünsche, Phantasien und Konflikte des Menschen, wie sie sich vor allem in seiner Sexualität und Aggression und seinem Streben nach Selbstbehauptung ausdrücken.

Noch heute wird Freud allenthalben als Entdecker des Unbewußten gepriesen. Eine Ehre, die ihm nicht gebührt, und die er nicht für sich und die Psychoanalyse in Anspruch genommen hat. Im Gegenteil, als Freud begann, die unbewußten Wurzeln psychischer Störungen zu erforschen, stand die literarische und philosophische Beschäftigung mit unbewußten Seelenkräften hoch im Kurs. Die dem einseitigen Rationalismus des späten 18. und des 19. Jahrhunderts entgegenwirkende romantische Verklärung und Mystifizierung der dunklen, geheimnisvollen, unbewußten Seite der Seele erlebte in der Philosophie und Literatur des ausgehenden 19. Jahrhunderts einen späten Höhepunkt. Die Philosophen Arthur Schopenhauer, Friedrich Nietzsche und Ludwig Klages, und die Schriftsteller Hugo von Hofmannsthal und Arthur Schnitzler mögen für viele andere stehen.

Freud blieb von diesen kulturellen Strömungen merkwürdig unbeeinflußt, obwohl sie gerade in der „Wiener Décadence" Triumphe feierten. Er verharrte in kritischer Distanz. Während er Schnitzler verehrte und ihm in seinen Werken ab und zu eine Referenz erwies, versagte er sich, wie er (1914d, 53) selber sagte, „den hohen Genuß der Werke Nietzsches..., mit der bewußten Motivierung..., daß ich in der Verarbeitung der psychoanalytischen Eindrücke durch keinerlei Erwartungsvorstellungen behindert sein wollte. Dafür mußte ich bereit sein – und ich bin es gerne –, auf alle Prioritätsansprüche in jenen häufigen Fällen zu verzichten, in denen die mühselige psychoanalytische Forschung die intuitiv gewonnenen Einsichten des Philosophen nur bestätigen kann."

Wirtschaftlicher Not gehorchend gab er widerwillig seine vielversprechende wissenschaftliche Laufbahn als Neurologe auf und eröffnete ohne großen Enthusiasmus eine Privatpraxis als Nervenarzt. Ob er schon ahnte, daß er damit den Schritt in ein neues Forschungsgebiet tat? „Von der Wissenschaft zu scheiden, ist mir schwer geworden" schrieb er seiner Braut, fügte aber sogleich hinzu: „Wenn ich auf eine Stimme hören sollte, die manchmal in mir laut wird, so ist auch diese Trennung keine endgültige" (zit. nach Jones 1960, 86).

Als Nervenarzt sah sich Freud täglich mit den Krankheitserscheinungen der damals weit verbreiteten Hysterie konfrontiert. Die Hysterie ist äußerlich geprägt durch auffallende Funktionsstörungen, Lähmungen, Schluck- und Sehbeschwerden, Schmerzen, Bewußtseinsausfällen usw., geprägt also durch schwere körperliche Symptome, für die sich aber keine organische Ursache finden läßt. Der damaligen Medizin, die eben auf dem Feld der Infektionskrankheiten und der Chirurgie erste bahnbrechende Erfolge erzielt hatte, mußte eine Krankheit, die nicht organisch gefaßt und behandelt werden kann, ein Ärgernis, ja ein Widerspruch in sich sein. Und also – frei nach Morgenstern – „schließt sie messerscharf, daß nicht sein kann, was nicht sein darf": Hysteriker sind keine Kranken, sie sind Simulanten. So einfach ist das.

Freud jedoch gelang es nicht, vor dem „neurotischen Elend" die Augen zu verschließen. Aufbauend auf den Erkenntnissen von Ärzten, die unter Hypnose die hysterischen Symptome zeitweilig zum Verschwinden bringen konnten, machte er sich zusammen mit Joseph Breuer daran, das *subjektive Erleben* hysterischer Patienten zu erkunden. Statt der organischen *Ursachen*, die es im spezifischen Sinne nicht gibt, suchte er die *Gründe* der hysterischen Äußerungen im Erleben des Menschen. Es gelang ihm, hysterische Symptome als körperliche Darstellung psychischer Wirklichkeit zu *verstehen*. Damit hat er wahrhaftig einen grundsätzlich neuen Weg medizinischer Forschung beschritten, der tief ins unbewußte Leben des Menschen hineinführt. Er lernte, die neurotischen Symptome als etwas Bedeutungsvolles zu sehen. Sie drücken einen Sinn aus, aber in einer Körpersprache, die dem unmittelbaren Verständnis entzogen ist. Die Sprache der Symptome ist in eigenartiger Weise „entstellt", folgt einer ganz anderen Grammatik als die verbale Sprache des Bewußtseins. Die hysterischen Symptome verweisen auf etwas im eigenen Inneren, von dem der Betreffende nichts weiß. Der Hysteriker, sagt Freud, leidet an Reminiszenzen. Diese Reminiszenzen erweisen sich regelmäßig als Erinnerungen an affektiv bedeutsame Erlebnisse mit bedeutsamen Beziehungspersonen der Kindheit. Sie sind innere Niederschläge intensiver Wünsche und Phantasien, die in den Beziehungen, zu denen sie gehörten, nicht gelebt werden konnten, unbefriedigt und unverarbeitet, unintegriert und unverwendbar blieben, und daher in die unbewußten Phantasien und ihre Wucherungen abgedrängt worden sind.

Was Freud am Beispiel der hysterischen Symptome aufdecken konnte, gilt gleichermaßen für die gesamte Psychopathologie in ihren mannigfaltigen Formen, von den Neurosen – neben der Hysterie die Phobie und Zwangsneurose – bis zum psychotischen Wahn, von der harmlosen funktionellen und vegetativen Störung bis hin zur tödlichen psychosomatischen Krankheit. Es gilt für Depressionen, Sexual-, Beziehungs- und Arbeitsstörungen und den oft damit verbundenen Minderwertigkeitsgefühlen. Sie alle sind äußerer Ausdruck unbewußter Konflikte. Damit nicht genug. Was Freud als die „Psychopathologie des Alltagslebens" beschrieben hat, die Fehlleistungen und Symptomhandlungen, sind ebenso Manifestationen, Abkömmlinge unbewußter Phantasien wie Witz, Traum, Tagtraum und Phantasie, bis hin zur künstlerischen Schöpfung. So wurde die „unbewußte Phantasie" – ein Widersinn für jede Bewußtseinspsychologie – zu einem der wichtigsten Gegenstandsbegriffe der Psychoanalyse.

Der Grundstein für das psychoanalytische Konzept des Unbewußten ist gelegt. Was vorher unverständlich war und unsinnig wirkte, wird jetzt als *Abkömmling, als Manifestation des Unbewußten* erkennbar und sinnvoll. Freud hat damit „alle Welt herausgefordert" und „die größten Geister der Kritik gegen die Psychoanalyse aufgerufen" (Freud 1916–17, 287 u. 294). Warum eigentlich, wo doch das Unbewußte so sehr im Schwange war? Freud hat sich mit seiner Konzeption des Unbewußten tatsächlich zwischen alle Stühle gesetzt. Mit der Anerkennung der Bedeutung unbewußter Erinnerungen und Phantasien für die Psychopathologie hat er die Mediziner und Psychologen vergrault. Auf der anderen Seite bedeutet der nüchterne Begriff des Unbewußten, der einen konkreten Sachverhalt in einem wissenschaftlichen Konzept faßt, die Entmystifizierung der romantischen Verklärung des Unbewußten durch die Philosophie und Literatur der damaligen Zeit. Der psychoanalytische Begriff des Unbewußten hat mit Klages' *intuitivem, schöpferischen Seelengrund,* Schopenhauers *Weltwillen* und Nietzsches *dionysischem Lebens- und Machttrieb* nichts gemein. Nicht *daß*, sondern *wie* Freud vom Unbewußten zu sprechen begonnen hat, hat alle Welt herausgefordert. Daß er das Unbewußte aus dem Bereich unverbindlicher schöngeistiger Spekulation und literarischer Deskription herausholte, es konkretisierte, konfliktualisierte und zum Gegenstand eines psychologisch-wissenschaftlichen Diskurses machte, trug ihm die Kritik und Ablehnung der Dichter und Philosophen einerseits, der Ärzte und Psychologen anderseits ein. Die Psychoanalyse unterscheidet sich in ihrem Ansatz und in ihrer Gegenstandsbestimmung von anderen Psychologien, wie etwa der Verhaltenspsychologie oder der kognitiven Psychologie.

B. Das Vorbewußte und das dynamisch Unbewußte: Das topische Modell

Es ist eine Binsenwahrheit, daß alles nicht Gewußte in gewissem Sinne unbewußt ist. Die Fähigkeit des Menschen, gleichzeitig mehrere Dinge im Bewußtsein zu halten, ist beschränkt. Das momentane Bewußtsein ist lediglich die Spitze des sprichwörtlichen Eisberges. Die psychische Organisation des Menschen ist aber mit einem Gedächtnis ausgestattet, dessen Kapazität fast unbegrenzt ist. Ein mehr oder weniger großer Teil ist jederzeit verfüg- und abrufbar. Freud nennt das verfügbare Gedächtnis *vorbewußt*. Das Vorbewußte ist zwar unbewußt, aber, wie Freud sagt, lediglich in einem *deskriptiven Sinn*. Es ist potentiell bewußt, folgt den Gesetzmäßigkeiten des Bewußtsein und ist Sprache, rationalem Denken und Urteilen zugänglich.

Das eigentliche Unbewußte, von dem das Bewußtsein bloß in der unverständlichen Sprache der Ersatz- und Symptombildungen Kunde erhält, ist ganz anderer Art als das Vorbewußte. Die unbewußten Vorstellungen und Affekte sind höchst virulent, drängen sich in ihrer unverständlichen Form ins Erleben, entziehen sich aber jeder bewußten Bearbeitung und Integration. Der Mensch wird von Symptomen, Vorstellungen und Phantasien gequält und von Gefühlen heimsgesucht, die zu seinem sonstigen Erleben nicht passen, keinen oder nur einen marginalen Bezug zu seiner aktuellen Realität haben. Es ist, als ob ihm eine wichtige Mitteilung in einer fremden Sprache gemacht würde. Freud nennt diese wirksamen unbewußten Kräfte das *dynamisch Unbewußte*. „Jedesmal, wenn wir auf ein Symptom stoßen, dürfen wir schließen, es bestehen bei dem Kranken bestimmte unbewußte Vorgänge, die eben den Sinn des Symptoms enthalten. Aber es ist auch erforderlich, daß dieser Sinn unbewußt sei, damit das Symptom zustande komme. Aus bewußten (bzw. vorbewußten, H.M.) Vorgängen werden Symptome nicht gebildet;.. " (Freud 1916–17, 289). Die Vorstellungen, Phantasien und Affekte des dynamisch Unbewußten kreisen um frühe Wünsche und ihre späteren Abkömmlinge, die aus dem Bewußtsein entfernt, „verdrängt" worden sind.

Freud hat die Unterscheidung von bewußten und unbewußten psychischen „Orten" das *topische Modell* der Psyche genannt. Es läßt sich in einer einfachen Skizze veranschaulichen:

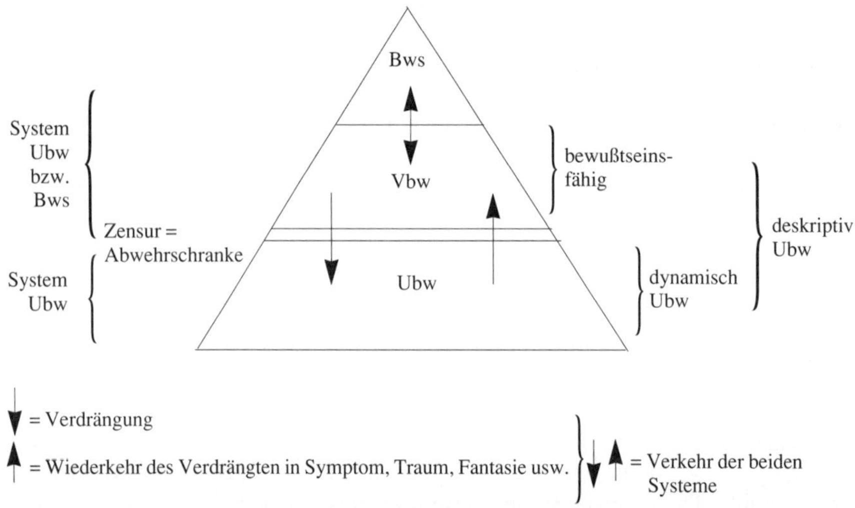

In systematischer Hinsicht fallen Bewußtsein und Vorbewußtes zusammen, und wir haben es mit zwei voneinander grundsätzlich verschiedenen psychischen Zuständen oder Systemen zu tun, dem System *Ubw* und dem System *Bws* oder *Vbw*. Freud gebraucht alternierend beide Bezeichungen. Während also eine Vorstellung sich zwischen Bewußtem und Vorbewußtem frei bewegen kann, ohne daß ihr etwas geschieht, ist der „Verkehr zwischen den beiden Systemen“ viel komplizierter. Hier herrscht eine strenge *Zensur*. Wir ahnen, daß sich hier das abspielt, was wir bereits als Abwehr im allgemeinen, Verdrängung im besonderen kennen gelernt haben. Die Gegenbewegung zur Verdrängung, die die unbewußt gemachten Vorstellungen im Traum, in der Phantasie, im Symptom oder der Übertragungsinszenierung wieder bewußt werden läßt, nennt Freud die „Wiederkehr des Verdrängten“. Die verdrängten Vorstellungen können aber, wir wissen es längst, nur in entstellter, unkenntlicher Form bewußt werden, und dürfen vor allem nicht die lustvollen Affekte hervorrufen, die mit ihnen ursprünglich verbunden gewesen wären, wären sie in der gewünschten Beziehung realisiert worden.

Natürlich reicht das topische Modell nicht aus, um psychische Vorgänge und vor allem psychische Konflikte abzubilden. Wir müssen uns auch vor dem Mißverständnis hüten, das Unbewußte und das Bewußte seien in irgend einer Weise lokalisierbare Orte. Das topische Modell ist keine Anatomie der Seele. Deshalb werden auch die weiteren Sichtweisen der Triebe, der Objektbeziehungen und des Selbst dazu kommen. Aber schon dieses einfache Modell kann verständlich machen, warum die Übertragungswiderstände im Zentrum der psychoanalytischen Arbeit stehen. Gestatten wir uns, für einen Augenblick einmal wirklich topisch zu denken, dann muß der Übertragungswiderstand tatsächlich als die Grauzone erscheinen, in der die Grenze zwischen bewußt und unbewußt verläuft und der Verkehr der beiden Systeme, Verdrängung und Wiederkehr des Verdrängten, stattfindet.

Verstehen wir Abwehr als psychische Konfliktverarbeitung, ist Verdrängung allerdings mehr als ein pathologischer Vorgang. Spätestens wenn wir uns mit dem ödipalen Konflikt und seinem Schwinden befassen werden, wird ihre Bedeutung für die Bildung psychischer Struktur offensichtlich werden. Sie dient der Verarbeitung der tiefsten Wünsche, die dem sich entwickelnden Menschen aber auch auf unerklärliche Weise gefährlich erscheinen müssen, und ihn nach neuen Möglichkeiten der Befriedigung suchen lassen. Anders stünde die Entwicklung still. Wäre das Verdrängte ein für allemal erledigt, brauchten wir keinen Gedanken daran zu verschwenden. Verdrängen heißt nicht entsorgen, und das Unbewußte ist nicht der Mülleimer der Seele. Gerade das nicht. Es enthält und schützt die unverlierbaren, unaufgebbaren Leidenschaften des Menschen, allerdings auf Kosten ihrer Realisierung im Leben. Die psychischen Konflikte sind Konflikte der Leidenschaft, Konflikte von Liebe und Haß. Psychoanalyse ist ein Versuch, die Konflikte, die Leiden schaffen, zu verstehen.

C. Die Wörter und die Sachen: Die Entstehung des Unbewußten

Würden wir das Unbewußte bloß deskriptiv und nicht systematisch auffassen, wäre die Frage nach seiner Entstehung unsinnig. Selbstverständlich verfügt der Mensch zu Beginn seines Lebens über kein Bewußtsein, aber auch über kein Unbewußtes im psychoanalytischen Sinne des Wortes. Steht das Unbewußte mit den ewigen und drängendsten Wünschen in Verbindung, muß uns schon interessieren, wie dieses

Unbewußte entsteht, sich vom Bewußtsein differenziert, und worin es sich grundsätzlich von diesem unterscheidet.

Freud hat in seiner Schrift „Das Unbewußte“ (1915e, 294ff) postuliert, daß sich die psychische Welt des Menschen aus zwei grundsätzlich verschiedenen Gedächtnis- Erinnerungs- und Vorstellungssystemen zusammensetzt, die er *Sachvorstellung* und *Wortvorstellung* nennt. Eine bewußte Vorstellung besteht aus einer Sachvorstellung und ihrer zugehörigen Wortvorstellung. Eine unbewußte Vorstellung ist eine Sachvorstellung, deren Bezug zur zugehörigen Wortvorstellung zerrissen ist. Der systematische Unterschied der beiden Systeme liegt in der *Sprache*, d. h. einem System von Symbolen. Das Unbewußte ist sprachlos, Verdrängen heißt sprachlos machen. Das Symbol wird zum Klischee (Lorenzer 1970). Ein verblüffend einfacher, aber weitreichender Ansatz, mit dem sich näher vertraut zu machen sicherlich lohnen wird. Er verträgt sich zudem gut mit Ergebnissen der neueren Hirnforschung (Blakeslee 1982).

Natürlich meint Freud mit Sachvorstellung nicht einfach die Vorstellung von Dingen. Sachvorstellungen sind der Niederschlag des Konkreten, d. h. des sinnlich Erlebten. Sie sind *Erinnerungsspuren* der unmittelbaren Erfahrungen, die der Mensch speichert, unabhängig von Sprache und lange bevor er Sprache hat. Bis das Kind Mama sagen und dieses Wort oder Symbol mit der inneren Vorstellung der immer wieder erfahrenen Mutter verbinden kann, ist ein weiter Weg. Die Sachvorstellungen sind sinnlich und bildhaft. Sie bleiben an die konkrete Situation gebunden. Sie sind konkretistisch und assoziativ, nicht rational und logisch miteinander verbunden. Freud spricht von „Objektassoziationen“. Ohne symbolische Repräsentation bleiben sie dem Selbst fremd und unverfügbar. Die Sachvorstellungen sind das primäre Verarbeitungssystem, das auf der angeborenen Fähigkeit des Menschen beruht, Gedächtnisspuren zu bilden, zu bewahren und zu aktivieren, sie als Erinnerungen zu reproduzieren, Vergangenes zu vergegenwärtigen.

Wortvorstellungen dagegen sind durch Konvention festgelegte, umgangssprachliche Zeichen, die durch Verknüpfung mit bestimmten Sachvorstellungen symbolische Bedeutung erhalten. Gegenüber der unmittelbaren sinnlichen Erfahrung ist die Fähigkeit des Menschen sekundär, Wortvorstellungen oder Symbole zu bilden und zu gebrauchen. Die Sprache ist phylo- und ontogenetisch eine vergleichsweise späte Errungenschaft. Sie ist jedoch die spezifisch menschliche Möglichkeit, subjektiv Erfahrenes nicht bloß bildhaft im Gedächtnis zu speichern, zu erinnern und im Verhalten zu reproduzieren, sondern aus dem subjektiv Erfahrenen einen inneren Raum symbolischer Repräsentationen zu schaffen und in einem intersubjektiven, „objektiven“ Code darzustellen. Das ist die Grundlage des Bewußtseins und der verbalen Kommunikation.

Natürlich beruhen auch die Wortvorstellungen letztlich auf sinnlicher Erfahrung. Auch die Worte sind zuerst Sachen, „Lautsachen“, könnten wir sagen. Aber bestimmte Laut- oder Klangbilder, die Wörter, erhalten über ihren unmittelbaren Ausdruck hinaus eine mittelbare Bedeutung, bzw. sie wird dem Kind durch seine Umgebung vermittelt. „Mit einem Male glauben wir nun zu wissen, wodurch sich eine bewußte Vorstellung von einer unbewußten unterscheidet... Die bewußte

Vorstellung umfaßt die Sachvorstellung plus die zugehörige Wortvorstellung, die unbewußte ist die Sachvorstellung allein" (Freud 1915e, 300). Bewußtsein ist die Verknüpfung von Sachvorstellungen mit entsprechenden Wortvorstellungen. Jetzt können wir leicht verstehen, was beim Verdrängen effektiv geschieht. Eine Vorstellung wird unbewußt gemacht, indem die Wortvorstellung von der Sachvorstellung getrennt wird, die sie symbolisch repräsentiert, oder indem eine solche Verbindung erst gar nicht zustande kommt. Urverdrängung hat Freud diese zweite Möglichkeit genannt.

Eine einfache Skizze, die ich A. Lorenzer (1984) entlehne und neben die Pyramide des topischen Modells stellen möchte, soll die dynamischen Bezüge von Bewußtsein und Unbewußtem, von Wort- und Sachvorstellungen so gut das geht veranschaulichen:

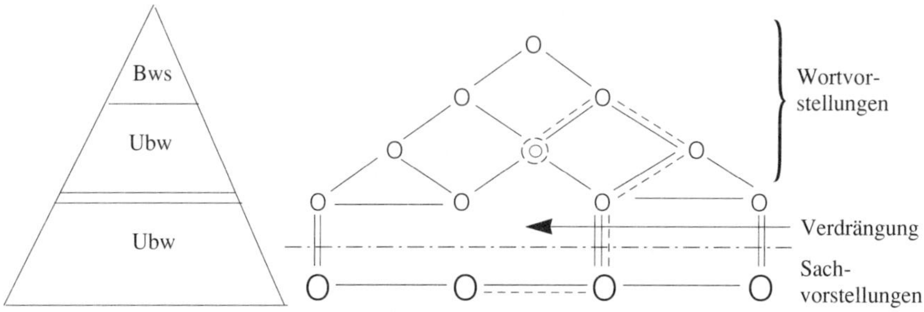

Es ist die Verbindung von Wort- und Sachvorstellungen, die auch die freie Assoziation in der analytischen Situation so fruchtbar macht. Die freien Assoziationen, z. B. zu einem Traumelement, machen es möglich, auf Umwegen und über verschiedene Zwischenstufen zum verdrängten Inhalt vorzustoßen. Unter dem Gesichtspunkt, Unbewußtes bewußt zu machen, heißt deuten, die zerrissene Verbindung von Wort- und Sachvorstellung wieder herzustellen. Mit der punktierten Linie habe ich das Prinzip einer Assoziationskette anzudeuten versucht.

Nun gibt es wohl eine Form von Bewußtheit, von Gewahrwerden der Sachvorstellungen, die nicht an Wortvorstellungen gebunden ist. Die Aktivierung einer Erinnerungsspur, die nicht den Weg der Wortvorstellungen und Wortassoziationen, sondern der Objektassoziationen folgt, nennen wir Halluzination. Mit Fug und Recht können wir die Halluzination als eine der ursprünglichsten psychischen Aktivitäten ansehen, aus der sich erst Bewußtsein und Unbewußtes als zwei psychische Wirksysteme mit eigenen Gesetzmäßigkeiten entwickeln. Die Reaktivierung von Sachvorstellungen ohne feste Verbindung zu Wortvorstellungen ist eine Erlebens- und Funktionsweise des Psychischen, in der es noch keine Unterscheidung von Selbst und Objekt, innen und außen, Phantasie und Realität, Vorstellung und Affekt gibt. Die sogenannte Bewußtseinserweiterung, die mit Drogen, religiösen oder pseudoreligiösen Praktiken, meditativen Techniken und Methoden der transpersonalen Psychologie erreicht werden soll, ist wohl im Kern eine Wiederbelebung von ganz archaischen Erlebnisweisen und den zugehörigen, nicht sprachlich geformten Phantasien. Aber auch in den affektiven Zuständen, die wir Stimmungen nennen, behält das bildhafte Erinnern und sprachlose Gewahrwerden von etwas eine wichtige Funktion.

Das bildhafte, halluzinatorische Gewahrwerden von etwas ist aber nicht Bewußtsein. Die Bewußtheit einer Phänomenologie des Bewußtseins und das System *Bws* der Psychoanalyse sind nicht dasselbe. Die englische Sprache unterscheidet awareness von consciousness. Kernberg (1982) z.B. versteht unter awareness, das Gewahrwerden von etwas, unter consciousness „affective subjectivity", das Bewußtsein im psychoanalytischen Sinne des Wortes.

Das psychoanalytische Denken hält an der bereits im Begriff enthaltenen Beziehung von Bewußtsein und Wissen fest. Wissen ist an Sprache gebunden. Zum Bewußtsein gehört unabdingbar zu wissen, daß das Zeichen nicht das Bezeichnete, die Wortvorstellung nicht die Sachvorstellung, die Repräsentanz nicht das Objekt ist. Der Beginn symbolischer Aktivität markiert einen qualitativen Sprung in der Entwicklung des Menschen.

Erst Bewußtsein und symbolische Interaktion heben die konkrete, sinnlich-szenische Erfahrung aus ihrer Unmittelbarkeit heraus und machen es möglich, subjektives Erleben unabhängig vom Kontext mittels eines objektiven Codes intersubjektiv darzustellen. Das Unbewußte ist „zeitlos". Zeit und Geschichte sind Funktionen des Bewußtseins.

D. Die zwei Funktionsweisen des psychischen Geschehens: Primär- und Sekundärprozeß

Das dynamisch oder systematisch Unbewußte ist also im psychoanalytischen Verständnis nicht lediglich ein „nicht bewußtes Bewußtsein". Das wäre das Vorbewußte. Bewußtsein und Unbewußtes sind zwei grundlegend verschiedene Qualitäten der menschlichen Seele, die auch grundlegend verschieden funktionieren.

Freud nennt die Funktionsweise des Unbewußten *Primärprozeß*, diejenige des Vorbewußten und Bewußten *Sekundärprozeß*. Der Primärprozeß, das drückt die Begriffsbildung aus, ist die ursprüngliche, genetisch frühere Funktionsweise. Der Primärprozeß ist die Organisationsform der Sachvorstellungen, der Sekundärprozeß organisiert die Wortvorstellungen. Es fällt aber wohl leichter, sich vom vertrauten Sekundärprozeß her, der das bewußte Denken prägt, der Eigenart des Primärprozesses anzunähern. Ich kehre für die Darstellung die genetische Reihenfolge um.

Das Bewußtsein und der Sekundärprozeß

Wir sind bereits damit vertraut, daß Bewußtsein und Sprache unlösbar miteinander verbunden sind. Alle Sekundärprozesse beruhen auf der Fähigkeit des Menschen, Symbole zu schaffen und zu verwenden, auf der Fähigkeit, zwischen Sache und Vorstellung, Bezeichnetem und Bezeichnendem zu unterscheiden.

Der Sekundärprozeß gibt dem rationalen Denken und Handeln Form und Kohärenz. Das bewußte Denken folgt der diskursiven Logik und den Kategorien von Raum, Zeit und Kausalität mit einer Selbstverständlichkeit, als ob es keine anderen geben könnte. Für das Bewußtsein gibt es auch keine anderen. Was diesen Kategorien zuwider läuft, empfindet der Mensch als Störung, die er durch Denkarbeit zu erledigen sucht. Es mag genügen, die wichtigsten Merkmale des bewußten Denkens mit wenigen Stichworten zu umreißen.

Der Kern rationalen Denkens und Handelns ist die Fähigkeit, zwischen innen und außen, Phantasie und Realität zu unterscheiden. *Realitätsprüfung* nennt die Psychoanalyse diese Fähigkeit. Sie ist die Grundlage des *Urteilsvermögens* und ermöglicht die klare Orientierung in Raum und Zeit. Vergangenheit, Gegenwart und Zukunft sind im Bewußtsein eindeutig unterschieden. Der Mensch kann auftauchende Erinnerungen und antizipatorische Gedanken in den chronologischen Ablauf seines Lebens einfügen. Der Verlust der Realitätsprüfung und die Verwirrung des Zeitsinns sind Anzeichen einer schweren Störung des psychischen Geschehens.

Voraussetzung für die Entwicklung des Sekundärprozesses und der Symbolisierung sind *Aufschubfähigkeit* und *Impulskontrolle*. Der Mensch kann auftauchende Triebimpulse und Wünsche bis zu einer gewissen Intensität aufschieben und innerlich festhalten, ohne in der äußeren Realität impulsiv zu handeln. Im spannungsvollen Freiraum zwischen Impuls und Handlung, Bedürfnis und Befriedigung, entsteht erst der psychisch verspürte Wunsch und entwickelt sich das Denken als inneres „Probehandeln mit Verschiebung kleinerer Besetzungsquantitäten" (Freud 1911b, 233). Der Mensch kann die Möglichkeiten optimaler Befriedigung prüfen. Er kann Umwege einschlagen und instrumentelle Handlungen einsetzen, um zur gewünschten Befriedigung zu gelangen. Das *Lustprinzip*, das ohne Rücksicht auf die Realität nach unmittelbarer Befriedigung strebt, wird durch das *Realitätsprinzip* ergänzt, das die Gegebenheiten der äußeren Realität berücksichtigt. Der Mensch kann verschiedene Wünsche, die nicht gleichzeitig befriedigt werden können, gegeneinander abwägen und entscheiden, welche er unter welchen Bedingungen zur Befriedigung zulassen, welche er aufschieben und auf welche er überhaupt verzichten will. Er kann seine Wünsche ummodeln, so daß eine Befriedigung in der Realität eher möglich ist. Und umgekehrt kann er die Realität seinen Wünschen gemäß umgestalten. Das setzt – eine weitere Funktion des Sekundärprozesses – die Beherrschung der willkürlichen Motorik und eine teilweise bewußte Beherrschung der Affektivität voraus. Das Bewußtsein ist der Bereich des „freien Willens", der Intentionalität, des rationalen Denkens und instrumentellen, zielorientierten Handelns und der Abstraktion.

Das Unbewußte und der Primärprozeß

Der Primärprozeß ist die Funktionsweise im System *Ubw*. Zunächst ist der Primärprozeß das Negativ des Sekundärprozesses. Für das Unbewußte gibt es weder Raum und Zeit noch Kausalität. Ja, es kennt keine äußere Realität. Die Wirklichkeit und Wirksamkeit des Unbewußten sind die unerfüllten Wünsche, die ungelebten Affekte und die damit verknüpften Vorstellungen und Phantasien. Das Unbewußte umfaßt mehr als das Verdrängte, ist der analytischen Untersuchung aber bloß über das Verdrängte zugänglich. Die für das Bewußtsein bestimmende relativ konstante Beziehung von Vorstellung und Affekt ist im Unbewußten gelockert oder aufgehoben, die logisch-abstrakte Verknüpfung der Vorstellungen und Gedanken ist durch eine *assoziative*, „sinnliche" Verknüpfung durch Ähnlichkeit ersetzt.

Wir wissen es längst: Das Unbewußte wird uns nur in seinen Manifestationen im Bewußtsein zugänglich. Wir können auch den Primärprozeß bloß fassen, wo er in unser bewußtes Denken eindringt. Und das tut er allenthalben. Wer darauf zu achten gelernt hat, wird ihm auf Schritt und Tritt begegnen. Wer nachts träumt und seine Träume erinnert, wer sich die Fähigkeit zum Tagträumen bewahrt hat, wer Märchen und Kindergeschichten reizvoll findet und sich ihrem Zauber zeitweilig überlassen kann, wer dem Geplapper eines dreijährigen Kindes mit Vergnügen zuhört, wer über einen Witz lachen und Kunst genießen kann, gewinnt einen lebendigen Eindruck davon, wie sehr primärprozeßhafte, unbewußte Wirklichkeit unser gesamtes Erleben und Verhalten prägt und ihm Farbe verleiht.

Die Ähnlichkeiten, derer sich das Unbewußte zur bildhaften Darstellung der latenten Gedanken bedient, erscheinen dem sekundärprozeßhaften Denken oberflächlich, bedeutungslos und peripher, mitunter spitzfindig, nicht selten lächerlich. Da steht z. B. eine Muschel für die Vulva, die Muschi, ein Busfahrer mit Bart für den Vater. Dieser trug, wie der Analytiker auch, einen Bart. Da steht ein Teil für das Ganze, verschoben auf eine völlig unwichtige Person. Ein kaufmännischer Angestellter träumt, er suche in einer Hängeregistratur ein bestimmtes Mäppchen, kann es aber nicht finden, weil der Reiter abgefallen ist. Die Analyse ergibt, zunächst bloß auf der aktuellen Ebene, daß er sich einer Kollegin, die ihm gefällt, nicht anzunähern wagt, aus Angst, er könnte sich als unmännlich, als impotent erweisen. Ein anderer Analysand, der bei einer Frau in Analyse ist, träumt von einem Mann mit Schnauz, der, so zeigt die Analyse, unzweifelhaft die Analytikerin darstellt. Die vorhergehende Stunde war bestimmt worden von einer äußerst konflikthaften Situation, die daran anknüpfte, daß der Chef ihn angeschnauzt hatte. Den Übertragungsanteil des Konfliktes mußte der Analysand noch abwehren. Die Analytikerin taucht im Traum in mehrfach verschleierter Form auf.

Ähnliche und noch weit vielschichtigere Beispiele ließen sich endlos aufreihen. Die unbegrenzte und phantastische Vielfalt unbewußter Bildungen ist hauptsächlich das Ergebnis zweier Mechanismen, der *Verschiebung* und *Verdichtung*.

Die beiden Funktionsweisen des unbewußten Geschehens lassen sich am anschaulichsten in der Traumbildung verfolgen. Daher ein paar Worte zu Freuds Traumtheorie (1900 u. 1916–17, 79–246). Freud unterscheidet zwei Ebenen der Traumbildung: den manifesten Traum, das ist der Traum, wie der Träumer ihn träumt, bzw. erinnert und erzählt, und den latenten Traum oder die latenten Traumgedanken, das ist das unbewußte Material, aus dem der Träumer den Traum formt. Die latenten Traumgedanken sind der „eigentliche" Traum. Im Schlaf ist die Zensur gelockert, jedoch nicht ausgeschaltet. Die unbewußten Phantasien können zwar leichter bewußt werden, bedürfen aber immer noch der psychischen Bearbeitung, um im manifesten

Traum erscheinen zu können. Freud nennt diese psychische Bearbeitung Traumarbeit. Die Traumarbeit leistet dreierlei. Sie entstellt die latenten Traumgedanken durch Verschiebung und Verdichtung, Verwirrung des zeitlichen Ablaufes, durch Umkehrung des Sinns und Ersetzung durch das Gegenteil, so daß sie für die sekundärprozeßhafte Wahrnehmung des Bewußtseins unkenntlich werden. Zum andern verändert sie die Impulse und Gedanken derart, daß sie bildlich im manifesten Traum dargestellt werden können. Dadurch entsteht ein wirres Traumbild, das jeder Logik und jedes vernünftigen Zusammenhangs entbehrt. Vielfach ist damit aber der Zensur noch nicht Genüge getan, und das Material wird einer *sekundären Bearbeitung* unterzogen, die das wirre Traumgebilde in eine rationale, mehr oder weniger kohärente und verständliche Form bringt, die den Anforderungen des Bewußtseins nach Logik und Kausalität Genüge tut. Der manifeste Traum ist eine sekundärprozeßhafte Verarbeitung der latenten Traumgedanken, die bereits durch die primärprozeßhaften Mechanismen der Verschiebung, Verdichtung und Verbildlichung entstellt worden sind.

Das in etwa sind, in wenige Sätze gepreßt, die formalen Grundzüge der Traumarbeit. Auch vom Traum könnten wir ohne die Vermittlung durch die Sekundärprozesse nichts wissen. Kern der Traumarbeit sind jedoch Verschiebung und Verdichtung.

Die *Verschiebung* ist ein ebenso einfacher wie ubiquitärer Vorgang, den wir längst kennen, nämlich als den Mechanismus, welcher der Übertragung zugrunde liegt. Verschoben werden allemal die Affekte, die einer Vorstellung erst ihre Bedeutung verleihen. Die Affekte werden von einer bedeutsamen Vorstellung, zu der sie gehören, auf eine ganz unwesentliche Vorstellung verschoben. Auf diese Weise kann beispielsweise der Busfahrer an die Stelle des Vaters treten. Jeder kennt Träume, aber auch Wachzustände, in denen sich die heftigsten Gefühle, z. B. Angst, mit ganz belanglosen Vorstellungen verknüpfen. Das ist mitunter recht verwirrend. Noch unheimlicher ist oft das Umgekehrte, daß Träume, Phantasien oder Erinnerungen, deren Inhalt die heftigsten Gefühle hervorrufen müßten, das nicht tun. Jeder Analytiker kennt das. Der Analysand berichtet Ereignisse ohne jede Gefühlsregung, die den Analytiker schaudern machen. Verschiebung ist eine Manipulation psychischer Intensitäten. „Die Intensität der Elemente hier hat mit der Intensität der Elemente dort nichts zu schaffen; es findet zwischen Traummaterial und Traum tatsächlich eine völlige *Umwertung* aller Werte statt" (Freud 1900a, 335, Ausz. bei Freud). Indem die psychische Intensität, der Akzent, von einem wichtigen auf ein unwichtiges Element übergeht, wird der Traum und wird der Verschiebungsersatz ganz allgemein anders zentriert und erscheint fremdartig. Der Verschiebungsersatz im Traum, in der Phantasie, im Symptom, in der Übertragung enthält lediglich Anspielungen auf die eigentlichen, mit intensiven Affekten besetzten unbewußten Gedanken.

Verschiebung ist die einzige Möglichkeit der Affektbewältigung im Unbewußten. Ihr Ziel ist es, die abgewehrten Gefühle, wenn auch versteckt und unkenntlich, wieder erlebbar zu machen. Meistens genügt es nicht, die Intensität eines Affektes auf eine an sich belanglose Vorstellung zu verschieben, weil so der Affekt in seiner spezifischen Qualität noch kenntlich bleiben mag. Die Intensität muß vermindert werden, da die Gefühle ja nicht zur Ausstattung und Bereicherung wirklicher Beziehungen verwendet werden können. Die Verschiebung ist dafür ein probates Mittel. Starke Affekte einer Vorstellung werden einfach auf verschiedene unbedeutende Vorstellungen verteilt. Die Verschiebung dient so einer massiven Verdünnung und Zerstreung der Affekte.

Im einen Fall, der einfachen Verschiebung, äußern sich Affekte im Zusammenhang mit einer Vorstellung, zu der sie ursprünglich nicht gehören. So regt sich die Patientin, die von einem Busfahrer träumte, furchtbar darüber auf, daß dieser während der Fahrt vor sich hin trällerte. Die Arbeit an diesem Traum führte zu Phantasien im Zusammenhang mit ihrem Vater, der sich zum Duschen im Badezimmer einzuschließen und dabei zu singen pflegte. Im anderen Fall, der Verdünnung, scheinen die Gefühle ganz zu verschwinden. Allerdings tauchen sie dann oft an anderer Stelle und mit anderer Qualität unvermindert wieder auf, in der Analyse meist als direkte Übertragungsreaktion. Ein Beispiel: Ein Patient spricht von verschiedenen Mißgeschicken, ohne daß deutlich würde, worum es eigentlich geht. Ein leichter, etwas gelangweilter Ärger beginnt sich bei mir breit zu machen. Beiläufig erwähnt er, wie er mit ungefähr acht Jahren beim Baden beinahe ertrunken wäre. Den Eltern sagte er nie etwas von dem Unfall. Meine Betroffenheit ist ihm unbegreiflich. „Warum auch?" war alles, was er dazu bemerkte. Daß sein Kommentar meine Betroffenheit noch verstärkte regt ihn maßlos auf. Ja, er fühlt sich unverstanden, was in gewisser Weise auch stimmt. Voller Sarkasmus und Hohn sagt er: „Sie kommen mir vor wie einer, der sich darüber aufregt, daß vor zwanzig Jahren das Bahnfahren teurer geworden ist." Die Verschiebung kann, wie dieses Beispiel zeigt, bis zur Affektumkehr gehen. Erst viel später konnten wir aufarbeiten, daß meine Betroffenheit erstmals seine Gefühle zum Ausdruck brachte, während er die Gleichgültigkeit seiner Eltern übernahm. Es anders zu erleben, wäre bis anhin unerträglich gewesen.

Die *Verdichtung* kann zwei Wegen folgen. Einmal ist sie Verdichtung von Affekten in einer Vorstellung. Genau besehen folgt die Verdichtung von Affekten dem Mechanismus der Verschiebung. Sie ist lediglich das Gegenstück zur eben beschriebenen Verdünnung von Affekten und dient gleichermaßen der Entfremdung der Gefühle von ihrem eigentlichen Grund. So können beispielsweise Ängste, die verschiedenen Komplexen angehören, auf eine Vorstellung verschoben werden, die zu den verschiedenen unbewußten Vorstellungen in einer assoziativen Verbindung steht.

Die wesentliche Leistung der Verdichtung ist jedoch die *Verdichtung von Vorstellungen*. Verdichtung ist die Logik des Unbewußten, die primärprozeßhafte Grundlage der kognitiven Prozeße. Verdichtung ist der einzige Weg, unbewußte Inhalte, Vorstellungen und Phantasien zu verbinden. Ein gut bekanntes Beispiel sind die Traumfiguren, die Züge verschiedener Personen tragen. Geht man den Assoziationen nach, stellen sich darin bedeutsame Beziehungsmuster dar. Da stehen phantastische, skurile und witzige Bilder neben ganz banalen. Die letzteren sind oft schwerer zu entschlüsseln als die ersteren, weil sie in der Regel einer stärkeren sekundären

Bearbeitung unterworfen worden sind. Die kooperativsten und einsichtsfähigsten Analysanden wollen dann plötzlich nichts davon wissen, daß Baum vielleicht auch noch etwas anderes als nur Baum bedeuten könnte.

Wie die Verdichtung funktioniert, hat Freud (1916–17, 174) so formuliert: „Die Verdichtung kommt dadurch zustande, daß 1. gewiße latente Elemente überhaupt ausgelassen werden, 2. daß von manchen Komplexen des latenten Traumes nur ein Brocken in den manifesten übergeht, 3. daß latente Elemente, die etwas Gemeinsames haben, für den manifesten Traum zusammengelegt werden." Nur die Verdichtung kann erklären, „daß der manifeste Traum weniger Inhalt hat als der latente, also eine Art abgekürzter Übersetzung des letzteren ist...". Wenn ein Redner an einer Matinée die Anwesenden folgendermaßen begrüßt: „Meine verda ... äh verehrten Damen und Herren ...", ist ebenso leicht zu erraten, wohin er die ganze Veranstaltung wünscht, wie den Weg zu sehen, über den die Fehlleistung zustande kommen konnte.

Wie es keinen Affekt ohne Vorstellung und keine Vorstellung ohne Affekt gibt, so gibt es auch keine Verdichtung ohne Verschiebung und umgekehrt. Ein letztes Beispiel soll das veranschaulichen. Eine Patientin träumt, daß sie sich mit einer anderen Person in einem Raum befindet. Sie fühlt sich unwohl und möchte hinaus. Die Person, mit der sie zusammen ist, hat männliche Gesichtszüge, die z.T. mir, z.T. ihrem Freund gleichen. Aber dazu passen die langen Haare nicht. Plötzlich verwandelt sich die Gestalt eindeutig in eine Frau. Sie schaut die Patientin mit einem stechenden Blick an und bittet sie eindringlich, nicht wegzugehen. Sie kann sich nicht von der Stelle rühren. – Natürlich kann ich hier nicht im einzelnen auf die Deutung dieses Traumes eingehen. Erwähnt sei bloß, daß uns lange die Beziehung zu ihrem Freund beschäftigt hat, die ganz offensichtlich von der konflikthaften früheren Beziehung zu ihrem Vater geprägt war. In diesem Traum kündet sich eine neue Problematik an, die, viel versteckter als die Vaterproblematik, die Beziehung zu ihrem Freund vergiftet, und es ihr bisher unmöglich gemacht hat, sich von ihm zu lösen, obwohl sie das möchte. In der Beziehung zu ihrem Freund wiederholt sie einen Aspekt der frühen Beziehung zu ihrer Mutter. Zu dieser Einsicht, die im Traum recht klar ausgedrückt wird, kann sie aber erst allmählich und nach einer Phase tiefer Depression gelangen. So kündet sich oft im Traum schlaglichtartig etwas an, was in der Übertragung nur ganz langsam Gestalt gewinnen kann.

Es sollte jetzt nicht mehr schwer fallen, die wesentlichen Merkmale des unbewußten Geschehens zu verstehen. Ich fasse sie stichwortartig zusammen:

1. Die dynamisch unbewußten Vorgänge folgen dem Primärprozeß. Die Verbindung unbewußter Vorstellungen und Affekte geschieht durch Verdichtung und Verschiebung. Wenn wir vom Unbewußten reden, sei es in der Deutung, sei es theoretisch, bedeutet dies immer eine Übersetzung in die Sprache des Bewußtseins. Die Sprache des Primärprozeßes ist für das Bewußte eine Fremdsprache.

2. Dem Unbewußten fehlt die diskursive Logik. Daher gibt es im Unbewußten keinen Widerspruch. Strebungen, Wünsche und Vorstellungen, die für das Bewußtsein unvereinbar sind, stehen im Unbewußten unbeeinflußt nebeneinan-

der. Sie widersprechen einander nicht und sie werden nicht zu einem Kompromiß vereinigt, der auch die Anforderungen der äußeren Realität berücksichtigen würde. Die Kompromiß- und Ersatzbildungen entstehen erst durch die sekundäre Bearbeitung auf dem Weg zum Bewußtsein.

3. Das Unbewußte kennt keine Abstraktion. Es ist bildhaft, konkret, „sinnlich". Daher gibt es im Unbewußten auch kein Nein, keinen Zweifel, keine Grade von Sicherheit bzw. Unsicherheit. „Nein" ist der erste abstrakte Begriff. Die Fähigkeit des zweijährigen Kindes, nein zu sagen, markiert den Beginn der Symbolisierung und des abstrakten Denkens (Spitz 1967, 204). Die Verneinung muß daher ihm Traum durch zwei Bilder ausgedrückt werden, von denen das eine das Gegenteil des anderen darstellt.

4. Es gibt keine unbewußte Vorstellung von Zeit, Raum und Kausalität. Das Unbewußte ist zeitlos, kennt weder Anfang noch Ende. Daher die vielen Träume, die durch ihre Zeitverwirrung beeindrucken. Ein zeitlich kohärenter Verlauf im manifesten Traum ist das Ergebnis der sekundären Bearbeitung. In der Relativität des Zeiterlebens drückt sich etwas von der Zeitlosigkeit des Unbewußten aus. Daß der Zeitbegriff nicht selbstverständlich ist, sehen wir daran, wie mühsam die Kinder die Unterscheidung von gestern und morgen lernen müssen. Wo es keinen Zeitbegriff gibt, gibt es auch keine Vorstellung des eigenen Todes. Die Mythen vom Paradies und vom Reich Gottes, von Wiedergeburt und ewigem Leben, die in den unterschiedlichsten Kulturbereichen aller Zeiten in ganz ähnlicher Gestalt auftreten, sind tief in der unbewußten Wirklichkeit des Menschen verwurzelt.

5. Die Realität des Unbewußten ist allein die psychische Realität. Unbewußte Wünsche und Impulse folgen dem Lustprinzip, d. h. sie benehmen sich, wie wenn es keine äußere Realität gäbe, auf die der Mensch zur Befriedigung seiner Bedürfnisse angewiesen wäre. Wiederum können wir das leicht verstehen, wenn wir an die Kinder denken, die sich ebenso benehmen. Es ist vielleicht die menschlichste aller psychischen Leistungen, die Befriedigung eines Bedürfnisses aufschieben zu können. Erst dann beginnt der Mensch die äußere Welt als Quelle der Befriedigung wahrzunehmen. Nur die feste Verankerung in der Realität ermöglicht es ihm, zeitweilig die Realität zu suspendieren und sich dem Unbewußten zu überlassen ohne psychotisch zu werden. Anders wären Spiel, Kreativität und Kunst keine menschlichen Möglichkeiten.

6. Und noch etwas, was leicht vergessen wird – vielleicht weil es so selbstverständlich ist: Der Primärprozeß steht in engster Verbindung zur „Körpersprache" und „Organsprache". Wohl ist die verbale Sprache als ein System semantischer Zeichen und Symbole das wichtigste Kommunikationsmittel des Menschen. Das sollte uns aber nicht vergessen lassen, daß sich Sprache aus präverbaler Kommunikation heraus entwickelt und die averbale affektive Verständigung lebenslang ihre tragende Bedeutung behält.

Der Primärprozeß steht zwischen den kognitiven Vorgängen des Bewußtseins auf der einen, den physiologischen Abläufen im Nervensystem auf der anderen

Seite. Zumindest deskriptiv kann man den Primärprozeß als Bindeglied zwischen Psyche und Soma begreifen. Zweifellos haben unbewußte Prozesse eine immense plastische Einwirkung auf die körperlichen Vorgänge. Wir brauchen bloß an so alltägliche Phänomene wie Erröten, Schweißausbruch und erhöhten Puls zu denken. Psychoanalytisch faßbar wird der Übergang vom Psychischen ins Somatische in den sogenannten Konversionssymptomen der Hysterie, den zeitweiligen Somatisierungen, wie sie in Spannungszuständen und im Verlauf mancher Analysen häufig auftreten, und den eigentlichen psychosomatischen Erkrankungen. Damit erschöpft sich aber der Austausch noch lange nicht. Am „Körperlernen", ohne das Fertigkeiten und die im Alltag so nützlichen Automatisierungen gar nicht möglich wären, sind unbewußte Prozesse entscheidend beteiligt. Das ist ein Bereich, in dem die experimentelle Psychologie mit ihren spezifischen Methoden Wesentliches zum Verständnis des „unbewußten Funktionierens" des Menschen beitragen kann.

2. Entreacte: Das Ich und das Es oder Freud und die Ich-Psychologie

Das topische Modell mag als eine angemessene Theorie der Funktionsweise im System *Ubw* hingehen. Als Modell des psychischen Konfliktes, wie er sich in der psychoanalytischen Situation darstellt, taugt es wenig. Die aktive Seite der inneren Konfliktverarbeitung, die uns im Übertragungswiderstand begegnet, kann es nicht angemessen konzeptualisieren. Aber, so Freud (1933a, 62f), „es hat von allem Anfang an bei uns geheißen, der Mensch erkranke an dem Konflikt zwischen den Ansprüchen des Trieblebens und dem Widerstand, der sich in ihm dagegen erhebt, und wir hatten keinen Augenblick an diese widerstehende, abweisende, verdrängende Instanz vergessen, die wir uns mit ihren besonderen Kräften, den Ichtrieben, ausgestattet dachten und die eben mit dem Ich der populären Psychologie zusammenfällt. Nur daß es bei dem mühsamen Fortschreiten der wissenschaftlichen Arbeit auch der Psychoanalyse nicht möglich war, alle Gebiete gleichzeitig zu studieren." In der Tat enthält bereits Freuds erste theoretische Arbeit, der berühmte „Entwurf einer Psychologie" von 1885 (1950a) ein Konzept des Ich, und in den Studien über Hysterie (1895d, 280) spricht er vom „abwehrlustigen Ich".

Es wird gern übersehen, daß Freuds frühe technischen Schriften (1912b, 1913c, 1914g, 1915a) in praktischer Hinsicht seine ersten ich-psychologischen Arbeiten sind. Sie enthalten eine implizite Konflikttheorie und setzen das handelnde, denkende und phantasierende intentionale und aktive Subjekt voraus, lange bevor Freud diesen Aspekt der Persönlichkeit als *Ich* im Strukturmodell (1923b) konzeptualisierte. In seiner späten Schaffensperiode wendet er sich diesem Ich entschieden zu. In der eben zitierten Vorlesung mit dem Titel „Die Zerlegung der psychischen Persönlichkeit" (1933a, 74) zeichnet er nochmals nach, warum es notwendig war, das topische Modell mit der Strukturtheorie zu ergänzen. „Wie Sie wissen ist eigentlich die ganze psychoanalytische Theorie über der Wahrnehmung des Widerstandes aufgebaut, den uns der Patient bei dem Versuch, ihm sein Unbewußtes bewußt zu machen, leistet." Und wir wissen mittlerweile zur genüge, daß „der Widerstand auch unbewußt (ist), ebenso unbewußt wie das Verdrängte, an dessen Hebung wir arbeiten" (1933a, 75). Und weiter: „Der Widerstand kann aber nur eine Äußerung des Ichs sein, das seinerzeit die Verdrängung durchgeführt hat und sie jetzt aufrecht halten will." Nun kann man sich nicht mehr mit der vorläufigen Annahme begnügen, das abwehrlustige Ich und das Bewußtsein fielen zusammen. „Auch ein Teil des Ichs, ein weiß Gott wie wichtiger Teil des Ichs, kann *ubw* sein, ist sicherlich *ubw*" (Freud 1923b, 244). Damit ist die Illusion zerstoben, das Ich der Psychoanalyse falle mit dem Ich der traditionellen Bewußtseinspsychologie zusammen und könne als bekannt vorausgesetzt werden. Will die Psychoanalyse eine Theorie des unbewußten Konfliktes sein, wie er sich in der psychoanalytischen Situation abbildet, muß sie sich schon bequemen, die Subjekthaftigkeit und Intentionalität des Menschen exquisit psychoanalytisch zu konzeptualisieren. Das leistet das psychoanalytische Konzept des Ich. Daß Abwehr unbewußt, aber Teil der zielgerichteten intentionalen Aktivität des Menschen ist, läßt auch alle Bemühungen scheitern, die Subjekthaftigkeit des Menschen mit einer Psychologie des menschlichen Geistes zu erreichen.

Umgekehrt hat die unausweichliche Annahme, daß nicht bloß das Verdrängte, sondern auch die Verdrängung unbewußt ist, Konsequenzen für die psychoanalytische Theoriebildung. Das dynamisch Unbewußte kann nicht mehr mit dem System Ubw gleichgesetzt werden. Das unbewußte Ich gehört ebenfalls zum dynamisch Unbewußten. „Gut, so wollen wir ‚unbewußt' nicht mehr im systematischen Sinn gebrauchen und dem bisher so Bezeichneten einen besseren, nicht mehr mißverständlichen Namen geben. In Anlehnung an den Sprachgebrauch bei *Nietzsche* und infolge einer Anregung von *G. Groddeck* heißen wir es fortan das Es. Dies unpersönliche Fürwort scheint besonders geeignet, den Hauptcharakter dieser Seelenprovinz, ihre Ichfremdheit, auszudrücken" (Freud 1933a, 78f).

Dazu kommt ein weiteres. Immer hat Versagung einen bestimmenden Anteil am unbewußten Konflikt. Versagung schafft Konflikt, wenn sie nicht bloß die Befriedigung eines Wunsches, sondern seine Existenz und seinen Ausdruck überhaupt betrifft. Dann muß der Wunsch aus dem psychischen Erleben und Handeln ausgegrenzt, eben abgewehrt werden. Die Psychoanalyse nennt eine zwischenmenschliche Situation traumatisch, die die Entfaltung eines Wunsches in der dazu gehörenden Beziehung nicht gestattet, aus welchen Gründen auch immer. Der Konflikt, der zur Neurose führt, ist also niemals der direkte „äußere" Konflikt mit der gewünschten und versagenden Person. Gerade der ist nicht möglich. Zum Schutz der Beziehung, auf die das Kind absolut angewiesen ist, verinnerlicht es den Konflikt, übernimmt, unbewußt, die Verantwortung. Es identifiziert sich mit den versagenden Aspekten des bedeutsamen Anderen. Anders würde kein verinnerlichter, kein unbewußter und pathologischer Konflikt entstehen. Die Verinnerlichung der versagenden Beziehungsanteile hat Freud im *Überich* konzeptualisiert. Heute nennen wir diese mangelhafte, pathologische Form von Verinnerlichung meistens Introjektion, und die im Überich errichteten Bilder der versagenden Person Introjekte.

Es, Ich und Überich sind nun die drei Instanzen der psychischen Persönlichkeit. Die neue Sichtweise wird als zweite Topik, als Instanzen- oder Strukturmodell bezeichnet. Keiner der Begriffe kommt bei Freud selber vor. Er hat (1933a, 85) lediglich von den „Strukturverhältnissen der seelischen Persönlichkeit" gesprochen. Wir werden uns darauf gefaßt machen müssen, im Zusammenhang mit dem Konzept der verinnerlichten Objektbeziehungen den Strukturbegriff nochmals kritisch zu differenzieren.

Das *Es* umfaßt alles, was die Triebe psychisch repräsentiert, es sind die drängendsten und unvergänglichen Wünsche und die Phantasien, die sich darum ranken. „Es ist der dunkle, unzugängliche Teil unserer Persönlichkeit; das wenige, was wir von ihm wissen, haben wir durch das Studium der Traumarbeit und der neurotischen Symptombildungen erfahren ... Wir stellen uns vor, es sei am Ende gegen das Somatische offen, nehme die Triebbedürfnisse in sich auf, die in ihm ihren psychischen Ausdruck finden, wir können aber nicht sagen, in welchem Substrat" (Freud 1933a, 80). Alles, was ich über das dynamisch Unbewußte gesagt habe, ist gültig für das Es. Im nächsten Teil werden ich mich mit den Trieben näher befassen.

Das *Überich* ist eng mit dem Es verbunden, verdankt es doch seine Entstehung dem Umstand, daß sich das Kind im Lauf der Entwicklung gezwungen sieht, bestimmte Wünsche, es sind dies vor allem die ödipalen Liebeswünsche, aus der Beziehung zu den Eltern hinauszuschaffen, zu verdrängen. Die Etablierung der Verdrängungsfähigkeit im Wachstum und den Krisen der gesunden Persönlichkeit und die Etablierung einer verläßlichen Überich-Struktur gehen Hand in Hand. Das Überich ist ein wichtiger Bestandteil der Persönlichkeit und spielt als innerer Vertreter der als versagend erlebten Personen im neurotischen Konflikt eine bedeutende Rolle. Es ist die gebietende, verbietende, billigende oder mißbilligende Instanz. Zum Überich gehört aber auch das sog. *Ichideal*, an dem das Ich sich orientiert und mißt. Mehr wird dazu bei der Skizzierung der ödipalen Situation zu sagen sein. Das Überich etabliert sich als Struktur, wenn der Ödipuskomplex untergeht.

Das Konzept des *Ich* faßt alle organisierenden, integrativen und synthetischen Funktionen der menschlichen Psyche. Freuds letzte Beschreibung des Ich im „Abriß der Psychoanalyse" (1940a, 68) ist nach wie vor am besten geeignet, in die psychoanalytische Auffassung des Ich einzuführen. „Infolge der vorgebildeten Beziehung zwischen Sinneswahrnehmung und Muskelaktion hat das Ich die Verfügung über die willkürlichen Bewegungen. Es hat die Aufgabe der Selbstbehauptung, erfüllt sie, indem es nach außen die Reize kennen lernt, Erfahrungen über sie aufspeichert (im Gedächtnis), überstarke Reize vermeidet (durch Flucht), mäßigen Reizen begegnet (durch Anpassung) und endlich lernt, die Außenwelt in zweckmäßiger Weise zu seinem Vorteil zu verändern (Aktivität); nach innen gegen das Es, indem es die Herrschaft über die Triebansprüche gewinnt, entscheidet, ob sie zur Befriedigung zugelassen werden sollen, diese Befriedigung auf die in der Außenwelt günstigen Zeiten und Umstände verschiebt oder ihre Erregung überhaupt unterdrückt. In seiner Tätigkeit wird es durch die Beachtung der in ihm vorhandenen oder in dasselbe eingetragenen Reizspannungen geleitet. Deren Erhöhung wird allgemein als *Unlust*, deren Herabsetzung als *Lust* empfunden. Wahrscheinlich sind es aber nicht die absoluten Höhen dieser Reizspannungen, sondern etwas im Rhythmus ihrer Veränderung, was als Lust und Unlust empfunden wird. Das Ich strebt nach Lust, will der Unlust ausweichen. Eine erwartete, vorausgesehene Unluststeigerung wird mit dem *Angstsignal* beantwortet, ihr Anlaß, ob er von außen oder innen droht, heißt eine *Gefahr*. Von Zeit zu Zeit löst das Ich seine Verbindung mit der Außenwelt und zieht sich in den Schlafzustand zurück, in dem es seine Organisation weitgehend verändert."

Diese wenigen Zeilen enthalten in nuce eine psychoanalytische Theorie des Ich, verstanden als eine Theorie der Subjekthaftigkeit, der psychischen Aktivität, des intentionalen Strebens und Handelns des Menschen. Freuds Arbeiten zum Ich initiierten den psychoanalytischen Forschungszweig, der unter dem Namen „Ich-Psychologie" Geschichte gemacht hat (1921c, 1923b, 1926d). Zwei Arbeiten stehen an ihrem Beginn und haben sie nachhaltig geprägt. „Das Ich und die Abwehrmechanismen" von Anna Freud (1936) und „Ich-Psychologie und Anpassungsproblem" von Heinz Hartmann (1939). Beides sind dünne Bändchen, die aber zu den großen klassischen Werken der Psychoanalyse zählen. Exemplarisch behandeln sie die beiden Hauptrichtungen der Ichtätigkeit oder die beiden Hauptaufgaben des Ich: Die Wahrnehmung und Bewältigung der psychischen Realtiät auf der einen, der äußeren Realität auf der anderen Seite. Die erste Aufgabe ist das, was die Psychoanalyse kurz „Abwehr" nennt. Ihr Paradigma, die Verdrängung, habe ich bereits beschrieben. Weitere Abwehrmechanismen wie Rationalisierung, Intellektualisierung, Verkehrung ins Gegenteil, Isolierung usw. unterstützen die Verdrängung. Es gibt aber auch eine von der Verdrängung grundsätzlich verschiedene Abwehrorganisation, welche die abzuwehrenden Persönlichkeitsanteile vom übrigen psychischen Leben abspaltet und nach außen projiziert. Das genauer auszuführen wird Sache des letzten Teils sein.

Im Begriff der *Verinnerlichung* wird die Dialektik des psychoanalytischen Denkens vielleicht am augenfälligsten. Psychoanalyse richtet ihr Augenmerk immer auf die „inneren" Abläufe und kann dabei von den „äußeren" Gegebenheiten nie absehen. „Die Beziehung zur Außenwelt ist für das Ich entscheidend geworden, es hat die Aufgabe übernommen, sie bei dem Es zu vertreten, zum Heil des Es, das ohne Rücksicht auf diese übergewaltige Außenmacht im blinden Streben nach Triebbefriedigung der Vernichtung nicht entgehen würde. In der Erfüllung dieser Funktion muß das Ich die Außenwelt beobachten, eine getreue Abbildung von ihr in den Erinnerungsspuren seiner Wahrnehmungen niederlegen, durch die Tätigkeit der Realitätsprüfung fernhalten, was an diesem Bild der Außenwelt Zutat aus inneren Erregungsquellen ist. Im Auftrag des Es beherrscht das Ich die Zugänge zur Motilität, aber es hat zwischen Bedürfnis und Handlung den Aufschub der Denkarbeit eingeschaltet, während dessen es die Erinnerungsreste der Erfahrung verwertet. Auf solche Weise hat es das Lustprinzip entthront, das uneingeschränkt den Ablauf der Vorgänge im Es beherrscht und es durch das Realitätsprinzip ersetzt, das mehr

Sicherheit und größeren Erfolg verspricht" (Freud 1933a, 82). Damit werden Wahrnehmung, Gedächtnis und Aufmerksamkeit, Lernen und Denken, Urteilsfähigkeit, Motorik und rationales Handeln wichtige Themen der Psychoanalyse. Hartmann hat zur Bezeichnung der zweiten Aufgabe von Freud den etwas mißverständlichen Ausdruck „Anpassung" übernommen.

Abwehr und Anpassung sind nie zwei voneinander unabhängige Wege der Ichaktivität. Im Gegenteil, sie sind eng aufeinander bezogen, ist doch die Außenwelt primär als Quelle der Befriedigung der mannigfachen Wünsche interessant. Die zentrale Aufgabe des Ich ist es, den „inneren" Wunsch und das „äußere" Objekt, das allein ihn befriedigen kann und soll, zusammenzubringen. Nunberg (1959, 177ff) spricht von der synthetischen, Hartmann (1972, 122) von der integrativen oder organisierenden Funktion des Ich. Sie kommt „darin zum Ausdruck, daß es (das Ich, H.M.) innere und äußere Elemente assimiliert, in Widersprüchen vermittelt, ja Gegensätzliches miteinander vereinigt und die geistige Produktivität aktiviert" (Nunberg 1959, 178). Wahrnehmen, Denken, Phantasieren und Fühlen sind die Wege, über die das Ich seine integrative Funktion erfüllt. Das Ich vermittelt zwischen den Wünschen, die aus dem Es aufsteigen, der äußeren Realität und dem Überich. „Ein Handlung des Ich ist dann korrekt, wenn sie gleichzeitig den Anforderungen des Es, des Überichs und der Realität genügt" (Freud 1940a, 69).

Die Ich-Psychologie hat die Weiterentwicklung der Psychoanalyse im angloamerikanischen und deutschen Sprachraum entscheidend geprägt. So unterschiedliche Psychoanalytiker, die einen mehr Theoretiker, die anderen mehr Kliniker, wie Erik H. Erikson, Anna Freud, Ralph R. Greenson, Heinz Hartmann, Edith Jacobson, Otto F. Kernberg, Heinz Loewald, David Rapaport, Joseph Sandler, René A. Spitz und viele andere mehr haben dieser Richtung ihr Gesicht gegeben.

Einige wenige wissenschaftstheoretische und -geschichtliche Bemerkungen sollte ich mir an dieser Stelle nicht ersparen. Es ist verdächtig und gefährlich, im besten Fall begrifflich und sprachlich unpräzis, von Triebpsychologie, Ichpsychologie, Objektbeziehungspsychologie, Selbstpsychologie usw. zu sprechen, wenn man unterschiedliche Konzepte der psychoanalytischen Theorie meint. Im Verlauf der Entwicklung der Psychoanalyse drohte immer wieder, ein Aspekt auf Kosten der anderen die Herrschaft an sich zu reißen, mit dem Anspruch, das Wesentliche oder gar das Ganze der Psychoanalyse zu repräsentieren.

Es war die erklärte Absicht Heinz Hartmanns und David Rapaports, die Psychoanalyse als „die Naturwissenschaft vom Seelischen" (Hartmann 1972, 9) im Sinne einer exakten und experimentellen Wissenschaft zu begründen. So bauten sie um den Begriff des Ich eine allgemeine Psychologie auf, um der Psychoanalyse im Verein der empirischen Wissenschaften Geltung zu verschaffen. Das Projekt mußte scheitern. Psychoanalyse kann nicht Anerkennung fordern, wenn sie gleichzeitig das Wesentliche, ihren besonderen Zugang zu den unbewußten Phantasien, preisgibt. Diese Kritik schmälert nicht die Verdienste der Ichpsychologie. Sie hat ein Konzept der unbewußten Seelentätigkeit entwickelt. Ohne ein solches bliebe die Psychoanalyse ein Torso.

Wenn ich nicht dem historischen Ablauf der Theoriebildung folge, und bereits an dieser Stelle das Strukturmodell skizziert und das Konzept des Ich eingeführt habe, thematisiere ich, was Freud langezeit als selbstverständlich vorausgesetzt hat, und erleichtere damit Darstellung und Verständnis der folgenden Teile.

3. Trieb und Objektbeziehung: Die psychoanalytische Triebtheorie

A. *Die Triebtheorie als eine Theorie der Leidenschaft*

Wenn ich mich nun dem Erlebnisaspekt zuwende, den Freud mit seiner Triebtheorie zu fassen suchte, sei nochmals betont: Das dynamisch Unbewußte läßt sich nicht ohne das Triebgeschehen denken, und das Triebgeschehen kann ohne Einsicht in die Funktionsweise der unbewußten Prozesse nicht verstanden werden.

Bevor ich die Triebtheorie als Libido- und Aggressionstheorie entfalte, muß ich den existentiellen Ort des Triebes im menschlichen Leben bestimmen, den Triebbegriff der Psychoanalyse umreißen und die Grundbegriffe von Repräsentanz und Besetzung klären, ohne die wir über Triebtheorie nicht reden können.

Sinnlichkeit und Trieb

Das psychoanalytische Konzept der Triebe befaßt sich mit den leidenschaftlichen Wünschen, Phantasien und Gefühlen, die im sinnlichen Kontakt mit der Außenwelt Befriedigung und Erfüllung finden. Ihre Befriedigung ist Sinnenfreude, sinnliche Lust in all ihren Schattierungen: vom ersten Hautkontakt zwischen Mutter und Baby bis zum Wunsch des dreijährigen Kindes, Mutter oder Vater zu heiraten; von der sinnlichen Befriedigung, die das Stillen begleitet, bis zum Ohrenschmaus und zur Augenfreude im späteren Leben; vom ersten scheuen und skeptischen Blick des Kleinkindes auf den Fremden bis zum Orgasmus in der jeden dritten ausschließenden Liebesbeziehung; vom ersten Loch, das das Kleinkind mit anderen zusammen im Sandkasten gräbt und mit Wasser füllt, bis hin zum alternden Menschen, der nach der Pensionierung, vielleicht nach dem Tod des Partners, neue Aktivitäten und neue Bezugsgruppen sucht.

Ohne das, was wir in der theoretischen Konzeptualisierung des psychischen Lebens Triebe nennen, gibt es keine Lebensfreude, ist das Leben, wenn es hoch kommt, „Mühe und Arbeit". Ob das aber so köstlich ist, wie uns der Psalmist weismachen will? Den Menschen, die Psychoanalyse in Anspruch nehmen, genügt es offensichtlich nicht. Arbeiten können sie oft sehr wohl, aber ihrem Tun fehlen Freude und Befriedigung. Sie leiden an ihrer entsinnlichten Welt, in der ihnen jedes Sinnen und Trachten sinnlos oder gar böse erscheint.

Der drängende, ja absolut fordernde und gebieterische Charakter, der den sinnlichen Empfindungen und dem Streben nach Lust von allem Anfang an innewohnt, läßt keinen Zweifel: Da geht es nicht um Luxus, auf den man schadlos verzichten könnte. Außer man hält Leidenschaft für verzichtbaren Luxus. Sicher sind Leidenschaften Luxus, d. h. etwas, das üppig wächst und deshalb gestaltet und kultiviert werden will. Aber Luxus, so meine ich doch, der zur Qualität menschlichen Lebens gehört, wie die biologischen Triebe Hunger, Durst, Fortpflanzung usw. zum Überleben des Organismus und der Art gehören.

Die Triebtheorie verbindet die Affekte, insbesondere eine bestimmte Gruppe von Affekten, die sie die libidinösen nennt, mit den sinnlichen Wünschen und ihren Schicksalen. Die Triebwünsche sind sinnliche Wünsche und haben ihren Ursprung da, wo Sinnlichkeit entsteht und sich differenziert, d. h. im Kontakt von Körper zu Körper. Sinnlichkeit ist nicht einfach gegeben. In der intrauterinen, pränatalen Existenz schwimmt das Baby schwerelos im Fruchtwasser, und wird automatisch und kontinuierlich über die Nabelschnur von der Mutter organisch versorgt. Weder die inneren noch die Sinnesorgane brauchen ihre spätere Funktion schon zu versehen.

Geburt und Abnabelung ändern diesen Zustand stetigen Daseinsgefühls schlagartig. Oder doch nicht so schlagartig? Das Baby wird durch die Geburt wohl physisch, nicht aber psychisch von der Mutter getrennt. Mutter und Baby bilden eine *Masse zu zweit*, eine *Dyade* oder *Dualunion* (Spitz 1967), oder – nüchterner aber präziser – eine Subjekt-Objekt-Einheit in Interaktion. Die einzigartige Interaktion von Mutter und Säugling prägt das erste Lebensjahr. Die Mutter greift die frühen Fähigkeiten und Aktivitäten ihres Kindes auf, wenn sie noch kaum im Entstehen begriffen sind, verstärkt sie und verleiht ihnen Bedeutung und Sinn. „Es gibt den Säugling gar nicht“, stellt Winnicott (1960, 50) lapidar fest. Natürlich meint er damit, „daß man überall da, wo man einen Säugling findet, auch die mütterliche Fürsorge findet, und ohne die mütterliche Fürsorge gäbe es keinen Säugling.“ Die spezifische Mutter-Kind-Interaktion des ersten Lebensjahres ist die psychische Plazenta, aus der heraus sich allmählich die Trieb-Objekt-Beziehung und das Kind als Zentrum eigenen Begehrens und Vorstellens, eigener Wahrnehmung und Initiative entwickelt.

Hier liegt der existentielle Ort der Sinnlichkeit und der psychologische Ort des psychoanalytischen Triebkonzeptes. Die Entwicklung des Menschen verläuft von der intrauterinen Existenz über die frühe Mutter-Kind-Interaktion hin zur unabhängigen Existenz in der Welt der Triebe und Objekte. Mit der Abnabelung müssen die Sinne ihre Aufgabe übernehmen, den Kontakt mit der Welt herstellen, ihn aufrecht erhalten und regulieren. Lust und sinnliches Vergnügen lösen allmählich das wunschlose Wohlbefinden ab, das aus dem intrauterinen Leben stammt und die ersten Lebenswochen prägt. Die Mutter wird zum leidenschaftlich begehrten *primären Objekt* des Kindes, und die Sehnsucht erwacht.

Das, wonach der Mensch sich zeitlebens sehnt, ist nicht, wie oft behauptet, die Rückkehr in den Mutterleib, ist nicht die wunschlose Geborgenheit im Uterus, sondern ein Netz vielfältiger Beziehungen, in denen er seine Gefühle und Leidenschaften leben kann. In der psychischen Arbeit an den Aufgaben und Krisen der Entwicklung schafft sich der Mensch seine Welt, in der er lieben und hassen, genießen und arbeiten kann. „Jeder Mensch muß die Welt neu erschaffen“ (Winnicott 1984, 22).

Die primäre Kreativität des Menschen ist die eine Seite. Das Entgegenkommen der Umwelt die andere. Der schöpferische Impuls vergeht, wenn er nicht von bedeutungsvollen Anderen aufgenommen wird. Die Beziehung zu den primären Bezugspersonen ist der soziale Kern, um den das Kind allein seine eigene innere Welt aufbauen kann.

Diesen Kern der primären Beziehungen und ihre Bedeutung für die psychische Entwicklung möchte ich in drei aufeinander bezogenen Konzepten fassen:

- Im Konzept des Wunsches, in traditioneller Terminologie: Im Konzept der Triebe, der Libido und Aggression.
- Im Konzept der Objektbeziehungen und ihrer Verinnerlichung.
- Im Konzept des Selbst.

Objektbeziehung und Selbst sind neuere Konzepte, die sich mit der Ausweitung der Psychoanalyse aus der Triebtheorie oder in Frontstellung zu ihr, immer jedoch in Auseinandersetzung mit der Triebtheorie, entwickelt haben. Die Triebtheorie war und ist der Eckstein der Psychoanalyse, aber auch ihr Stein des Anstoßes. „Orthodoxe Freudianer" und Schöpfer neuer Konzepte tun sich nicht immer leicht, altes und neues zu integrieren. Die einen drohen in einem unfruchtbaren Konservativismus zu erstarren. Die anderen laufen Gefahr, zugunsten einer neuen Idee die Vielgestaltigkeit psychoanalytischen Denkens, die ihr Wesen ausmacht, preiszugeben.

Keine Psychologie wird dem psychischen Leben gerecht werden, die der Sinnlichkeit, gipfelnd in der menschlichen Sexualität, nicht ihren gebührenden Platz einräumt. Daran hat Freud unerbittlich festgehalten. Ob seine Triebtheorie schon die beste Möglichkeit darstellt, diese Seite des Menschen zu konzeptualisieren, mag offen bleiben. Wer in ihr bloß das abstrakte Energie-Abfuhr-Modell und nicht ihre implizite Affekttheorie zu sehen vermag, wird allerdings damit nicht viel anfangen können. An der Sache, nicht an der Theorie, die sie zu fassen versucht, war Freud gelegen, weil er ihre Bedeutung in der Ätiologie der Neurosen und im menschlichen Leben überhaupt erkannt hat. In der Konzeptualisierung war Freud offen und flexibel und fordert das auch von seinen Nachfahren. So können und müssen wir einige der frühen Metaphern und Formulierungen, mit denen Freud den komplexen Sachverhalt der Triebwünsche – ihrer Entwicklung, Dynamik und Ökonomie – zu fassen versuchte, neu interpretieren. Es bereitet z. B. keine Mühe, die energetischen Metaphern Freuds im Sinne einer Affekttheorie neu zu lesen und mit Inhalt zu füllen.

Das psychoanalytische Triebverständnis und das Konzept des Wunsches

Trieb im psychoanalytischen Verständnis ist ein spezifisch menschliches Phänomen und muß vom Instinkt unterschieden werden. Instinkt ist ein biologischer Begriff. Er bezeichnet eine angeborene Fähigkeit des Organismus, auf bestimmte Reize, die sogenannten Angeborenen Auslösemechanismen (AAM), in bestimmter, artspezifisch und genetisch festgelegter Weise zu reagieren. Der Instinkt ist nicht Wunsch, er ist biologische Notwendigkeit. Das Tier und seine natürliche Umwelt bilden ein geschlossenes System. Vom Tier könnte man nicht sagen, daß es sich seine Welt neu schaffen muß. Seine Anpassungsfähigkeit an eine artfremde Umwelt ist äußerst begrenzt. Ein Löwe kann in der Arktis, ein Eisbär im Urwald nicht überleben.

Die feste Verbindung von inneren Bedürfnissen und bedürfnisbefriedigender Umwelt gibt es beim Menschen nicht, oder sie geht ihm im Laufe des ersten Lebensjahres verloren. Seine angeborene Ausstattung, die viel reichhaltiger ist, als man gemeinhin annimmt, paßt ihn in optimaler Weise an die Gegebenheit der Interaktions-Einheit mit der Mutter an. In dem Maß aber, in dem sich der Säugling aus dieser interaktionellen Matrix löst und zum getrennten Wesen wird, gesellt sich zu den elementaren Bedürfnissen nach Lebenserhaltung das triebhafte Begehren des bedeutsamen Anderen.

Im Gegensatz zum Instinkt sind im Trieb Bedürfnis und Befriedigung nicht automatisch und unlöslich gekoppelt. Die spezifisch menschliche Entwicklung beginnt mit der Fähigkeit, die Befriedigung eines Bedürfnisses aufschieben zu können. Die Entkoppelung von Bedürfnis und Befriedigung schafft erst den psychisch erlebten Wunsch, den Raum, in dem sich psychisches Erleben als Größe sui generis entfaltet, bestehend aus Vorstellungen, Phantasien und Affekten. An die Stelle der instinktgesteuerten Versorgung, die lediglich dem Überleben der Art und nicht der Entfaltung persönlicher Beziehungen dient, tritt das Bemuttern, die „primäre Mütterlichkeit“ (Winnicott 1956), eine ganz neue Interaktionsform, die auf Liebe gründet. Und an die Stelle der instinktmäßig regulierten Fortpflanzung tritt die offene, entwicklungsfähige Triebbeziehung, die Zuneigung und Liebe voraussetzt.

Wenn wir jetzt zur *psychischen* Erlebnisebene und zur *sozialen* Ebene der Objekte noch die *somatische* Ebene des Körpers dazunehmen, nähern wir uns unversehens Freuds Verständnis des Triebes. Im Triebablauf verschränken sich somatische, psychische und soziale Momente und statten das Erleben mit einer entsprechenden Mannigfaltigkeit von Phantasien und Gefühlen aus. Jeder Triebwunsch bedeutet körperliche Spannung aufgrund hormonaler und biochemischer Prozesse. Diese Spannung wird psychisch als Drang verspürt und sucht Befriedigung an einem Objekt der Außenwelt.

Aber lassen wir Freud selbst zu Wort kommen. Am klarsten und umfassendsten hat Freud den psychoanalytischen Triebbegriff in „Triebe und Triebschicksale“ (1915c, 214f) umrissen. Er definiert Trieb als „... Grenzbegriff zwischen Seelischem und Somatischem, als psychischer Repräsentant der aus dem Körperinneren stammenden, in die Seele gelangenden Reize, als ein Maß der Arbeitsanforderung, die dem Seelischen infolge seines Zusammenhanges mit dem Körperlichen auferlegt ist.“ Er unterscheidet vier Definitionsmerkmale des Triebes: Quelle, Drang, Ziel und Objekt. „Unter *Quelle* des Triebes versteht man jenen somatischen Vorgang in einem Organ oder Körperteil, dessen Reiz im Seelenleben durch den Trieb repräsentiert ist ... Unter dem *Drang* eines Triebes versteht man dessen motorisches Moment, die Summe von Kraft oder das Maß von Arbeitsanforderung, das er repräsentiert. Der Charakter des Drängenden ist eine allgemeine Eigenschaft der Triebe, ja das Wesen derselben. Jeder Trieb ist ein Stück Aktivität;... Das *Ziel* eines Triebes ist allemal die Befriedigung, die nur durch Aufhebung des Reizzustandes an der Triebquelle erreicht werden kann... Das *Objekt* ist dasjenige, an welchem oder durch welches der Trieb sein Ziel erreichen kann."

Die vier Merkmale des Triebes gehören offensichtlich verschiedenen Wirklichkeitsbereichen an. Die Quelle ist das somatisch-körperliche Moment des Triebes. Die Quelle bestimmt die dynamisch-affektive Qualität des Wunsches und verbindet ihn mit der Sinnlichkeit. Die Dynamik des Wunsches wird dem psychoanalytischen Verständnis aber erst auf der Ebene des Erlebens im affektiv verspürten Drang und in seiner Befriedigung am Objekt zugänglich.

Das Objekt „ist das variabelste am Triebe, nicht ursprünglich mit ihm verknüpft, sondern ihm nur infolge seiner Eignung zur Ermöglichung der Befriedigung zugeordnet. Es ist nicht notwendig ein fremder Gegenstand, sondern ebensowohl ein Teil des eigenen Körpers. Es kann im Laufe der Lebensschicksale des Triebes beliebig oft gewechselt werden; dieser Verschiebung des Triebes fallen die bedeutsamsten Rollen zu. Es kann der Fall vorkommen, daß dasselbe Objekt gleichzeitig mehreren Trieben zur Befriedigung dient,..." (Freud 1915c, 215). Die Triebe lehnen sich nicht allein an lebenswichtige Körperbedürfnisse an, sondern auch an die Beziehungen, innerhalb derer sie befriedigt werden. „Die langhingezogene Hilflosigkeit und Abhängigkeit des kleinen Menschenkindes... schafft das Bedürfnis, geliebt zu werden, das den Menschen nicht mehr verlassen wird" (Freud 1926e, 186f). Darin liegt der Ursprung des Trieb-Objekts und der mit ihm verbundenen Vorstellungen, Phantasien und Affekte.

Nun ist es höchste Zeit, den zentralen psychoanalytischen Begriff des Objekts zu definieren. Es mag anfänglich befremden und verwirren, daß die Psychoanalyse von anderen und zudem höchst bedeutsamen Menschen als von Objekten spricht. Verdinglicht sie damit nicht das personale Du, gebrauchen wir doch in der Umgangssprache Ding und Objekt fast synonym. Der Objektbegriff der Psychoanalyse bezeichnet aber gerade nicht ein Ding, das unabhängig vom Subjekt existiert und immer dasselbe bleibt. Sie verwendet den Begriff im ursprünglichen Sinne des Wortes als das „objectum", als das dem Subjekt Entgegenstehende, vom Selbst Getrennte aber immer auf das Selbst Bezogene. Objekt bezeichnet in der Psychoanalyse nicht die Person, wie sie *ist*, sondern wie das Selbst sie *erlebt*. Objektbeziehung ist kein Synonym für zwischenmenschliche Beziehung oder Interaktion im sozialpsychologischen Sinne, sie ist lediglich die Interaktion aus der Erlebnisperspektive des Subjektes und seiner Wünsche an den anderen. In diesem Sinne habe ich vom Objekt der Übertragung gesprochen, und können wir jetzt vom Objekt der Triebe oder des Wunsches sprechen.

Freud hat das Triebmodell, noch nicht aber das Konzept der Objektbeziehungen ausformuliert, was ihm den Vorwurf eines „solipsistischen Seelenmodells" eingetragen hat. Dieser Vorwurf fällt dahin, wenn man die Triebtheorie als *eine* Sichtweise interpretiert, unter der es die psychische Wirklichkeit zu betrachten gilt, die der Ergänzung durch andere Gesichtspunkte bedarf. Die dialektische Verbindung von psychischer und materieller Realität und die Notwendigkeit unterschiedlicher und sich ergänzender Betrachtungweisen machen die Struktur psychoanalytischen Denkens aus (Freud, 1915e, 280f; 1916–17, 383).

Ich versuche, Freuds Triebbegriff schematisch zusammenzufassen:

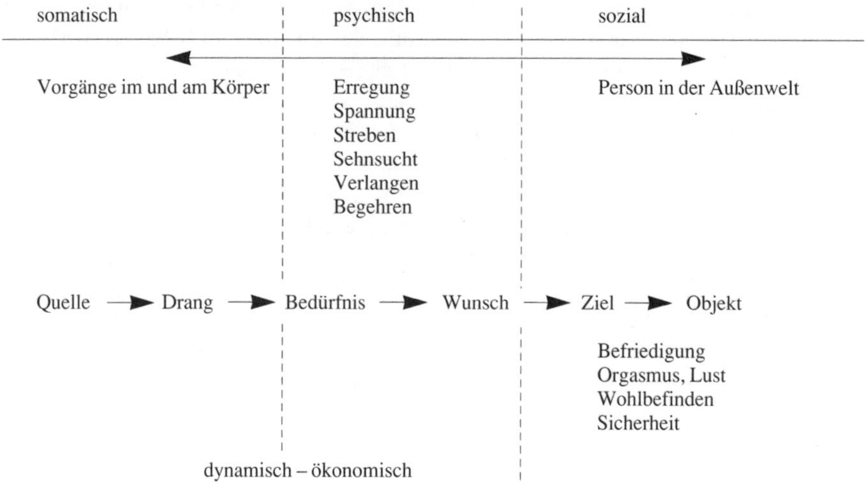

Im Triebkonzept verbindet die Psychoanalyse die biologische Grundlage menschlichen Strebens über den psychisch verspürten, organisierten und bearbeitbaren Wunsch und seine Befriedigung mit der sozialen Umwelt. Der erlebte Wunsch und seine Befriedigung am Objekt sind immer durch das Ich vermittelt. Der Triebbegriff der Psychoanalyse ist intentional. Der Mensch gestaltet aktiv seine Wünsche in der Interaktion und Auseinandersetzung mit seiner Umwelt. Schon in der Triebtheorie ist das psychoanalytische Verständnis des Menschen als eines ganzheitlich erlebenden und sich verhaltenden Selbst, als „Zentrum eigener Wahrnehmung und Initiative“ (Kohut) angelegt, wenn auch nicht vollendet.

Das psychoanalytische Triebkonzept wird immer wieder mißverstanden und Freuds Biologismus kritisiert. Darum mögen einige Worte zur Abgrenzung der Triebtheorie von der Biologie nicht überflüssig sein. Freud hat den Trieb als Grenzbegriff zwischen dem Somatischen und Psychischen definiert. Ist *Trieb* ein biologisches oder ein psychologisches Konzept? Es war Freuds ursprüngliche Absicht, die Psychoanalyse an die Physiologie und Biologie anzuschließen. Das hat er bald aufgegeben. Nicht aufgegeben hat er die ganzheitliche Sichtweise, die das Psychische in Wechselwirkung mit dem Körper sieht. Aber Psychisches läßt sich nicht physiologisch und Physisches nicht psychologisch beschreiben. Freud hat dies nach seinem berühmten „Entwurf einer Psychologie“ von 1895, den er notabene selber nie veröffentlicht hat, nie mehr versucht. Er hat aber immer wieder der Physik und Physiologie ebenso wie der Mythologie Metaphern entlehnt, um die stofflich nicht faßbaren, ja stofflich nicht existierenden psychischen Abläufe in Begriffen unserer Sprache und unseres Vorstellungshorizontes überhaupt sagbar und beschreibbar zu machen. Sein Anliegen galt der Entwicklung einer psychologischen Theorie.

Für Freuds Wissenschaftsverständnis war es allerdings selbstverständlich, daß eine methodisch Trennung verschiedener Sichtweisen keine Spaltung in der Sache war. „Entweder-oder" ist eine Wendung, die im Vokabular der Psychoanalyse nicht vorkommen sollte. Wir werden gut daran tun, das im Auge zu behalten, wenn im folgenden von Trieb und Objekt, innen und außen, Phantasie und Realität, Libido und Aggression, Liebe und Haß die Rede sein wird.

Was bedeutet das für das Triebkonzept, das ja gemäß Definition den Trieb als Grenzphänomen zwischen Somatischem und Psychischem zu theoretisieren versucht? Die Psychoanalyse betrachtet den Trieb, seine Abwandlungen und Umgestaltungen, seine Schicksale einzig und allein unter dem Gesichtspunkt des *psychischen* Geschehens. „Die Psychoanalyse vergißt niemals, daß das Seelische auf dem Organischen ruht, wenngleich ihre Arbeit es nur bis zu dieser Grundlage und nicht darüber hinaus verfolgen kann" (Freud 1910i, 100f). Gegenstand der Psychoanalyse ist der Trieb als sinnliches Erleben und die Art und Weise, wie sich der Trieb bewußt und unbewußt psychisch repräsentiert. „Ein Trieb kann nie Objekt des Bewußtseins werden, nur die Vorstellung, die ihn repräsentiert. Er kann aber auch im Unbewußten nicht anders als durch die Vorstellung repräsentiert sein. Würde der Trieb sich nicht an eine Vorstellung heften oder nicht als ein Affektzustand zum Vorschein kommen, so könnten wir nichts von ihm wissen" (Freud 1915e, 275f). Die psychische Repräsentanz des Triebes ist der Wunsch. Die Psychoanalyse heute interpretiert und faßt die Triebtheorie als Konzept des Wunsches und als Affekttheorie.

Ich will das in einem Schema veranschaulichen, das bereits auf die Begriffe Repräsentanz und Besetzung verweist, die ich nun gleich einführen will:

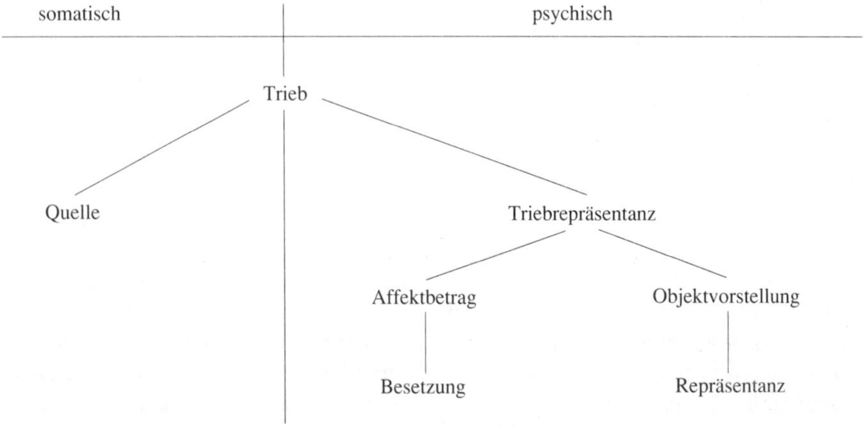

Die biologische Grundlage des Triebes braucht uns im Zusammenhang mit dem Konzept des Wunsches weiter nicht zu beschäftigen. „Das Studium der Triebquellen gehört der Psychologie nicht mehr an; obwohl die Herkunft aus der somatischen Quelle das schlechtweg Entscheidende für den Trieb ist, *wird es uns im Seelenleben doch nicht anders als durch seine Ziele bekannt*. Die genauere Erkenntnis der Triebquelle ist für die Zwecke der psychologischen Forschung nicht durchwegs erforderlich" (Freud 1915c, 216; Ausz. von H. M.).

Struktur und Dynamik: Repräsentanz und Besetzung

Wir können den Trieb nicht ohne Objekt, seine Dynamik nicht ohne Struktur denken. Ein Drang wird erst als objektgerichteter Wunsch erlebbar, wenn er sich mit einer Vorstellung verbindet, die ein Niederschlag früherer befriedigender Erfahrungen mit dem Objekt ist. Und umgekehrt: der Triebablauf, alle Erfahrungen von der Entstehung des Wunsches bis zu seiner Befriedigung am Objekt, mit allen dazwischen liegenden Prozessen der psychischen Bearbeitung, legen sich als Gedächtnisspuren nieder und schaffen letztlich psychische Struktur.

Die Frage, ob zuerst das Huhn oder das Ei war, können wir uns in diesem Zusammenhang sparen. Was immer auch an Dispositionen vorgegeben ist, die Psychoanalyse konzeptualisiert die Struktur, die zunehmend das Erleben des Menschen prägt, als „inneren", psychischen Niederschlag „äußerer" Erfahrung. Die Dialektik von Erfahrung und psychischer Strukturbildung bringt die Psychoanalyse im Begriff der „Verinnerlichung" zum Ausdruck, der uns mittlerweile längst vertraut ist. Das gilt gleichermaßen für die Struktur und die Funktionen des Ich wie für den Aufbau der verinnerlichten Objektbeziehungen und der Vorstellungswelt. Ein Konzept, das uns später noch ausführlich beschäftigen wird.

Es ist also recht ungenau, wenn wir vom Objekt des Triebes sprechen. Eine Läßigkeit des Ausdrucks, die wir uns gestatten dürfen, solange wir nur gegenwärtig halten, daß das Objekt im psychoanalytischen Sinne zuerst ein psychisches Phänomen bezeichnet. Das Kind schafft das Objekt in der wiederholten Erfahrung von Befriedigung und Versagung seiner Wünsche in einer Beziehung. „Seither (dem ersten Vermissen der Mutter, H. M.) haben wiederholte Befriedigungssituationen das Objekt der Mutter geschaffen, das nun im Falle des Bedürfnisses eine intensive, ‚sehnsüchtig' zu nennende Besetzung erfährt" (Freud 1926d, 203). So kann Objekt zweierlei meinen, zum einen die reale, andere, vom Selbst getrennte Person, vor allem aber das innere Bild, das sich das Subjekt vom Objekt macht. Desgleichen meint Objektbeziehung beides, die *erlebten* und die *verinnerlichten Objektbeziehungen*. Ohne ein inneres Bild des andern gibt es keine Beziehung. Jeder Wunsch besteht aus einer Vorstellung des gewünschten Objekts und einem Affektzustand. Das innere Bild, das sich primär aus der sinnlichen Erfahrung entwickelt, nennen wir *Repräsentanz*, den Affektzustand, das dynamische und ökonomische Moment, *Besetzung*. Besetzung ist immer Qualität und Intensität. So kann ein Objekt libidinös, aggressiv oder narzißtisch besetzt sein, und diese Besetzungen können ganz verschieden, z.B. oral, anal, genital gefärbt und in ihrer Intensität sehr verschieden sein. Alle diese Affektmodalitäten werden uns noch beschäftigen. Ein sexuelles Verlangen nach einer bestimmten Person kann schwach bis übermächtig sein. Im Zustand der Sehnsucht z. B. ist die innere Repräsentanz des ersehnten Objektes hoch libidinös besetzt.

Entsprechend ist der Triebablauf nicht das, was phänomenologisch zwischen Selbst und Objekt, sondern was im Selbst geschieht. Der Triebablauf ist ein psychisches Geschehen. Er setzt sich zusammen aus einer Vorstellung des wunschbestimmten Selbst, des Objektes, von dem die Befriedigung erwartet oder erhofft wird, und den mannigfaltigen Affekten, die diese Vorstellungen von der Quelle bis zum Ziel verbinden.

Freud hat die Intensität, das quantitative Moment des Triebes in der Metapher der Energie gefaßt und deren Quantität ursprünglich als „Affektbetrag" oder „Erregungssumme" bezeichnet. Ein Moment, „das alle Eigenschaften einer Quantität hat – wenngleich wir kein Mittel besitzen, dieselbe zu messen – etwas, das der Vergrößerung, Verminderung, der Verschiebung und der Abfuhr fähig ist und sich über die Gedächtnisspuren der Vorstellungen verbreitet" (Freud 1894a, 74). Bald hat sich aber die Bezeichnung *Besetzung* eingebürgert und ist zu einem Grundbegriff psychoanalytischen Denkens geworden. Auch die Besetzung hat Freud ursprünglich im Kontext des Energiemodellls definiert als – wie es Brenner (1968, 29) zusammenfaßt – den „Betrag an psychischer Energie, der auf den psychischen Repräsentanten einer Person oder eines Gegenstandes gerichtet oder ihm beigelegt ist. Das heißt, der Trieb und seine Energie werden als rein innerpsychische Phänomene angesehen. Die Energie kann nicht in den Raum ausströmen und äußere Objekte unmittelbar besetzen. Was besetzt wird, sind natürlich die mit dem Objekt verknüpften verschiedenen Erinnerungen, Gedanken und Phantasien, die das umfassen, was wir die geistige oder psychische Repräsentanz eines Objektes nennen. Je stärker die Besetzung ist, desto wichtiger ist, psychologisch gesprochen, das Objekt, und umgekehrt."

Die Metapher der Energie und das Modell von Erregung und Abfuhr genügen nicht, um klinische Tatsachen angemessen zu konzeptualisieren. Der Begriff der Besetzung ist objektbezogen und ersetzt frühere energetische Begriffe wie Erregungssumme, Abfuhr, Entladung. Freuds sogenannte ökonomische Betrachtungsweise, die Betrachtung der psychischen Vorgänge unter dem Gesichtspunkt des „Energiehaushaltes", wird heute zur Affektlehre erweitert, die quantitative Veränderungen, Intensitäten und qualitative Umwandlungen umfaßt. Eine Betrachtungsweise, die Freud keineswegs fernlag, hat er doch schon 1917 „Über Triebumsetzungen, insbesondere der Analerotik" geschrieben.

Im Rahmen der Repräsentanzen- und Affektlehre besagt die Besetzung etwas über die Bedeutsamkeit eines Objektes für das Selbst. So ist beispielsweise für das kleine Kind während der ersten Lebensjahre die Mutter, bzw. die primäre Bezugsperson bedeutsamer als der Vater oder gar andere Personen. Aber auch die affektive Besetzung der Mutter wandelt sich im Laufe der Entwicklung. Sie ist für das Krabbelkind eine andere, als sie es für den Säugling war. Und wenn das Kind dann den Vater als den dritten im Bunde zu einer affektiv bedeutsamen Figur gestaltet, überstürzt sich manchmal die Entwicklung der Leidenschaften, so daß das Kind in Bedrängnis gerät und nicht mehr weiß, wo ihm der Kopf steht.

Besetzung meint also nicht etwas, was zum Affekt erst hinzukommt und ihn transportiert. Erst in der Verinnerlichung und Besetzung der Repräsentanz des bedeutsamen Anderen werden intensive Gefühle erlebbar. Intensive Gefühle ohne entsprechende Objektvorstellung sind wie der Morgenstern'sche Lattenzaun „mit Latten, ohne was herum". Alle Affekte, ob es sich nun um Liebe oder Haß, Lust oder Schmerz, Freude oder Angst handelt, werden traumatisch und müssen abgewehrt werden, wenn sie eine gewisse Intensität überschreiten und nicht in einer Objektbeziehung eingebunden sind.

In den Begriffen der Repräsentanzen- und Besetzungslehre drückt die Psychoanalyse die Tatsache aus, daß das innere Bild, das sich das Subjekt vom Objekt macht, kein fotographisches Abbild ist, sondern eine innere, „phantastische" Kreation des Subjektes, geprägt von seinen Wünschen, Einstellungen und Phantasien über das Objekt. In jeder Repräsentanz verknüpfen sich Wahrnehmungen der Realität und Phantasien in individueller Weise. Winnicott (1962) drückt diesen Sachverhalt im Begriff des *subjektiven Objektes* aus. Es ist das subjektive Objekt, die subjektive Bedeutsamkeit eines Objektes, und nicht die effektiven Eigenschaften des realen Objektes, die das Verhalten des Selbst motivieren. Der Besetzungsbegriff bringt in einer ökonomischen Sprache zum Ausdruck, was die phänomenologische Psychologie mit Intentionalität und Wert umschreibt. Auch bei Freud gibt es Stellen, wo der Begriff der Besetzung weniger eine Quantität psychischer Energie meint als vielmehr qualitativ differenzierte affektive Ziele. So spricht er etwa von „Sehnsuchtsbesetzung" (1926d, 205) oder setzt gar explizit Besetzung mit Bedeutung gleich (1924b, 389).

Freud hat zwei Triebe oder Triebrichtungen unterschieden, Libido und Aggression, die sich in Affekt- und Besetzungsqualität, Ziel und Objekt grundlegend unterscheiden. Er hat die Triebtheorie auf weiten Strecken am Beispiel der Libidotheorie beschrieben. Auf die Schwierigkeit, Aggression als Trieb zu konzeptualisieren, werde ich nachher zu sprechen kommen.

B. Die Dynamik der Triebe: Libido

Sinnlichkeit als Empfindsamkeit mit Bedeutung

Freud hat zunächst im neurotischen Leiden die Bedeutung der Sinnlichkeit im Leben des Menschen erkannt. Regelmäßig spielte in der einen und anderen Weise die Sexualität in der Entstehung und spezifischen Dynamik einer Neurose eine bestimmende Rolle. Je mehr er die psychoanalytische Methode verfeinern und vertiefen konnte, desto mehr verstand er, daß die bedeutsamen Phantasien um leidenschaftliche Wünsche kreisten, die aus den frühen bedeutsamen Beziehungen verdrängt werden mußten. Die Libidotheorie ist der Versuch, seine klinischen Erfahrungen theoretisch zu interpretieren. Sie ist eine Sexualtheorie, die sich aber in drei Punkten vom üblichen Begriff der Sexualität entfernt. Erstens weitet sie den Begriff der Sexualität aus, so daß sie auch ihre infantilen Vorläufer umfaßt, lockert zweitens ihre Beziehung zur Fortpflanzungsfunktion und schließt drittens das Objekt in die Definition der Sexualität ein. Er konzeptualisiert Sexualität als zentralen Bereich des menschlichen Erlebens und der menschlichen Entwicklung.

Mit den Begriffen *Libido* und *libidinös* bezeichnet Freud das Streben nach sinnlicher Erregung und das Begehren sinnlicher Lust in einer zugehörigen Objektbeziehung. Libido ist die affektive Qualität der Sinnlichkeit, gipfelnd im sexuellen Erleben. Sie ist die dynamische Äußerung des Sexualtriebes im Seelenleben (Freud 1923a, 220).

Das unendlich weite und nuancenreiche Spektrum libidinöser Empfindungen und Gefühle gruppiert sich um drei affektive Kerne, die oralen, die analen und die genitalen Strebungen. Die libidinösen Qualitäten entfalten sich in Anlehnung an eine lebenswichtige Körperfunktion: Die Oralität an die Nahrungsaufnahme, das Stillen, die Analität und Genitalität an die Ausscheidungsfunktionen und ihre „Sozialisierung". Die Quelle jeder bedeutsamen Kategorie sinnlicher Erfahrung liegt in bestimmten, besonders sensiblen Körperzonen, den sogenannten erogenen Zonen *Mund, After* und *Genitale*. Die erogenen Zonen sind aber nicht bloß Quelle des Triebes, sondern zugleich seine Verbindung zum Objekt, sie sind „Zonen des Austauschs" (Laplanche 1974, 68). Die Psychoanalyse meint aber mit Oralität, Analität und Genitalität nicht die somatischen Abläufe, sondern das affektive Erleben und die Phantasien im Austausch von Selbst und Objekt, die sich um die entsprechenden Pflegeleistungen ranken.

Sinnlichkeit ist also nicht einfach physiologische Empfindlichkeit des Organismus, sondern psychische Empfindsamkeit, Empfindlichkeit mit Bedeutung, die ihr erst im Kontakt mit dem Objekt verliehen wird. Die sensuellen Empfindungen organisieren sich nicht naturgesetzhaft und von selbst zum Reichtum der libidinösen Gefühle. Die körperlichen Vorgänge, an die sich die libidinöse Entwicklung anlehnt, sind im höchsten Maße sozial vermittelt. Die libidinösen Affektqualitäten entwikkeln sich Hand in Hand mit der Trieb-Objekt-Beziehung.

Körper und sinnliche Lust: Die libidinösen Affektqualitäten

Oralität und primäre Objektliebe

Ausgangs- und Kernpunkt der Oralität ist das Stillen. Ein ausdruckskräftiges Wort mit vielen Beiklängen, um das uns andere Sprachen beneiden mögen. Es ist eine Metapher, die eine spezifische zwischenmenschliche Dynamik und ihre Verinnerlichung umreißt. Der Akzent liegt nicht auf dem Füttern, sondern dem Beruhigen, dem Stillen eben. Und wenn wir auch späterhin unseren Hunger und Durst stillen, so hält zumindest diese poetische Ausdrucksweise fest, daß die dringendsten Wünsche des Menschen schreien und gestillt werden wollen. Und wenn wir eine blutende Wunde stillen, wird vollends deutlich: Stillen ist lebenswichtig.

„An der Frauenbrust treffen sich Liebe und Hunger" (Freud 1900a, 211), das Kind lebt und liebt „mit dem Munde; und die Mutter lebt und liebt durch ihre Brust" (Erikson 1966, 63). Die libidinöse Entwicklung lehnt sich an Interaktionen an, die zuallererst lebenswichtige Körperbedürfnisse befriedigen. Der Säugling begehrt jedoch nicht allein Nahrung, er begehrt ebenso sehr sinnlichen Kontakt und orale Lust. Hautkontakt, Nahrungsaufnahme und orale Lust sind beim Stillen eins. Die orale Befriedigung findet im Medium eines engen und umfassenden Körperkontaktes statt, eines sinnlichen Kontaktes, wie er ähnlich eng später wohl erst wieder im Schmusen zweier verliebter Menschen da ist. Und das intensive Saugen an der Brust findet eine Entsprechung wohl erst wieder in der genitalen Vereinigung.

Dieser enge Hautkontakt ist die Wiege der Zärtlichkeit und der Vorläufer der späteren Identifizierungen und Objektbeziehungen. In dieser engen einmaligen Beziehung liegt eine primär nicht triebhafte emotionale Qualität und eine Befriedigung besonderer Art, die allerdings sehr rasch libidinös aufgeladen wird. Der Trieb als Kategorie des Erlebens ist nicht uranfänglich, er entwickelt sich. Der enge Kontakt und das sensorische Erleben dieses Kontaktes ist der äußere Ausdruck der tiefen Bindung, in der es für das Kind noch keine Unterscheidung von Selbst und Objekt gibt. Mutter und Kind bilden zusammen in ihrer Interaktions-Einheit ein System optimaler Regulation, an das bei hinlänglich guter Bemutterung beide Partner optimal angepaßt sind. Es gehört zur stillenden Aktivität der Mutter, eine Beziehung zur Verfügung zu stellen, welche die physiologischen und affektiven Spannungen reguliert. *Sie* hat darüber zu wachen, daß diese Regulierung *innerhalb* der Interaktion geschieht. Das Kind hat weder die Grenze Körper/Psyche noch Selbst/Objekt und *intra*-psychisch/*inter*psychisch errichtet. Im Schutz dieser biopsychischen Interaktion können sich Triebabläufe mit lustvollem Erleben verbinden. Und umgekehrt tragen „während des ersten Jahres. . . die Trieberlebnisse die rasch wachsende Fähigkeit des Kindes, sich zu Objekten in Beziehung zu setzen,.." (Winnicott 1984, 19).

Die vorherrschenden Zonen des Austausches sind Brustwarze und Mund. Die Modalitäten der oralen Libido und Lust sind *Geben* und *Gegeben bekommen*, später *Aufnehmen*, dann *Nehmen*. Im psychoanalytischen Jargon sprechen wir von Einverleiben oder Inkorporation. Das Kind in der zweiten Hälfte des ersten Lebensjahres nimmt alles in den Mund, es erkundet die Welt mit dem Mund. Wie jemand geben und nehmen, schenken und sich beschenken lassen kann – und der Spielarten sind Legion –, spiegelt das Schicksal der Oralität im Lebenszyklus.

Die spezifisch orale Aktivität ist das Saugen. Saugen ist anfänglich ein Reflex. Erst durch die Verbindung des angeborenen Reflexes mit Erfahrung wird aus der Tätigkeit des Organismus psychische Aktivität, bedeutungsvolles, intentionales Handeln, beginnen sich Es und Ich zu differenzieren, das ursprüngliche Körper-Ich sich in ein psychisches Ich zu wandeln. Die oralen Erlebnisqualitäten entfalten sich auf dem Weg vom reflexiven Saugen zum Lutschen, zum *Wonnesaugen*, wie Freud (1905d, 80) sagt. Irgendwann entdeckt das Kind, daß es sich Lust verschaffen kann, wenn es am eigenen Daumen saugt. Die spezifisch menschliche Möglichkeit, den eigenen Körper als Objekt der Libido zu gebrauchen, nennen wir autoerotisch. Und weil die Selbstbefriedigung im wahrsten Sinne des Wortes in den frühen Entwicklungsphasen für das Erleben des Körpers und den Aufbau eines inneren Bildes des eigenen lustvollen Körpers eine hervorragende Rolle spielt, hat Freud die infantile psychosexuelle Entwicklung als autoerotisch bezeichnet. Zu glauben, daß die orale, anale und frühgenitale Libido keines Objektes bedürfe, wäre ein grobes Mißverständnis dieses Konzeptes.

Die sinnliche Affektqualität oralen Erlebens ist das Schmecken. Zunächst ist gut, was uns schmeckt, was uns mundet. Und was uns schmeckt, ist – unabhängig von den unzähligen Geschmacksqualitäten und -nuancen – fein, köstlich, vorzüglich, bekömmlich, hervorragend, wie einstmals Brust und Daumen. Oder eben „grausig", ekelhaft, abscheulich, unbekömmlich, giftig. Auch was wir in einem erweiterten Sinne unter Geschmack verstehen, ist in der oralen Gefühlsqualität verwurzelt. Wer einen guten Geschmack hat, weiß, was ihm steht, was zu ihm paßt, und was nicht. Die Fähigkeit zu unterscheiden, zu differenzieren reicht tief ins orale Erleben zurück.

Welch bedeutende Rolle orale Stimulierung und Lust auch im Leben des Erwachsenen spielen, ist leicht sichtbar. Wenn wir Wert auf abwechslungsreiches und gutes Essen legen, wenn wir einen guten Tropfen genießen, stillen wir nicht bloß physischen Hunger und Durst. Dafür würde weniger wohlschmeckende Nahrung auch genügen. Nein, wir befriedigen damit auch orale Wünsche. Die Oralität ist in unserer Gesellschaft die einzige Triebbefriedigung im engeren Sinn, die öffentlich geschieht. Gesellschaft steigert sogar den oralen Genuß. Der westlichen Welt ist es sehr gut, vielleicht zu gut gelungen, die orale Triebkomponente in einer verfeinerten Eßkultur zu zivilisieren, allerdings unter Ausschluß des aggressiven Momentes.

Aber auch im Liebesleben des Erwachsenen spielt die orale Komponente eine bedeutende und bereichernde Rolle. Küssen und Schmusen sind ein Austausch sexueller Zärtlichkeiten, der sogar in unserer Gesellschaft öffentlich ausgeübt werden darf. Küssen, schlecken und beißen steigern aber auch die Erregung im intimen Liebesspiel, und Cunnilingus und Fellatio, der Geschlechtsverkehr von Mund zu Genitale, sind von vielen praktizierte und hochgeschätzte Arten voller sexueller Befriedigung.

Natürlich sind das nur Andeutungen. Andeutungen, wie sich um den Kern der ersten Liebe über Brust und Mund ein ganzes Universum von Empfindungen, Gefühlen und archaischen Phantasien rankt. Die orale Liebe knüpft an die totale Versorgung und das stetige Daseinsgefühl der intrauterinen Existenzweise an. Die intrauterine Existenz setzt sich in die Oralität hinein fort und scheitert an ihr. Die Oralität ist der Übergang von der wunschlosen „paradiesischen Existenz" zur Existenz in der Welt der Triebe und Objekte. Diese Schnittstelle ist der Bereich der Irrealität und Illusion, die Sehnsucht schafft. Nicht, wie oft gesagt wird, Sehnsucht nach der Rückkehr in den Mutterleib, sondern Sehnsucht nach der Zukunft. Zwischen Urvertrauen und Urmißtrauen, totaler Versagung und totaler Befriedigung, Begehren und Gier, Optimismus und Pessimismus, Zufriedenheit und Neid, Hochgefühl und Verzweiflung bahnt sich das werdende Individuum seinen Weg und beginnt die innere Welt sich zu entfalten.

Analität und Willkür

Die Analität versetzt das Kind in eine ganz andere Welt, in die Welt der Forderungen, des Fortschritts, der Kontrolle, der Technik, der Manufaktur und Industrie, kurz: in die Welt des Machens.

Das erste, was der Mensch in seinem Leben „macht", machen muß, sein erstes „Geschäft", die erste Notdurft, ist die Ausscheidung des nicht Verdauten, nicht Verdaubaren, der Überreste, des Abfalls. Um die Analität zu verstehen, tun wir gut daran, die negative Bewertung, die Abfall und Analität in unserer Zivilisation erfahren, zu suspendieren. Jeder weiß, daß das Kleinkind seinen Kot hoch schätzt. „Abfall" ist doch sehr relativ. Nicht bloß Kinder wühlen gern in den Dingen, die andere Leute auf den Müll werfen. Was dem einen Abfall ist, mag – vielleicht schon einige Jahrzehnte später – dem anderen zum begehrten Sammelobjekt werden. Die Abwehr der Analität und ihre negative Bewertung ist eine späte Errungenschaft westlicher Zivilisation. Geblieben ist eine höchst zwiespältige Einstellung allem Analen gegenüber. Faszination steht neben Ekel.

Die Reifung der Muskulatur, das Abstillen und der Übergang zu fester Nahrung ermöglichen erst das neuartige anale Erleben. Das Kind gewinnt Kontrolle über seine Sphinkteren. Es muß feste Nahrung zu festem Kot verdauen, der nicht mehr unwillkürlich ausgeschieden wird. Das Kleinkind wird auf neue Weise seines Körperinneren gewahr, nicht durch das, was es verdaut und resorbiert, sondern eben durch das Material, das es nicht verdauen kann und wieder ausscheidet, „abtritt". Es kann den Kot nach Lust und Laune zurückhalten und loslassen – und es wird das auch tun.

Damit wird der Enddarm und vor allem der After mit seiner sensiblen Schleimhaut zur leitenden erogenen Zone. *Festhalten* und *Loslassen* sind die zwei einander entgegengesetzten Modi der analen Phase und des analen Erlebens überhaupt. Sowohl das Zurückhalten wie dann das willkürlich gesteuerte Loslassen werden auf je unterschiedliche Weise als lustvoll empfunden. Daß beides *willkürlich gesteuert* und *aktiv gemacht* werden kann, gibt der analen Sinnlichkeit ihr eigentümliches Gepräge. Mit anderen Worten, zur analen Lust gehört ein Gefühl der Meisterung, der Autonomie, die sich in Trotz manifestiert. Mißlingen weckt Wut und Scham, statt Stolz entwickeln sich nagende Selbstzweifel. Damit ist der Zusammenhang von Trieb- und Ichentwicklung in der analen Phase nur knapp angedeutet. Das anale Stadium wird „entscheidend für das Verhältnis von Liebe und Haß, Bereitwilligkeit und Trotz, freier Selbstäußerung und Gedrücktheit. Aus einer Empfindung der *Selbstbeherrschung ohne Verlust des Selbstgefühls* entsteht ein dauerndes Gefühl von Autonomie und Stolz; aus den Empfindungen muskulären und analen Unvermogens, aus dem Verlust der Selbstkontrolle und dem übermäßigen Eingreifen der Eltern entsteht ein dauerndes Gefühl von Zweifel und Scham" (Erikson 1966a, 78, im Orig. ausgez.).

Die sinnliche Affektqualität der Analität ist das Riechen. Der Geruchssinn beginnt sich in der analen Phase zu differenzieren. Riechen und Schmecken gehören im Bereich des Essens eng zusammen, verbinden Oralität und Analität. Im Bereich der

Nahrung werden denn auch Geruchs- und Geschmacksqualitäten mit denselben Adjektiven bezeichnet. Was gut schmeckt, riecht in der Regel auch gut. Aber nicht durchwegs. Guter Käse stinkt.

Die Nahrung ist aber nur die eine Quelle des Geruchs. Die andere ist der Körper und damit verbunden die Körperpflege. Die Körperpflege beginnt mit der sogenannten Reinlichkeitserziehung. Die Körperpflege erschöpft sich aber nicht in der Hygiene. Dazu würde Kernseife genügen, und die Kosmetikindustrie hätte das Nachsehen. Nein, riechen – aktiv – und gut riechen – passiv – sind wesentliche libidinöse Qualitäten. Die Liebe der Männer geht nicht bloß durch den Magen. Die Nase spielt wohl noch die größere Rolle. Und nicht allein bei den Männern. Dabei riecht in der Regel gut, was frisch ist. Aber wiederum nicht ausschließlich. Moschus riecht nicht frisch!

Wie weit die Kultivierung des Geruchssinnes an den ursprünglichen analen Körpergeruch anknüpft, und wie weit sie Reaktion darauf ist, mag offen bleiben. Jedenfalls spielt der Geruch bereits für die Bindung des Kindes an die Mutter eine nicht geringe Rolle. Der Körpergeruch bewahrt seine Bedeutung im gesellschaftlichen und intimen Kontakt, bis die Geruchsempfindung abstumpft. „Ich kann ihn nicht riechen“ hat sich als Ausdruck der Antipathie und Verachtung bis heute erhalten. Und das Schnuppern an der Haut des andern, ja das tiefe Einatmen seines Geruchs trägt wesentlich zur sexuellen Erregung bei und ist wesentlicher Bestandteil des sexuellen Vorspiels.

Die Analität erschöpft sich aber nicht im endlichen Loslassen oder Ausstoßen dessen, was festgehalten wurde, und der die beiden Modalitäten begleitenden Lust. Was letztlich ausgestoßen wird, ist Material, ist ein Produkt, und ist Teil des eigenen Körpers, ein eigener Besitz, den man dem Kind sofort nimmt und achtlos in die Klosettschüssel spühlt, stinkender Abfall eben . . . Das ist die Wertung des zivilisierten Erwachsenen. Das „unzivilisierte“ Kind setzt seine Wertungen anders. Es wird mit Kot spielen, wenn man es bloß läßt. Die Wonne, die es dabei genießt, ist ihm am Gesicht abzulesen. Den hinlänglich guten Eltern ist die anale Lust ihres Kindes, die Lust zum „Dreckeln“, Kneten, Schmieren durchaus noch zugänglich, bieten sie ihm doch Sand, Plastilin, Fingerfarben und ähnliche Materialien an. Aus diesem Ersatz formt der Mensch wieder Ursprüngliches und Originales. Wenn der Mensch anale Impulse in „sublimierter“ Form gestaltet und befriedigt, wird er kreativ. Kreativität wurzelt in der schöpferischen Umformung von an sich wertlosem Material in ein wertvolles Produkt. Die anale Komponente der libidinösen Zuwendung zum Material ist gerade in den bildenden Künsten, im Malen, Töpfern, Bildhauern usw. nicht zu übersehen. Jede Bearbeitung eines vorab weichen, formbaren Materials bedarf der analen Komponente und bringt anale Befriedigung. Jedes Kind ist in der analen Phase ein potentieller Künstler. Schöpfertum, Kreativität, Kunst, Genialität haben ihre tiefsten Wurzeln in der Analität und ihrer Verarbeitung.

Es ist nicht zuletzt die Art und Weise des Umgangs mit der Analität, die einer Kultur oder einer Gesellschaft, einer Ethnie ihren Stempel aufdrückt. Unsere Zivilisation hat gegen die direkten analen Äußerungen eine strikte Ekelschranke und Schambarriere errichtet, welche die ungeheure Bedeutung der analen Libido und der analen Affektqualitäten im Leben des einzelnen verdecken. Entsprechend spielt direkte Analerotik im Liebesleben der Erwachsenen ein geringe Rolle. Die Aufforderung, „leck mich am Arsch“ ist im Lauf der Zeit aus der Zärtlichkeit, die sie einmal war, zu einem Ausdruck der Verachtung, Entwertung, Zurückweisung und des Abscheus geworden. Und umgekehrt drücken wir Abscheu und Verachtung mit Vorliebe in analen Ausdrücken aus. Wiederum gilt das nicht ohne Einschränkung. Für viele männliche Homosexuelle ist der anale Geschlechtsverkehr die bevorzugte Art sexueller Erregung und Befriedigung. Das sollte uns daran mahnen, daß in der Analität eine wichtige Quelle und Möglichkeit erotischen Erlebens liegt, für den Mann wohl in ganz besonderer Weise.

Aber das Verdrängte bleibt lebendig und bricht sich immer wieder Bahn. Im Fall der Analität in einer eigenartigen Zwiespältigkeit. Anale Äußerungen sind verpönt, werden aber in gewissen Situationen als witzig empfunden und entsprechend mit Kichern, Grinsen oder guten Wünschen quittiert: „Als Jack seine vierschrötige Gestalt zum Küchentrakt verfrachtete, drehte er auf einem Bein eine kleine Pirouette und furzte recht vernehmlich. ‚Der Wind, der Wind, das himmlische Kind‘, murmelte er fast nur für sich hörbar, aber eben doch nur fast . . . . . . es waren nicht etwa die verkniffenen Äußerungen eines alternden Schließmuskels; es waren derbe, ausgearbeitete Fürze aus der Lebensmitte. Irgendwie . . . hatte Jack es zu einem annehmbaren Manierismus gestaltet“ (Barnes 1988, 55f). Solche Beispiele ließen sich beliebig anhäufen.

Aber auch in den typisch analen Reaktions- und Charakterbildungen sind Abwehr wie Befriedigung analer Impulse unverkennbar. Ordentlichkeit, Sparsamkeit und Eigensinn sind in einer hoch technisierten Industrie- und Leistungsgesellschaft hoch geschätzte Charakterzüge, die ihre Wurzeln ganz deutlich in analen Impulsen und ihrer Abwehr haben. Freud (1917c) hat diese drei Eigenschaften kurzerhand als *anale Trias* zusammengefaßt. Ihre pervertierte Übertreibung findet sich in Pedanterie, Geiz und Starrsinn als den typischen Merkmalen des gut bekannten analen Zwangscharakters.

Die frühe Genitalität und die Sensation

Wir sind bei Bekannten zu Besuch. Der sechsjährige Mario zieht mich in körperliche Spiele hinein. Er kneift mich, will, daß ich ihn festhalte und er sich mir entwinden kann. Dann beginnt er mich zu demontieren. Er reißt mir – bildlich und verbal – alle Haare aus, dann die Augen. Darauf schneidet er mir die Ohren und zuletzt die Nase ab. Er quietscht vor Vergnügen, wenn ich schmerzerfüllt aufbrülle und die ausgerissenen Gesichtsteile wieder haben will. – „So, und nun schneide ich Dir Dein Pfeifchen ab“, kündet er an, etwas zögernder als bei den vorangegangenen Verstümmelungen des Gesichts. „Das was?!“ frage ich verständnislos-erschreckt. Lauernd und etwas ängstlich, will mir scheinen, wiederholt er: „Dein Pfeifchen . . .“ – „Nein, das kommt überhaupt nicht in Frage, das bekommst Du nicht“, antworte ich entschieden und setze mich handgreiflich zur Wehr. Der Kampf geht weiter, nimmt aber eine ganz andere Qualität an. Es geht nicht mehr um etwas, das er mir rauben will, vielmehr um unsere Kräfte, die wir handgreiflich, im engen Körperkontakt und lustvoll aneinander messen. Mario muß *mich* nicht, ich muß *ihn* nicht „kastrieren".

Diese alltägliche Szene ist typisch für Erleben, Phantasien und Affekte der frühgenitalen oder phallischen Phase. So deutlich ihre triebhafte, phallische Atmosphäre spürbar ist, so deutlich macht das Beispiel auch, daß selbstverständlich Affekte nie allein triebbestimmt sind. Ihre Modulation, die Art und Weise, wie sie in der sozialen Situation gestaltet und ausgedrückt werden, ist von der Entwicklung, von den Möglichkeiten des Ich abhängig. Und diese sind beim frühgenitalen Kind bereits wesentlich andere als beim Kind in der oralen und analen Phase.

Die Fähigkeit Marios, sich frei, kraftvoll und zielsicher zu *bewegen*, sein weit entwickeltes *Sprachvermögen* und seine erweiterte *Phantasie- und Vorstellungswelt* ermöglichen es ihm, einen ganzen Komplex verschlungener und verwirrender unbewußter, vorbewußter und bewußter Phantasien mit den zugehörigen erregenden und beängstigenden Affekten in einem kommunikativen Spiel sprachlich und szenisch auszudrücken. Natürlich sagt uns die kleine Begebenheit direkt nichts über die konkreten individuellen Phantasien Marios. Aber aufgrund der Generalisierung vieler klinischer Erfahrungen können wir aus ihr einiges erraten oder erschließen. Wie anders verfiele Mario auf ein solches Spiel, wenn er nicht mit Phantasien beschäftigt wäre, die um einen möglichen Verlust seines hochgeschätzten Pfeifchens kreisen würden, das ihm soviel Lust verspricht. Schließlich – auch seine *Wahrnehmung der Realität* ist bereits hoch entwickelt – gibt es ja Menschen, die kein Pfeifchen haben. Seine Mutter und seine Schwester gehören zu dieser Sorte Menschen, die man Frauen nennt. Zwar scheinen sie auch ohne Pfeifchen ganz vergnügt . . . Aber trotzdem . . . Er wird wohl auch den Neid der kleineren Schwester auf sein Pfeifchen bereits erfahren haben. Also etwas scheint es damit schon auf sich zu haben.

Drei große Themen bestimmen die Phantasien und Gefühle der frühen Genitalität: Der Geschlechtsunterschied, der Geschlechtsverkehr der Eltern, die sogenannte Urszene bzw. die Phantasien darüber, und die Herkunft der Kinder. In dieser Auseinandersetzung mögen es die Knaben mit ihrem sichtbaren, erektionsfähigen und greifbaren Organ genitaler Lust in der Tat leichter haben als die Mädchen. Der Phallus und die Lust des Eindringens ist faßbarer als die Vulva und die Lust des Umschließens.

Aus dem Sichtbaren, Vorherrschenden des Phallischen in dieser Phase hat Freud (1923e) sein Konzept des „phallischen Monismus" abgeleitet. Er meint, daß die Kinder dieser Phase noch kein Wissen von der Vagina hätten, für Knaben und Mädchen nur ein Sexualorgan, der Penis, existiere, und sie die Klitoris des Mädchens für einen noch nicht entwickelten oder verkümmerten Penis hielten.

Tatsächlich nehmen die Kinder den Geschlechtsunterschied schon viel früher wahr. Was sie mit dieser frühen Wahrnehmung *machen*, gibt der frühgenitalen Phase ihr Gepräge. Die Kinder verleihen dem Phallus den Primat. Es ist eine der Hauptaufgaben der frühen Genitalität, den Geschlechtsunterschied nicht bloß zu erkennen, sondern anzuerkennen. Anerkennen heißt nicht, sich mit der „Kastration des Weibes" abfinden, sondern anerkennen, daß jedes Geschlecht sein eigenes

Genitale hat. Nur wenn er das anerkennt, kann dem einzelnen sein Geschlecht, seine Ausstattung mit primären und sekundären Geschlechtsmerkmalen selbstverständlich, Quelle der Lust und Bestandteil des Selbstwertgefühls werden. Vom Phallusprimat zum Genitalprimat zu gelangen, ist eine Aufgabe, die sich von der frühgenitalen Phase über die Latenz bis zur Adoleszenz hinzieht. Daß das eine Aufgabe mit vielen Fallstricken ist, wissen wir. In allem psychischen Leiden begegnen uns auch mehr oder weniger ausgeprägte Störungen der Sexualität und der Geschlechtsidentität. Freud hat die Unsicherheiten, Nöte, Ängste und Zweifel, mit denen das Kind bei der Bewältigung dieser Aufgabe zu kämpfen hat, in den Konzepten der Kastrationsangst und des Penisneides zu fassen versucht.

Die beiden genitalen Modalitäten sind *Eindringen* und *Ein- oder Umschließen*. Mit der frühen genitalen Erregung sind Gefühle verbunden, „die das Kind sich nicht zu deuten weiß, dunkle Impulse zu gewaltsamem Tun, zum Eindringen, Zerschlagen, irgendwo ein Loch aufreißen" (Freud 1908c, 180). Ebenso, wenn auch wesensmäßig verborgener, wird das frühgenitale Empfinden und Erleben von den komplementären Impulsen geleitet, etwas zu umschließen, zu bergen, zu verbergen, in sich zu bergen. Knaben und Mädchen stopfen sich die Taschen voll, oft mit Dingen, die sie gar nicht brauchen können, die aber trotzdem außerordentlich kostbar scheinen. Genauso wie vom Penis mit seinen Möglichkeiten sind die Kinder auch von der Vagina mit ihren Möglichkeiten fasziniert. Läßt man die natürliche Sexualforschung und Sexualbetätigung dieser Phase zu, werden Buben und Mädchen Penis und Vagina aufmerksam und mit Hingabe untersuchen. Und genauso, wie die Kinder von länglichen Gegenständen, die den Phallus repräsentieren, fasziniert sind, werden sie von Löchern, die die Vulva repräsentieren, angezogen und grübeln mit Wonne darin herum. Das mag zum Teil noch eine anale Komponente beinhalten, stößt aber eindeutig in neue Phantasie- und Gefühlswelten vor.

Nochmals Mario: Er malte mit Filzstiften kräftig auf einen großen Bogen starken Papiers. Wegen der Unebenheit der Unterlage drückte er unversehens das Papier durch, der Filzstift blieb im entstandenen Loch stecken. Verblüfft blickte er auf den senkrecht stehenden Stift. Nun war nicht mehr das Malen interessant. Er machte Loch um Loch, betrachtet sich die Sache von hinten, fuhr mit dem Stift in den Löchern auf und ab, erweiterte die Löcher und betastete sie mit dem Finger. Stift und Loch waren ganz offensichtlich gleichermaßen faszinierend und interessant.

In den eindeutig sexuellen Manifestationen dieses Alters verarbeiten die Kinder unbewußte und vorbewußte Phantasien, die, wenn wir sie in der Sprache der Erwachsenen zu fassen versuchen, mit Geschlechtsverkehr und Kinderkriegen zu tun haben. Auch wenn das Kind altersgemäß aufgeklärt ist, wird es noch lange keine realistische Vorstellung von Sexualverkehr, Zeugung, Schwangerschaft und Geburt haben. Es schafft sich seine eigenen phantastischen Bilder, die sich alle um einen Kern kristallisieren, um seine Phantasien über den elterlichen Geschlechtsverkehr nämlich. Freud bezeichnet den elterlichen Geschlechtsverkehr als Urszene. Die Phantasien, die um die Urszene kreisen, gehören zu den Urphantasien. Es sind vor allem Phantasien von Verführung und Kastration (1915f, 242). Davon später mehr. Nicht aufgrund der Wahrnehmung der Realität, sondern aufgrund dieser archaischen unbewußten Phantasien baut sich das Kind seine „infantilen Sexualtheorien" auf (Freud 1908c) und hält langezeit, sogar wider besseres Wissen, an ihnen fest. Erst wenn es sicher ist, die in diesen frühen Phantasien enthaltenen Wünsche in einer künftigen Realität befriedigen zu können, und sich die mit diesen Wünschen verbundenen Ängste als unbegründet erwiesen haben, ist es in der Lage, Realität und Phantasie zu integrieren. Mit seinen Phantasien verbinden sich Neugier und Forscherdrang, die sich hauptsächlich an der Frage entzünden, woher die kleinen Kinder kommen.

Es kann kaum mehr übersehen werden: Die spezifischen Affektqualitäten dieser Phase sind die vom Genitale ausgehenden und in den ganzen Körper ausstrahlenden sinnlichen, sensuellen, sexuellen Empfindungen und Gefühle, das, was der allgemeine Sprachgebrauch schon immer als Sinnlichkeit bezeichnet hat. Die archaischen prägenitalen Phantasien sind nicht erloschen. Sie steuern dem Neuen und Unbekannten das Geheimnisvolle bei, das wesensmäßig allem Eindringen in Neues und Unbekanntes anhaftet. Ohne die Integration des Phallus und der Vulva gäbe es keine Liebe, kein Zusammenkommen, kein Abenteuer, keine Utopie. Es gäbe keine neuen lebendigen Phantasien, die auch realisiert werden können, es gäbe nur die Urphantasien und deren Abkömmlinge und den andauernden Kampf mit ihnen. Und das bedeutete psychischen Notstand.

Die spezifische Affektqualität der frühgenitalen Phase ist die *Sensation*. In dieser Phase ist alles Neue erregend, sensationell. Damit ist allerdings – und das ist spezifisch menschlich – die Entwicklung noch nicht zu Ende. Von der Sensation bis zur genitalen Erotik ist noch ein weiter Weg. Zeitlich dauert er weit mehr als ein Jahrzehnt! Eine Kleinigkeit kann es also nicht sein. Und in der Tat, wenn der Phallusprimat nicht zum Genitalprimat fortschreitet, führt der phallische Mensch ein unruhiges Leben. Dann gibt es nur Abenteuer um des Abenteuers willen. Es gibt nur Utopie und keine Erfüllung, nur Triebdrang und keine Triebziel, nur – wie in Martin Walsers „Einhorn" – Erektion und keinen Orgasmus, keine Entspannung mit dem begleitenden Wohlbefinden.

Werfen wir nochmals einen Blick zurück. Was unterscheidet die frühgenitale von der analen und oralen Erotik? Der genitale Triebablauf lehnt sich nicht mehr zwangsläufig an die Befriedigung eines wichtigen Körperbedürfnisses an. Zwar beginnt die genitale Sexualität mit der Urethralerotik. Doch bereits kündigt sich die Eigenständigkeit des Genitalen an. Im Gegensatz zur Defäkation, die echte anale Befriedigung bringt, führt das Urinieren nicht zu echter genitaler Befriedigung. Die urethrale Sexualbetätigung dient denn auch mehr der Erregungssteigerung als ihrer Befriedigung. Allerdings ist die Körperpflege auch eine wichtige Quelle genitaler Empfindungen. Sie entstehen aber auch – und das ist neu – spontan. Es hat etwas Witziges an sich, wenn wir einen kleinen Jungen erstaunt, fasziniert und verwirrt auf seinen erigierten Penis starren sehen.

Genitale Erregung entsteht ganz wesentlich durch Onanie. Die Selbstbefriedigung in der Onanie ist gleichzeitig die einzige Möglichkeit direkter und voller frühgenitaler Befriedigung. Ob oder wie weit das Kind in diesem Alter bereits orgasmusfähig ist, mag dahingestellt bleiben. Die dem frühgenitalen Erleben wesensmäßig zugehörende Befriedigung ist sicher nicht der Orgasmus im Sinne des Erwachsenen. Die frühe Genitalität ist ein Partialtrieb, dessen Ziel, die Befriedigung am Objekt, suspendiert bleibt, bleiben muß. Nicht große Ausschläge von Spannung und Entspannung, von Drang und Befriedigung kennzeichnet den frühgenitalen Triebablauf. Das wird später in der genitalen Sexualität der Fall sein. Charakteristisch für den Erregungsablauf des frühgenitalen Erlebens ist ein generell hohes Erregungs- und Spannungsniveau, wie groß auch die individuellen zyklischen Schwankungen sein mögen. Spätestens hier wird deutlich, daß sich eine hinlänglich gute frühe Genitalität erst auf einer hinlänglich gut integrierten Analität entfalten kann. Das Gefühl von Autonomie und die Gewissheit, die Kontrolle über den eigenen Körper zu haben, ermöglichen es dem Kind, ohne allzugroße Angst, sich diesen neuen, nicht leicht kontrollierbaren Gefühlen zu überlassen und auf dem generell hohen Erregungsniveau sich den neuen Möglichkeiten einer neuen erregenden Welt zu öffnen.

In der frühgenitalen Phase gilt es, in eine ganze neue Welt einzudringen und sie in sich aufzunehmen. Und tatsächlich, die Eltern können ein Lied davon singen. Das Kind dringt überall ein, nicht zuletzt ins Schlafzimmer der Eltern, natürlich. Es kriecht in alle Löcher, versteckt sich unter dem Bett. Es klettert auf Bäume, vollbringt wendig, agil und geschickt die waghalsigsten Kunststücke, die dem unfreiwilligen Zuschauer bisweilen kalte Schauer den Rücken hinunter jagen. Es will wissen, wie die Dinge innen aussehen, fragt einem Löcher in den Bauch. Es entwickelt Neugier, Wissensdurst und Ehrgeiz. Und es spielt! Nicht zuletzt im Spiel geht es immer wieder eindringlich und energisch über seine Grenzen hinaus, probiert neue Rollen aus und bricht zu neuen Ufern auf.

Die frühgenitale Erregung – diese finale Betrachtungsweise sei mir für einmal erlaubt – ist (noch) nicht dazu bestimmt, ihr Ziel, die Befriedigung am Objekt und die Aufhebung der Triebspannung an der Quelle zu erreichen. Die Erregung wird vielmehr „abgeführt“, indem sie auf alles verteilt wird, was dem Kind bedeutsam ist. Nur so kann alles Neue zur Sensation werden. Die frühgenitale Erregung dient der Erotisierung des eigenen Körpers, der Welt des Kindes und – last but not least – seiner Beziehung zu den Eltern.

Die autoerotische, auf den eigenen Körper bezogene phallische Komponente der frühen Genitalität spielt auch in der Erotik des Erwachsenen eine große Rolle. Der ganze Körper, vor allem die Körperoberfläche, die Haut, wird erotisch aufgeladen. Das Mädchen macht von dieser Möglichkeit wohl ausgedehnter Gebrauch als der Junge. Während der Junge mehr mit seiner Größe, Kraft und Angriffigkeit protzt, beginnt das Mädchen, sich schön und anziehend zu machen. Bewußt gestaltet es seinen Körper mit Kleidern und Schmuck. Es gewinnt dadurch eine größere Wandlungsfähigkeit seines Aussehens.

Mit der Sexualisierung des Körpers gewinnen auch die Augen die Qualität einer erogenen Zone. Sehen, nicht passiv, sondern aktiv-eindringend hinschauen, und gesehen werden, aktiv sich zeigen, sind wichtige und dauerhafte Errungenschaften der frühgenitalen Erotik. Sehen und sich zeigen spielen im Sexualleben des Erwachsenen zur Steigerung der Erregung und im Vorspiel ein große Rolle. Von den exhibitionistischen und voyeuristischen Partialtrieben lebt die ganze Sexkultur der

Nacht- und Striplokale, der Peepshows und Pornofilme. Der „phallisch-narzißtische Exhibitionsimus" spielt in sublimierter Form überall eine Rolle, wo es gilt, vor anderen aufzutreten, sei dies als Lehrer, als Redner, als Politiker, als Schauspieler oder Modell.

Die libidinöse Besetzung des eigenen Körpers – seines Aussehens, seiner Wendigkeit und Geschicklichkeit – ist aber erst die eine, die narzißtische, selbstbezogene Komponente der frühen Genitalität. Sie repräsentiert die Hochschätzung des eigenen Selbst als Akteur und Instrument des Eindringens wie des sich Öffnens und Aufnehmens. Aber Genitalität verlangt immer nach Objekten. Eindringen und Aufnehmen sind komplementär, auf Gegenseitigkeit hin angelegt. Gegenseitigkeit prägt die reifen Objektbeziehungen. Das mag sich zumindest zaghaft in der Fähigkeit ankünden, sich erstmals mit Gleichaltrigen zusammenzutun. Im gemeinsamen Spiel, wenn mehrere Kinder beiderlei Geschlechts dabei sind, dominiert meistens das phallische Moment, dominieren Angriff, Kampf, Rivalität, Eroberungslust und Wettstreit. Daß es dabei nicht auf Dauer friedlich und gesittet zu und her gehen kann, liegt in der Natur der Sache. Die echte Gegenseitigkeit in der Genitalität erreicht der Mensch erst in der Spätadoleszenz, an der Schwelle zum Erwachsensein – wenn überhaupt.

Die Errungenschaft der frühen Genitalität ist ein „Gefühl *ungebrochener Initiative* als Grundlage eines hochgespannten und doch realistischen Strebens nach Leistung und Unabhängigkeit" (Erikson 1966, 87f, im Orig. ausgez.).

Aber die primären Objekte der Welt des frühgenitalen Kindes bleiben die Eltern! Die exzessive Sexualisierung der Welt betrifft zuallererst die Beziehung zu den Eltern. Der Höhepunkt der frühkindlichen Entwicklung der Libido ist die *ödipale Situation*. Oft werden „phallisch" und „ödipal" synonym gebraucht. Die beiden Begriffe bezeichnen aber zwei verschiedene Sichtweisen auf ein und dieselbe Sache. Frühgenital und phallisch meinen eine Phase der Triebentwicklung und den damit verbundenen Erlebnis- und Gefühlsbereich. Ödipal meint viel umfassender eine Stufe und Konstellation im Aufbau der Objektbeziehungen und ihrer Verinnerlichung. Wir werden uns im dritten Teil ausführlich mit der ödipalen Situation befassen.

Leidenschaft und Liebe oder das Verhältnis von Triebbefriedigung und Objektbesetzung

Das Gemeinsame der libidinösen Affekte läßt sich am besten begreifen, wenn wir von ihrem Ursprung in der Dyade und ihrem Höhepunkt in der genitalen Vereinigung ausgehen. Daß die Mutter-Kind-Einheit die Wiege der Sinnlichkeit und der libidinösen Affekte ist, besagt noch wenig. Für welchen Aspekt des psychischen Lebens würde das nicht gelten. Wir müssen ihren spezifischen Ort in der Dyade bestimmen, das Triebgeschehen von der Regulation unterscheiden. Wenn wir Libido als eine Gruppe von Affekten begreifen, die Lust am anderen bedeuten, dann ist Libido nicht uranfänglich, wie Freud so oft sagte. Wir wissen es mittlerweile: Der Trieb, der Wunsch, die libidinösen Affekte entfalten sich in Anlehnung an die Selbsterhaltung, an die Regulation und Befriedigung der lebenswichtigen Körperbedürfnisse. Die Sicherung und Regulation des physischen und psychischen Lebens des Kindes liegt in der primär biologischen Funktion, die Winnicott (1956) „primäre Mütterlichkeit" genannt hat.

Primäre Mütterlichkeit ist die Bereitschaft und Fähigkeit der Mutter, „Interesse von ihrem eigenen Selbst abzuziehen und es dem Baby zuzuwenden" (Winnicott 1984, 27). Das schafft eine vielfältige affektive Verbindung und ermöglicht eine affektive Kommunikation, die die Grundlage des menschlichen Affektlebens ist. Bereits Freud (1921c, 155ff u. 1933a, 69f) hat diese ursprüngliche Gefühlsbindung als *Identifizierung* beschrieben. Identifizierung bedeutet, sich teilweise oder ganz eins fühlen mit einer anderen Person. Sie ist etwas anderes als eine Objektwahl und geht jeder Objektbeziehung voraus. Die Psychoanalyse bezeichnet daher diese früheste identifikatorische Gefühlsbindung als *primäre Identifizierung*. Identifikation ist die psychische Nabelschnur der ersten Lebensmonate und die Grundlage von Gefühlen der Sicherheit, des Wohlbefindens und Behagens, aber auch von Überschwang und Glück. Und wir sollten diese Gefühle nicht mit den libidinösen Affekten verwechseln oder gleichsetzen. Sie sind von ganz anderer Qualität.

Der Zustand verläßlicher Identifikation und Regulation ist der Boden, auf dem das Kind körperliche Spannung und Erregung als Triebwunsch psychisch organisieren und im Raum der Beziehung als lustvolle Stimulierung, d. h. libidinös erleben kann. Erregung organisiert sich zum Trieb, wenn zur ruhigen, stillenden, haltenden Beziehung durch Identifikation die erregte Beziehung als etwas ganz Anderes und Neues hinzutritt, wenn die Mutter der Erregung des Kindes mit ihrer eigenen regulierten und regulierenden Triebhaftigkeit entgegenkommt, sie aufnimmt, ihr Raum gibt und Möglichkeiten der Besetzung und „Abfuhr" in der Beziehung verschafft. Die libidinösen Affekte sind der Ausdruck der erregten und erregenden sinnlichen Zuwendung.

Die höchste und intimste Form der Zuwendung mit der stärksten Erregung und Lust ist die genitale, orgastische Sexualität. Sie ist Prototyp und Höhepunkt des triebbestimmten Bezugs des Selbst zur äußeren Realität, zum Objekt, das – so Freud – ursprünglich nicht mit dem Trieb verknüpft ist. So gewinnt das Objekt in der triebbestimmten menschlichen Existenz eine ganz andere Bedeutung im Erleben, als es in einer instinktbestimmten Existenz der Fall wäre. Und es gewinnt eine ganz andere und neue Bedeutung als es sie in der primären Identifikation bereits hat. Die Mutter als die „Zweite", die „bedeutsame Andere", wird zum oralen, analen und genitalen Triebobjekt, das vom Selbst auch psychisch getrennt ist.

Aber die Bedeutung des Objekts erschöpft sich nicht in der momentanen Triebbefriedigung. Die flüchtige Triebbeziehung wird zur dauerhaften Objektbeziehung, das Triebobjekt zum konstanten Liebesobjekt. Die Triebbeziehung findet ihre Erfüllung in der Liebesbeziehung, die Lust und Liebe vereint. Leidenschaft ohne Liebe ist psychische Gefahr und macht Angst, eine Angst, die Anna Freud (1936) als Angst vor der Triebstärke beschrieben hat. Und was wäre umgekehrt Liebe ohne Leidenschaft? Wohl eine recht kümmerliche, fade und harmlose Sache. Wobei nicht vergessen werden darf, daß stille Wasser tief gründen können. Das Bedürfnis nach

Liebe gründet in der Abhängigkeit des Menschen. Der Mensch tritt nicht bloß unfertiger als alle anderen Lebenswesen in die Welt und beginnt sein Leben mit der einzigartigen dyadischen Beziehung zur Mutter, er bleibt auch länger und entscheidender als alle anderen Lebewesen physisch, psychisch und sozial von seinen primären Bezugspersonen abhängig. Vom Objekt der Triebbefriedigung psychisch abhängig zu sein, schafft nicht allein das Verlangen nach Triebbefriedigung, sondern auch und vor allem das Bedürfnis, von denjenigen geliebt zu werden und diejenigen zu lieben, von denen man abhängig ist. In der Dyade ist die Abhängigkeit absolut, das Kind erlebt sie aber nicht, solange die Regulation funktioniert. Erst die naturgemäßen, notwendigen Regulationsstörungen lassen das Kleinkind seine Abhängigkeit erleben, sie wird relativ, bezogen im wahrsten Sinne des Wortes, und schafft das Bedürfnis nach Liebe, und das ist nicht dasselbe wie Triebdrang und Bedürfnis nach Triebbefriedigung. Die Liebe, die libidinös geprägte konstante Objektbesetzung, ist das Medium, in dem die Abhängigkeit zur Gegenseitigkeit wird.

Es ist nicht die Lust der Befriedigung, die das Leben spannend macht. Befriedigung löst Spannung. Freud hat Unlust, Vorlust und Endlust unterschieden. Alles zusammen macht den Triebablauf aus. Die Affekte und Phantasien, das planende Denken und aktive Handeln, die dem Erreichen und Erhalten eines Objektes dienen, sind ebenso libidinös wie die Erregung des Wunsches und die Lust der Triebbefriedigung. Die Liebes*beziehung*, die den Liebes*akt* überdauert, ist integraler Bestandteil der Sexualität des Menschen und seines Bezugs zur äußeren Wirklichkeit, die den Menschen primär als Quelle potentieller Triebbefriedigung interessiert.

Nun dürfte es nicht mehr schwer fallen, die Einheit und Vielfalt dessen zu verstehen, was Freud, ausgehend von der Sexualität, unter dem Begriff der Libido zusammengefaßt hat. Libido bezeichnet die spezifische Kraft und Affektivität, die Menschen zwecks Befriedigung triebhafter Bedürfnisse zueinander und zur Auseinandersetzung mit der äußeren Wirklichkeit treiben. Und Libido bezeichnet das Einheitliche in der Vielfalt der damit verbundenen Gefühle. Libido ist die affektive Qualität des Sexualtriebes, „dessen dynamische Äußerung im Seelenleben" (Freud 1923a, 220). „Die Tatsache geschlechtlicher Bedürfnisse bei Mensch und Tier drückt man in der Biologie durch die Annahme eines ‚Geschlechtstriebes' aus. Man folgt dabei der Analogie mit dem Trieb nach Nahrungsaufnahme, dem Hunger. Eine dem Wort ‚Hunger' entsprechende Bezeichnung fehlt der Volkssprache; die Wissenschaft gebraucht als solche ‚Libido'" (Freud 1905d, 33). Ob wir die Libido nun als Energie, Kraft oder Affekt konzeptualisieren, sie bezeichnet die psychische Qualität, die dem Erleben des Menschen, der liebt und nach Liebe verlangt, die spezifischen Farben verleiht. Und das sowohl in allen Nuancen der sinnlichen Lust in der Berührung, Vereinigung und Durchdringung zweier Körper bis hin zum Orgasmus, als auch in der „Liebe zur Welt" im umfassendsten Sinn als Eltern- und Kindes-, Freundes- und Nächstenliebe und Liebe zu sich selbst. Aber auch die Lust am Tun, am Gestalten der äußeren Wirklichkeit bis hin zur künstlerischen Kreation ist ohne einen kräftigen Anteil libidinöser Affekte nicht denkbar.

Daß keine Mißverständnisse aufkommen können: Libido ist natürlich nicht mit

Sexualität oder gar Liebe gleichzusetzen. Libido ist nicht mehr und nicht weniger, als ein theoretisches Konstrukt, das sich die Psychoanalyse geschaffen hat, um ein zentrales Moment der Leidenschaften und des psychischen Lebens überhaupt begrifflich zu fassen. Leidenschaften durchziehen das ganze Leben. Die Libidotheorie ist ein Gesichtspunkt, unter dem die menschliche Wirklichkeit zu begreifen ist, von der Sexualität bis zur Ästhetik, Ethik und Logik. Eine Psychologie mit dem Anspruch, eine Theorie des verinnerlichten Konfliktes und eine Praxis seiner Bearbeitung zu sein, braucht ein Konzept der Leidenschaft, sonst wird sie den unbewußten psychischen Konflikten nicht einmal begegnen. Jede sogenannte psychische Störung ist immer auch ein Scheitern des leidenschaftlichen Bezuges des Selbst zur Welt der Triebe und Objekte, ein Mißlingen der Integration von Wunsch und Wirklichkeit, von Trieb und Objekt, von Lust und Beziehung. Mitunter ist das psychische Leiden noch die einzige und äußerste Möglichkeit eines Menschen, seine großen Gefühle und Leidenschaften zu bewahren und auszudrücken. Eine Psychologie, die im Leiden nur eine Krankheit sieht, die es zu kurieren gilt, wird nie an die Wirklichkeit des Menschen herankommen.

In der Bindung, genauer der erotischen Bindung, hat Freud (1940a, 71) zuletzt das Wesen der Libido gesehen. In einer seiner letzten Arbeiten, dem „Abriß der Psychoanalyse", hat er, der finalistischen Formulierungen immer abhold gewesen war, die Triebe – also Libido und Aggression oder Eros und Destruktionstrieb – final definiert: „Das Ziel des ersten ist, immer größere Einheiten herzustellen und so zu erhalten, also Bindung, das Ziel des andern im Gegenteil, Zusammenhänge aufzulösen und so die Dinge zu zerstören." Vom Sinn der Aggression wird gleich noch ausführlich die Rede sein.

Die Bindung, die auf personaler, individueller Liebe beruht, ist eine spezifisch menschliche Möglichkeit. An die Stelle instinkthafter Regulation tritt eine libidinös besetzte, verinnerlichte Objektbeziehung, welche die „natürliche" instinkthafte Regulation ersetzt. Die Liebe erwächst aus der Abhängigkeit. In der libidinösen Entwicklung und bei den libidinösen Affektqualitäten müssen wir somit immer zwei „Pole" oder „Ströme" unterscheiden: Die unmittelbare Triebbefriedigung und die Ausstattung der lebenssichernden Beziehungen mit libidinösen Affekten, oder, wie Freud (1905d, 101 u. 128) sagt, die sinnliche oder sexuelle und zärtliche Strömung, die aber beide derselben Quelle entstammen.

Im Laufe der libidinösen Entwicklung kommt es also mehr und mehr zur Ausbildung dieser zwei unterscheidbaren „Besetzungslinien", beide libidinöser Art, aber unterschiedlicher Qualität. Zu Beginn der Entwicklung ist nicht das Objekt als solches, sondern der Befriedigungsakt libidinös besetzt, der das befriedigende Objekt ununterschieden mitumfaßt. Allmählich bildet sich im Wechsel von Befriedigung und Versagung eine Repräsentanz des befriedigenden Objektes. Die „Triebbesetzung" gilt aber lediglich den für den aktuellen Wunsch spezifischen Aspekten des Objektes. Das Objekt wird noch nicht in seiner Ganzheit wahrgenommen. Die Psychoanalyse spricht von Teilobjekt. Die Triebbesetzung ist intensiv aber flüchtig. Wir können sie deshalb die „momentane Besetzung" heißen (Moser 1967, 99). Sie ist ganz an die Triebspannung gebunden, und erlischt mit der Befriedigung. In den frühen Phasen der Entwicklung, vor der Etablierung dauerhafter Beziehungen, ist dies die dominierende Form libidinöser Besetzung des Objektes. Sie folgt dem Lustprinzip und Primärprozeß, kennt und anerkennt keine Zeit und keine Realität des Objektes außerhalb des Wunsches des Selbst.

Hand in Hand mit dem wiederholten Erleben von Wunsch und Befriedigung bildet sich eine von der Triebbefriedigung unterschiedene dauerhafte Besetzung des Objektes, ebenfalls libidinöser Natur, aber von anderer Qualität als die momentane Besetzung des Triebablaufes. Sie ist verbunden mit der Gestaltung des Bedürfnisses zum Wunsch. Sobald das Kind erste Erinnerungsspuren von bedürfnisbefriedigenden Aktionen ausgebildet hat, die das befriedigende Objekt mit einschließen, besetzt es, wenn ein Wunsch auftaucht, auch die Repräsentanz des Objektes, von dem es die Befriedigung wünscht. Aufgrund wiederholter Erfahrungen der Befriedigung kann das Kind allmählich das Objekt vom Befriedigungsakt unterscheiden. Es entwickelt sich eine dauerhafte, „ruhende" Besetzung. Sie gilt nicht allein der Aktion, die einen Triebwunsch befriedigt, sondern ganz exquisit dem Objekt selbst, von dem die Befriedigung wiederholt erfahren wurde. Die Objektbesetzung ist zwar ursprünglich von der erwarteten Triebbefriedigung her gesteuert und gründet in der Hoffnung auf weitere Befriedigung. Sie wird aber zunehmend vom Triebbefriedigungsrhythmus unabhängig und kann über die Befriedigung des Wunsches hinaus aufrecht erhalten bleiben. Die Objektbesetzung gewinnt relative Konstanz. Wir können sie deshalb „konstante Besetzung" nennen. Nun erträgt das Kind – in Maßen – die Abwesenheit des Objekts, und die Besetzung wird auch durch zeitweilige Versagungen nicht gefährdet. Erst die Entstehung eines Netzes konstanter Besetzungen ermöglicht dem Selbst die Erkenntnis einer Realität außerhalb und jenseits der eigenen Wünsche. Die konstante Besetzung begründet das Realitätsprinzip und folgt dem Realitätsprinzip. Mit der Gestaltung des Bedürfnisses zum Wunsch entwickelt sich das Gefühl für Dauer. Das Zeiterleben wurzelt im Rhythmus von Wunsch und Befriedigung. Vom Wunsch können wir erst reden, wenn die momentane Besetzung im Rahmen einer konstanten verläuft. Die Genese des Wunsches geht einher mit dem Aufbau der Objektbeziehungen.

Wiederum versuche ich, diese komplexen Verhältnisse in einem einfachen Schema darzustellen, das ich Moser (1967, 99) entlehne. Die ausgezogene Linie markiert die momentane, die gestrichelte Linie die konstante Besetzung.

Fig. 1

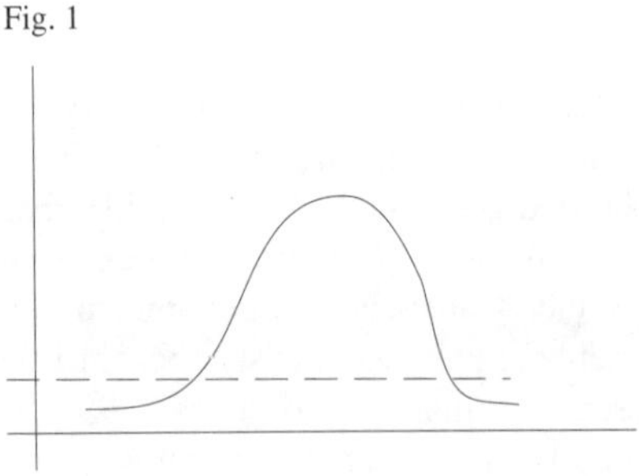

Fig. 2

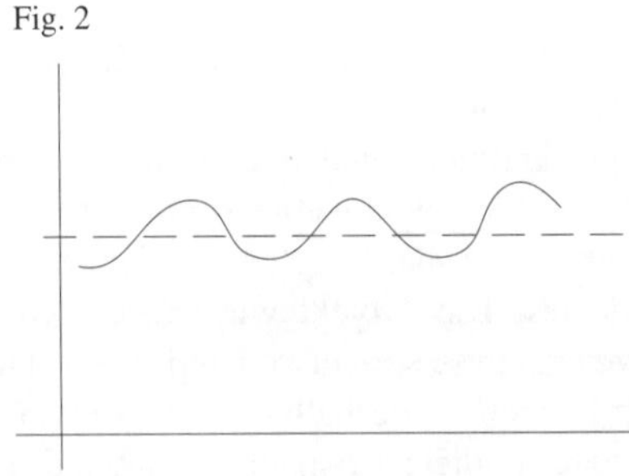

Figur 1 veranschaulicht den Rhythmus der Triebwunsch-Befriedigung bei geringer, Figur 2 bei hoher konstanter Besetzung des Objektes.

Die Libidotheorie hat also einen doppelten Fokus: Den Trieb und dessen Ablauf von der Genese des Wunsches bis zur Befriedigung, und den libidinösen Anteil der Objektbeziehungen. Denn nicht bloß kommt der Wunsch nur am Objekt zu seinem Ziel, auch die Genese des Wunsches ist an die Ausbildung entsprechender Objektbeziehungen geknüpft. Die Objektbeziehung ist das Medium des Wunsches.

Die Objektbeziehungen erschöpfen sich natürlich nicht in ihrer Funktion als Träger der Triebbefriedigung. Die konstante Objektbesetzung gewinnt ihre eigene Erlebnisqualität jenseits des Wunsches, verbunden mit Affekten und Stimmungen, die nicht mit den Erregungen, Spannungen und der Lust des Triebbefriedigungsrhythmus zu tun haben. Zu lieben und geliebt zu werden ist verbunden mit einer Vielzahl von Gefühlen, die das Sinnliche übersteigen, wie immer sie auch genetisch und dynamisch mit den sinnlichen Affekten verbunden sein mögen. Die Integration der sinnlichen Erfahrungen in konstante, libidinös besetzte, verinnerlichte Objektbeziehungen sind die Grundlage von Sicherheit und Wohlbefinden und der Überzeugung, daß die Realität eine Quelle potentieller Befriedigung sein kann.

Entsprechend der zwiefachen libidinösen Besetzung ist auch libidinöse Befriedigung eine zwiefache. Neben die unmittelbare Triebbefriedigung tritt mehr und mehr die Befriedigung, die aus der konstanten Besetzung, der Liebe, stammt. Was Erikson als Grundtugenden beschrieben hat, ist eng verbunden mit der Entwicklung der konstanten Objektbesetzungen. Er spricht „von *Hoffnung, Willen, Zielstrebigkeit* und *Tüchtigkeit* als den Ansätzen der Tugenden, die in der Kindheit entwickelt werden; von der *Treue* als der Tugend der Jugend; von *Liebe, Fürsorge und Weisheit* als den zentralen Tugenden des erwachsenen Lebens“ (Erikson 1966b, 103, im Orig. ausgez.).

C. Entreacte: Annäherung an die Aggression. Bemerkungen zur Entwicklung der Triebtheorie

Manchmal möchte es scheinen, als ließe sich die psychoanalytische Trieblehre und das Konzept der Objektbeziehungen allein auf Regulation und Libido gründen, wenn man nur noch den Narzißmus, d. h. die libidinöse Besetzung des Selbst, hinzunimmt. In der Tat, von Jung bis Kohut sind die Versuche nicht selten, das psychoanalytische Menschenverständnis unter dem Aspekt der Libido zu vereinheitlichen. Der Gewinn ist klar aber zweifelhaft: Die beunruhigende Frage nach den aggressiven und destruktiven Kräften im Menschen ist vom Tisch. Manchen mag es genügen, Aggression als Reaktion auf Frustration, Mangel an libidinöser Befriedigung und empathischer Spiegelung des Selbst zu verstehen. Die Konzepte der *Frustrationsaggression* und der *narzißtischen Wut* sind zwar einfach und handlich, zum Verständnis der Aggression im menschlichen Leben und in den menschlichen Beziehungen tragen sie wenig bei. Der Mensch in seinem Widerspruch, im Widerspruch seiner Leidenschaften, wird unversehens preisgegeben zugunsten der moderaten, ausgeglichenen maßvollen Persönlichkeit.

Freud hat sich allen vereinheitlichenden Tendenzen vehement widersetzt. Er hat hartnäckig an einer dualistischen Triebthorie festgehalten, trotz der enormen Schwierigkeiten, diesen Dualismus angemessen zu konzeptualisieren. Es ist bis heute nicht gelungen. Aber es gilt weiter daran festzuhalten: Eine Triebtheorie, die sich als Theorie menschlicher Leidenschaften versteht, kann nicht „monistisch", sein. Leidenschaft wird zur Leidenschaft erst, wenn sie auf Gegenkraft und Widerstand trifft.

Schon lange bevor Freud die Triebtheorie entwarf, akzentuierte er die Bedeutung der Sexualität im psychischen Geschehen, v.a. in der Ätiologie der Neurosen (1898a). Er wollte das wissenschaftliche und medizinische Interesse für die psychische Dimension und den psychischen Konflikt im Leben und Leiden des Menschen wecken. Eine psychologische Theorie der Neurose hatte nur eine Chance, im medizinischen Denken der damaligen Zeit Fuß zu fassen, wenn sie die *Ursachen* psychischer Störungen aufzeigen und *kausal* behandeln konnte. Und so bestimmte die Frage nach der Ursache Freuds frühe Konzeptualisierungen der Dynamik des psychischen Konflikts.

In seinen Analysen vorab hysterischer Patientinnen stieß er regelmäßig auf Erinnerungen an sexuelle Verführungen. Er glaubte, in diesem äußeren Moment die spezifische Ursache jeder neurotischen Störung gefunden zu haben. Er nannte diese äußeren Ursachen „Traumen" und konzeptualisierte den psychischen Konflikt als Abwehr des Traumas, bzw. der Vermeidung einer Wiederkehr der traumatischen Situation. Alle Erinnerungen an das traumatische Erleben, an die Verführung, mußten getilgt werden. Das „abwehrlustige Ich" (1895d, 280) stand im Widerstreit mit den „unverträglichen Vorstellungen" (1895d, 269).

Von Trieb und schon gar von Aggressionstrieb war noch nicht die Rede, jedoch von Sexualität und ihrer Bedeutung in der Entwicklung des Menschen und in der Ätiologie der Neurosen. Und von einer gestörten emotionalen Beziehung der Eltern zu ihrem aufblühenden sexuellen Kind. Bereits hier ist die genetische Betrachtungsweise für das psychoanalytische Denken leitend, eine Betrachtungsweise, die das aktuelle Erleben und Verhalten mit ihren Wurzeln in der frühen Kindheit verbindet. Um zu verstehen, *wie* die Sexualität ihren Einfluß in der Entstehung der Neurose bekommt und geltend macht, mußte Freud untersuchen und theoretisieren, wie Sexualität entsteht und funktioniert, von den menschlichen Beziehungen geprägt wird und die menschlichen Beziehungen prägt. Nun konzeptualisierte Freud Sexualität als Trieb, in Anlehnung, aber unabhängig von den biologischen Selbsterhaltungstrieben. Die Konzeptualisierung der infantilen Sexualität und der psychosexuellen Entwicklung bilden den Kern der Libidotheorie.

Ein Brief Freuds (Masson 1986, 283 ff) an seinen Freund Fliess mag als Bruch erscheinen lassen, was in Wirklichkeit Frucht der nüchternen und selbstkritischen klinischen Orientierung Freuds und „Ergebnis ehrlicher und kräftiger intellektueller Arbeit" mehrerer Monate war, in der er das klinische Material neu sichtete und interpretierte. Ich meine den legendären Brief vom 21. September 1897, in dem Freud Fliess mitteilt, daß seine „Ursachentheorie" der Neurose so einfach nicht sein könne.

Wir wissen es bereits, Freud war inzwischen zur Methode der freien Assoziation übergegangen, um sich den Weg zu den verdrängten Erinnerungen zu bahnen. Nun machte er eine Erfahrung, die uns Nachgeborenen mittlerweile längst zur Selbstverständlichkeit und zum Eckstein der analytischen Arbeit geworden ist, Freud aber zunächst tief verwirrte. Die Erfahrung nämlich, daß sich Erinnerungen im Lauf der Analyse markant verändern können, ja müssen, sonst ist kein psychoanalytischer Prozeß im Gang. Dic Verführungserlebnisse, die ihm seine Analysandinnen erzählten, wechselten im Lauf der Analyse, vielleicht mehrmals, ihr Szenarium, ihre Gestalt und Bedeutung. „Ich glaube an meine Neurotica nicht mehr" seufzte er im erwähnten Brief. Weit davon entfernt, „verstimmt, unklar, ermattet" zu sein, ist er stolz darauf „nach solcher Vertiefung solcher Kritik noch fähig" zu sein. „Ob dieser Zweifel nur eine Episode auf dem Fortschreiten zur weiteren Erkenntnis darstellt?" Eine rhetorische Frage. Natürlich war es das, und Freud wußte es wohl. Seit Monaten schon hatte er sich mit den kindlichen Phantasien und der dynamischen Funktion der Phantasie in der Neurose und im Seelenleben überhaupt beschäftigt. Allmählich dämmerte ihm die Erkenntnis, daß Erinnerungen nicht gespeicherte historische, sondern verarbeitete subjektive Fakten sind. Freud mußte die Erkenntnis theoretisch verwerten, daß Menschen in Analyse phantasieren, wenn sie sich erinneren, und sich erinnern, wenn sie phantasieren. Anders ist die Komplexität und Dialektik von materieller und psychischer Realität (Freud 1916–17, 383) nicht zu fassen. Phantasien sind subjektive Erinnerungen von Bedeutung, und Erinnerungen von Bedeutung sind nicht einfach Geschichte, sondern bilden Geschichten.

Freud, belesen und literarisch gebildet, wußte, daß Geschichten Phantasien, und Phantasien Geschichten von Bedeutung sind. Zum Beispiel Hamlet, oder Ödipus, oder Gradiva, oder Wallenstein. Historische Wahrheit, was immer das heißen mag, ist *eine* Form der Wahrheit. Die Wahrheit der Geschichten eine andere, für das Leben des Menschen die bestimmende, weil die Phantasien die unbewußte und bewußte Wirklichkeit verbinden. Und es sei bloß angemerkt, daß Erinnerung wie Phantasie Schöpfungen des Subjektes sind, die Wahrheit der Erinnerung der Wahrheit der Geschichten näher steht als der historischen Wahrheit.

In den Geschichten und Erinnerungen, die Freud zu hören bekam, nimmt eine Phantasie, eine innere Konstellation immer deutlicher Gestalt an, die er dann, erstmals in der Traumdeutung (1900a), als ödipale Situation konzeptualisiert hat. Unabhängig von der Art und Intensität früher Verführungen stieß Freud auf eine frühe Liebe des Kindes zum gegengeschlechtlichen Elternteil, verbunden mit einer rivalisierenden, aggressiven Haltung dem gleichgeschlechtlichen Elternteil gegenüber. Und er erkannte in dieser Konstellation den Kernkonflikt der Neurose, ja eine Grundsituation menschlicher Entwicklung und Existenz überhaupt. Natürlich mußten diese keimenden Erkenntnisse die psychologische Theorie der Psychoanalyse nachhaltig bestimmen.

Sie führten zu einer differenzierten Auffassung der Dialektik von „außen" und „innen", von Trauma und Konflikt, Verführung und Phantasie. Nicht das Trauma allein, und nicht die Verinnerlichung des Traumas – was könnte das schon heißen? –, sondern die Verinnerlichung des Konfliktes, an dessen Entstehung das Trauma seinen Anteil hatte, und seine Bearbeitungen in der Phantasie bestimmen die Dynamik der Neurose.

Erst die Relativierung der Verführungstheorie macht auch die Bedeutung der Sexualität für das Erleben des Menschen psychologisch wirklich faßbar. Das präpubertäre „sexuelle" Kind ist nicht das gestörte Kind, das zur Sexualität verführt worden ist. Es gibt eine ursprüngliche Sexualität, die am besten mit dem Konzept eines Sexualtriebes zu fassen ist, verstanden nicht als biologischer Trieb zur Fortpflanzung im Dienste der Arterhaltung, sondern als psychologische Kategorie des Erlebens. Erst jetzt konnte Freud die infantile Sexualität und die psychosexuelle Entwicklung umfassend konzeptualisieren.

Um einem gefährlichen Mißverständnis zuvorzukommen, will ich ein paar Worte zum Verhältnis von Verführungs- und Triebtheorie sagen. Der häufige sexuelle Mißbrauch von Kindern durch Erwachsene und seine verheerenden Folgen haben weder Freud noch die Psychoanalyse je übersehen oder gar bestritten. Wenn Freud seine frühe Verführungstheorie zugunsten der Triebtheorie relativiert, geht es nicht um die Verführung als Tatsache, sondern um ihren systematischen Stellenwert in der Entstehungsgeschichte der Neurose als einer ganz bestimmten Form psychischer Konfliktverarbeitung. Die Verführungstheorie postulierte ein mehr oder weniger lineares Ursache-Wirkungs-Verhältnis von sexueller Verführung und Neurose, die dem Moment der *psychischen Verarbeitung*, der *Verarbeitung der beschädigenden Einflüsse in der Phantasie* wenig Raum ließ. Die Neurose, ich habe das im 3. Kapitel des 1. Teils zu zeigen versucht und werde im letzten Teil nochmals darauf zurückkommen, ist keine psychische Deformation, die der Mensch passiv erleidet, sondern eine *aktive* Verinnerlichung von Konflikten und eine *aktive* Auseinandersetzung mit ihnen. Der Vorwurf, die Psychoanalyse erkläre Verführungserlebnisse, die Analysanden berichten, zur Einbildung ist grotesk. – Im Gegenteil: Bei Patienten, die als Kinder Opfer sexuellen Mißbrauchs geworden sind, und die ihre Konflikte später neurotisch organisieren konnten, ist es nicht leicht, an Erinnerungen an die Verführung wirklich heranzukommen.

Die Ausarbeitung der Triebtheorie beschäftigte Freud von 1894 bis zu seinem Tode. Es lassen sich zwanglos drei markante Schwerpunkte unterscheiden, die drei Stufen oder Phasen der Entwicklung der Triebtheorie prägten.

Die *erste Phase* galt ganz der Ausarbeitung der Libidotheorie. Ihr Höhepunkt sind die „Drei Abhandlungen zur Sexualtheorie" (1905d). Sie sind der rote Faden der Entfaltung der Triebtheorie. Über zwanzig Jahre hielten sie Freud in Atem. 1905 erstmals erschienen, arbeitete er sie immer wieder um und fügte neue Erkenntnisse hinzu (Nagera 1974, 32). Die letzten Zusätze machte er 1923, zu einer Zeit, als er bereits den dritten Schritt in der Entwicklung der Triebtheorie getan hatte.

Die drei Abhandlungen sind jedoch noch keine integrale Triebtheorie. Sie bilden ihre klinische Basis. Auf die Äste einer eigentlichen Triebtheorie wagte sich Freud damals noch nicht hinaus. Die Gründe dafür sind vielfältig. Einer ist sicher, daß es Freud, überzeugt von der Notwendigkeit einer zweipoligen, dualistischen Triebtheorie, schwer fiel, die andere Seite sinnvoll zu konzeptualisieren. Er hielt nach wie vor an der biologischen Unterscheidung von Sexual- und Selbsterhaltungstrieben fest.

Damit steht ein bereits weitgehend psychologisch gefaßter Trieb, Sexualität und Libido, einem biologischen, dem Selbsterhaltungstrieb, gegenüber. Das verrät eher Verlegenheit als sicheren theoretischen Boden. Die Verlegenheit galt nicht der Libidotheorie. Bei aller Vorläufigkeit, die Freud immer zugestanden hat, hielt er sie für das bedeutsamste Stück seiner Lehre. Nein, Kopfzerbrechen bereitete ihm die andere Seite des Dualismus, die er nicht recht zu fassen kriegte.

Ob das daran lag, daß er noch nicht wagte, nicht wagen konnte, die Aggression als Triebkraft im psychischen Leben des Menschen ebenso entschlossen ins Auge zu fassen wie die Libido? Wie schon in der „prätriebtheoretischen" Phase der Psychoanalyse war sich Freud der Bedeutsamkeit der Aggressivität wohl bewußt. Er konnte sich aber zu dieser Zeit nicht entschließen, „einen besonderen Aggressionstrieb neben und gleichbedeutend mit den uns vertrauten Selbsterhaltungs- und Sexualtrieben anzunehmen." Er wollte „vorläufig an der gewohnten Auffassung festhalten, welche jedem Triebe sein eigenes Vermögen, aggressiv zu werden, beläßt" (Freud 1909b, 371 f).

In der ersten Phase der Entwicklung der Triebtheorie sah er die psychologische Bedeutung der Aggression hauptsächlich im Sadismus. Den Sadismus aber verstand er als Partialtrieb der Libido. Freud war jedoch ein sorgfältiger Kliniker. Es dämmerte ihm rasch, daß er in einer umfassenden Theorie der ödipalen Situation damit nicht zurechtkommen würde. Ödipale Rivalität und ödipaler Haß sind mit dem Instrumentarium der ersten Triebtheorie nicht zu fassen. Bald (1909b, 371) unterschied er von der sadistischen die „feindselige Aggression", ohne dieser Differenzierung schon systematische Bedeutung beizumessen.

Wollte Freud das beunruhigende Problem menschlicher Aggressivität im Biologischen und der Entwicklung der Art belassen? Selbsterhaltung ist schließlich ein Konzept artspezifischer Aggression.

Die Schwierigkeit liegt tiefer. Es ist wohl die Schwierigkeit des Naturwissenschaftlers Freud, Subjektivität als Gegenstand wissenschaftlicher Reflexion und nicht bloß philosophischer Spekulation zu behaupten. Klinisch hat Freud die Bedeutung des psychischen Konflikts und den Analysanden als Subjekt des Konfliktes und als Subjekt im Konflikt längst erkannt und in der Übertragungs- und Widerstandsanalyse ernst damit gemacht. Den psychischen Konflikt auch theoretisch als Konflikt des Subjektes zu formulieren, fällt ihm aber merkwürdig schwer. Der psychische Konflikt ist ein Konflikt zwischen Bewußtsein und Unbewußtem, zwischen Trauma und Abwehr, zwischen Triebstrebung und Verdrängung, Sexual- und Selbsterhaltungstrieb, Ich und Es, und was der versachlichenden Formulierungen mehr sind.

Damit nicht genug. Das Subjekt im Triebkonflikt ist das Subjekt der Lust. Nochmals scheint Freud auf der theoretischen Ebene das viktorianische Erbe in die Quere zu kommen und ihn zu hindern, den Menschen, das Individuum, als das Subjekt des Triebes und der Lust zu sehen. Und als Subjekt der Aggression!

Die Entwicklung der Triebtheorie widerspiegelt Freuds Kampf mit dem Subjekt der sexuellen Lust und der Aggression. Eine geringfügige Änderung der Terminologie läßt allerdings bereits weiteres ahnen. 1910 spricht er erstmals von *Ichtrieben*.

Damit hat er zumindest in der Terminologie den Wechsel vom biologischen zu einem psychologischen Konzept angedeutet. Ein Wort macht noch keine Theorie. Die Wörter sind jedoch bei Freud nie gleichgültig. Sie können der Psychoanalyse nie gleichgültig sein. Also wollen wir diese Verschiebung nicht gering achten. Aber noch läßt sich Freud theoretisch nicht vom Trieb als qualitativ bestimmter Erlebnisgröße des Subjektes, sondern von der Funktion für die Arterhaltung leiten. Er postuliert, daß die Sexualtriebe das Selbst quasi automatisch zum Objekt treiben, Beziehung und soziales Verhalten damit abgeleitete Phänomene sind. In der theoretischen Reflexion droht der Trieb unversehens wieder zum Instinkt zu werden. Zugunsten der Arterhaltung muß der einzelne auf einen Teil des Egoismus der Ichtriebe verzichten. Er wird dafür mit der einzigartigen orgastischen Lust belohnt, die mit der Befriedigung des Sexualtriebes einhergeht. Ichtrieb steht gegen Sexualtrieb. Eine funktionale quasi biologische Sichtweise, wie sie die erste Fassung der Triebtheorie Freuds beibehielt, wird der Intentionalität, Aktivität und Subjekthaftigkeit des Menschen nicht gerecht. Für eine Theorie menschlicher Leidenschaft taugt sie so noch nicht.

Die *zweite Phase* brachte zwei entscheidende Fortschritte. Der eine ist die Einführung des *Narzißmus*, d. h. der libidinösen Besetzung des Selbst, der andere die Konzeptualisierung einer *aggressiven Tendenz* als Teil der Ichtriebe und der *Funktion des Haßes*. Das bedingt zwei wichtige Differenzierungen des Triebkonzeptes, einmal die Differenzierung zwischen libidinöser Besetzung des Objektes und libidinöser Besetzung des Selbst. Dabei muß man wissen, daß Freud den Begriff des Ich vor der Einführung der Strukturtheorie auch zur Bezeichnung des Subjektes, des Selbst gebrauchte. Zum andern die Unterscheidung zwischen libidinöser Besetzung – von Selbst und Objekt – und Selbstbehauptung. Mit anderen Worten: Freud differenziert die ursprüngliche Gleichsetzung von Ich- und Selbsterhaltungstrieb. Er erkennt den *Ichtrieb* als Teil oder besser Pol der libidinösen Besetzung, und der biologische Selbsterhaltungstrieb wird zur psychischen Kraft der Selbst*behauptung*.

Mit der Einführung des Narzißmus postuliert Freud, daß sich die Sexualtriebe und die Ichtriebe nicht in ihrer Quelle, sondern im Objekt der Besetzung unterscheiden. „Der Gegensatz zwischen Ich- und Sexualtrieben wandelt sich in den zwischen Ich- und Objekttrieben, beide libidinöser Natur" (Freud 1920g, 66). Erst hier hat er theoretisch gefaßt, was auf der Ebene der klinischen Beobachtung und Konzeptualisierungen längst selbstverständlich war: Die Konstituierung des erotischen, sexuellen, libidinösen Subjektes. Nun leitet nicht mehr die biologische Funktion sondern das subjektive, individuelle Erleben der Triebe die Konzeptualisierung. Von nun an kann die Triebtheorie als Affekttheorie gelesen werden, wenn das konsequent zu tun Freud auch bis zuletzt Mühe bereitet hat. Lust ist nicht mehr bloß eine Prämie für geleistete Arbeit. Sie wird um ihrer selbst willen begehrt, wie es Freud klinisch bereits 1905 beschrieben hat. Anders würde es keinen Sinn machen, daß der Mensch seinen eigenen Körper zum Objekt der Lust kürt. Der Orgasmus als der Gipfel aller Lust wird ineins zur Bestätigung des Selbstgefühls und des Wirklichkeitsbezuges. Die Einführung des Narzißmus ist ein wichtiger Knotenpunkt in der Verzweigung von Triebtheorie, Strukturmodell, Objektbeziehungslehre und Psychologie des Selbst.

Mit der Einführung des Narzißmus schien aber zunächst der Dualismus der ersten Triebtheorie ins Wanken zu geraten, denn die Ichtriebe, die Besetzung des Selbst, wie wir heute sagen würden, sind ebenfalls libidinöser Natur. Das hat Freud sichtlich irritiert, denn eine monistische Trieblehre, das habe ich bereits dargelegt, kann für die Psychoanalyse nicht in Frage kommen. Die Erfahrung von Ambivalenz im täglichen Leben so gut wie in der psychoanalytischen Situation machen im vornherein eine Einheitstrieblehre zu einem frommen aber unmenschlichen Wunsch.

Die Einführung des Narzißmus fordert gebieterisch die Einführung der Aggression. In „Triebe und Triebschicksale“ stellt sich Freud der neuen Herausforderung. Überlegungen zum Haß und zur Ambivalenz, dem gleichzeitigen Vorhandensein von Liebe und Haß, bringen ihn zur Annahme einer aggressiven Tendenz, die keine Komponente der Sexualtriebe darstellt, sondern der Selbsterhaltung oder Selbstbehauptung dient. Damit differenziert er die Frage der Aggression entschieden. Ihre sadistische Komponente kann nach wie vor als Partialtrieb der Libido verstanden werden. Die „feindselige Aggressionsneigung“ versteht er nun als Komponente, ja wohl als Kern der nicht libidinösen Selbsterhaltungstriebe, die primär im Dienst der Bemächtigung der äußeren Welt stehen.

Hier möchte ich dann mit meiner Annäherung an die Aggression einsetzen und fortfahren. Mein Konzept – soviel sei vorweggenommen – ist ein Versuch, Winnicotts Aggressionstheorie an Freuds Überlegungen zur Aggression und zum Haß in „Triebe und Triebschicksale“ anzuschließen, die beiden Ansätze zu integrieren.

Bevor Freud die in „Triebe und Triebschicksale“ angelegte Theorie der Aggression hätte ausarbeiten und klinisch begründen können, wurde er vom Leben, von Krankheit, Krieg und Tod, und seinen eigenen Spekulationen überholt. In „Jenseits des Lustprinzips“ (1920g) entwirft er einen Dualismus, wie man ihn schärfer nicht mehr fassen kann. Freud faßt nun Ichtriebe und Sexualtriebe in einem Lebenstrieb, dem Eros, zusammen, und stellt ihm den Todestrieb, Thanatos, gegenüber. „Aufgrund weitläufiger Erwägungen über die Vorgänge, die das Leben ausmachen und die zum Tode führen, wird es wahrscheinlich, daß man zwei Triebarten anzuerkennen hat, entsprechend den entgegengesetzten Prozessen von Aufbau und Abbau im Organismus. Die einen Triebe, die im Grunde geräuschlos arbeiten, verfolgen das Ziel, das lebende Wesen zum Tode zu führen, verdienten darum den Namen der ‚Todestriebe‘ und würden, durch das Zusammenwirken der vielen zelligen Elementarorganismen nach außen gewendet, als Destruktions- oder Aggressionstendenzen zum Vorschein kommen. Die anderen wären die uns analytisch besser bekannten libidinösen Sexual-oder Lebenstriebe, am besten als Eros zusammengefaßt, deren Absicht es wäre, aus der lebenden Substanz immer größere Einheiten zu gestalten, somit die Fortdauer des Lebens zu erhalten und es zu höheren Entwicklungen zu führen" (Freud 1923a, 232).

„Jenseits des Lustprinzips“ ist eine der abgründigsten Schriften Freuds, nicht leicht auszuloten. Die Erfahrung von Krieg, Tod und Krankheit sind der persönliche Hintergrund seiner Gedanken, mit denen er über alles, was er bisher gedacht hat, entschieden hinausgeht. Es ist wichtig, in diesem Werk Freuds Reflexionen über „Leben und Tod in der Psychoanalyse" (Laplanche 1974) von der Hypothese des Aggressionstriebes als eines nach außen abgeleiteten Todestriebes zu unterscheiden. Mit der Verwerfung der Todestrieb-Hypothese als psychoanalytischem Konzept menschlicher Aggression ist die Aufgabe nicht erledigt, vor die „Jenseits des Lustprinzips" die Psychoanalytiker und Psychoanalytikerinnen stellt. Freud selber hat die Todestriebtheorie nie als klinisches Konzept verstanden. Auch nach 1920 spricht er in klinischen Zusammenhängen durchwegs vom Aggressions- oder Destruktionstrieb. Seine Ableitung aus dem nach außen abgelenkten, in aller lebenden Substanz wirkenden Todestrieb ist sekundär.

Tatsächlich mag ich den Todestrieb als Theorie menschlicher Aggression nicht aufnehmen. Melanie Klein und ihre Schule haben es getan. Das ist wohl einer der Gründe, warum es auch der Kleinschen Tradition bisher nicht gelungen ist, ein integrales psychoanalytische Konzept menschlicher Aggression zu entwerfen, obwohl Melanie Klein unbestreitbar das Verdienst zukommt, die Bedeutung destruktiver Impulse im Leben des Menschen im allgemeinen, der Psychopathologie im besonderen aufgedeckt und ernst genommen zu haben.

Auch die französische Psychoanalyse arbeitet mit der Todestriebtheorie. Dabei ist es nicht immer leicht, die philosophisch-metaphysischen Reflexionen vom psychoanalytisch-metapsychologischen Konzept zu unterscheiden. Klinisch sehen manche Autoren den Todestrieb am Werk, wenn Analysanden durch schweres Agieren bis hin zu Selbstsabotage, Melancholie und Suizidalität ihr Leben gefährden. Diese klinischen Phänomene lassen sich mit anderen Konzepten angemessener fassen.

Festhalten will ich aber an einer Triebtheorie der Aggression und Destruktion und am Dualismus von Libido und Aggression, der auch Freuds letzte Definition des Wesens der Triebe geprägt hat, die ich bereits zitiert habe, und die Libido und Aggression zu Bindung und Trennung in Beziehung setzt.

D. Die Dynamik der Triebe: Aggression

Von der Schwierigkeit, Aggression als Trieb zu fassen

Hat Aggression tatsächlich den Charakter eines Triebes? Soll es sinnvoll sein, menschliche Aggression im Rahmen der psychoanalytischen Triebtheorie zu konzeptualisieren, muß sie einerseits der psychoanalytischen Definition von Trieb entsprechen und anderseits sich grundsätzlich von der Libido unterscheiden. Aggression muß im Körper wurzeln, sich im Drang psychisch repräsentieren und nach Befriedigung am Objekt streben. Die affektiven Qualitäten, die den aggressiven Triebablauf begleiten, müssen jedoch von sexueller Begierde und Lust verschieden sein, wie immer sich die beiden Affektstränge in den effektiven Gefühlen vermischen mögen.

Während es heute keine besonderen Schwierigkeiten mehr bereitet, die Libidotheorie als Affekttheorie zu fassen, scheint sich die Aggression diesem Zugang zu widersetzen. Wenn es dem Menschen schon schwer fällt, die Verantwortung für seine sexuellen Leidenschaften zu übernehmen, muß es ihn noch ungleich schwerer ankommen, die aggressiven Gefühle als die eigenen, das Böse und die Gewalttätigkeit im eigenen Inneren anzuerkennen. Ob die Schwierigkeit, Aggression psychoanalytisch-theoretisch zu fassen, auch ein Hinweis darauf ist, daß ihre Wurzeln tiefer liegen, und sie mehr Seelenarbeit fordert als die Libido?

Die konzeptuellen Schwierigkeiten zeigen sich bereits im Mangel an differenzierenden Begriffen. Während Libido die affektive Qualität der Sexualtriebe bezeichnet, fehlt eine entsprechende Unterscheidung im Bereich der Aggression. Aggression, Aggressivität und Destruktivität werden gleichermaßen für einen Trieb, für eine Gruppe von Affekten und für ein spezifisches Verhalten gebraucht. Dabei bestimmt allerdings unausgesprochen aber unübersehbar aggressiv-destruktives Verhalten das Verständnis menschlicher Aggression.

Was aber dem gesunden Menschenverstand fraglos und billig ist, soll dem psychoanalytischen Denken deshalb noch lange nicht recht sein. So gilt es als erstes, Aggression als Trieb, Affekt und Verhalten zu unterscheiden. Da für diese Unterscheidung keine verbindlichen Begriffe zur Verfügung stehen, behelfe ich mir so: Ich spreche von Aggressions*trieb*, wenn ich den Trieb in seinem Bezug zur körperlichen Quelle, von *Aggression* in Analogie zur Libido, wenn ich die aggressiven Affekte, und von *Aggressivität* oder Destruktivität, wenn ich aggressives Verhalten meine. In dieser vorläufigen Terminologie entspricht Aggression der Libido und Haß der Liebe. Aggression läßt sich dann definieren, wie Freud (1921c, 98) Libido definiert hat. Ich paraphrasiere: Aggression ist ein Ausdruck der Affektivitätslehre. Wir heißen so die als quantitative Größe betrachtete Energie solcher Triebe, welche mit all dem zu tun haben, was man gemeinhin als Haß zusammenfassen kann.

Analog der Libido möchte ich auch die Aggression vom Affekt her zu fassen versuchen. Gestehen wir zu, daß Haß ebenso zum menschlichen Leben gehört wie Liebe, und ebenso leidenschaftlich sein kann wie sinnliches Begehren, daß Aggression eine ebenso fundamentale Funktion der Objektbeziehungen ist wie Libido, hindert uns nichts mehr daran, Aggression analog dem Modell der Libidoökonomie im Rahmen der Repräsentanzen- und Besetzungslehre zu formulieren (Moser 1967, 99f). Die Triebtheorie der Aggression postuliert eine Besetzung aggressiver Art, die einer Objekt- und Selbstrepräsentanz gilt. Die aggressive Besetzung kann, wie die libidinöse, momentan oder konstant sein. Die momentane Besetzung ist ein aggressiver Triebablauf vom Wunsch bis zur Befriedigung am Objekt mit allen ihn begleitenden Affekten. Die konstante aggressive Besetzung nimmt in der normalen Entwicklung die Bedeutung eines Aktivitätspotentials des Ich an. Überhaupt scheint die Aggression in einem anderen und engeren Verhältnis zur Ich-Struktur zu stehen als die Libido. Das Aktivitätspotential kann ein unterschiedliches „operatives Niveau" aufweisen. Damit ist das Ausmaß organisatorischer Planung gemeint, die das Ich auf Aggression und Aggressivität ausübt (Moser 1967, 99f).

Aggressive Befriedigung

Aber gibt es so etwas wie aggressive Triebbefriedigung? Die Frage nach einer eigentlichen, nicht sadistischen Befriedigung aggressiver Wünsche können wir sinnvoll erst aufnehmen, wenn wir zum einen das Wesen der Aggression nicht im vornherein in Destruktivität sehen, die konventionelle Wertung der Aggressivität suspendieren, und zum andern sorgsam libidinöse und aggressive Befriedigung unterscheiden. Das letztere ist allerdings nur analytisch-abstrahierend möglich, denn in den meisten Befriedigungserlebnissen gehen libidinöse und aggressive Besetzung Hand in Hand.

Postulieren wir aber Aggression als Trieb, muß es eine aggressive Befriedigung eigener Art geben. In der Tat sind viele menschliche Tätigkeiten von aggressiver Befriedigung begleitet. Vielleicht denkt man zuerst an das sprichwörtliche Holzhakken. Ohne aggressive Befriedigung hätte es wohl nicht die Macht, Wut oder Zorn zu beschwichtigen. Geradezu prototypisch für aggressive Befriedigung mag die bekannte Szene aus dem Kinderzimmer sein: Das Kind baut einen Turm und zerstört ihn jauchzend. Müssen wir das destruktiv nennen? Auch wird kaum jemand ohne aggressive Befriedigung die Mühe einer Bergbesteigung auf sich nehmen. Oder der leidenschaftliche Segler, der sich bei starkem Wind auf das Wasser wagt, genießt es, Wind und Wellen zu trotzen, die Elemente zu bezwingen und das Schiff in seine Gewalt zu bringen. Neben der libidinösen und narzißtischen, auf das Selbstgefühl bezogenen Komponente ist das genußvolle aggressive Moment unübersehbar. In vielen alltäglichen Tätigkeiten ist das ebenso. Man spricht von der „Tücke des Objektes" und freut sich, sie überwinden zu können. Man bietet Schwierigkeiten die Stirn. Man spricht von bezwingen, erobern, sich bemächtigen, es schaffen, etwas meistern. In all diesen Ausdrücken, die auf unterschiedliche Weise die Bewältigung einer widerständigen äußeren Realität bezeichnen, schwingt unüberhörbar ein Ton aggressiver Befriedigung, von *Funktions-* und *Bewältigungslust* mit. Immer hat diese Befriedigung mit Bewegung zu tun, die am Widerstand erfahren wird, der sich ihr bietet.

Das sind recht simple und unproblematische Beispiele aggressiver Befriedigung, die sicher nicht zufällig aus der Welt der unbelebten Dinge stammen. Die menschliche Realität ist aber primär die Realität seiner belebten Objekte. Gibt es auch aggressive Befriedigung am Objekt? Geht nicht – anders als im libidinösen Austausch – Aggression immer auf Kosten des Objekts? Muß nicht das Objekt als Feindseligkeit empfinden, was dem Selbst aggressive Befriedigung bringt? Wird nicht aggressive Befriedigung in einer Beziehung unweigerlich zum Sadismus? In der Tat kann und darf in unserer Gesellschaft aggressive Befriedigung als solche einzig in ritualisierter Form verspürt und genossen werden. Spiel, Sport und Satire sind wohl die gängigsten Formen. Sportarten, die Wettbewerbscharakter haben, bei denen es um Gewinnen und Verlieren, Sieg und Niederlage geht, sind sowohl für den einzelnen wie für Gruppen, ja ganze Nationen Quelle aggressiver Befriedigung. Es beginnt mit den einfachen Kinderspielen wie Schnipp-Schnapp, Eile mit Weile und Fang den Hut. Später mag dem einen Schachspielen, dem anderen Fechten aggressive Befriedigung bringen. Wieder anderen mögen nur handfeste Kämpfe wie Ringen, Boxen, Catch-as-catch-can diese Befriedigung gewähren. Bei den Mannschaftsspielen kommen noch die Gruppenphänomene hinzu, die uns in diesem Zusammenhang nicht weiter kümmern. Aber auch in der Mannschaft wird das aggressive Potential des einzelnen mobilisiert.

Gemeinsam ist allen diesen Spielen und Sportarten, daß im Rahmen der Spielregeln mit den festgelegten, erlaubten und kodifizierten Möglichkeiten um den eigenen Sieg und die Unterwerfung des Gegners gekämpft werden darf. Der Sieger wird geehrt, bejubelt und gefeiert. Er selber darf sich seines Sieges freuen und seine Überlegenheit genießen. Daß sich hier aggressive und narzißtische Befriedigung vermengen, ja, daß die aggressive Befriedigung auch dem Selbstgefühl Nahrung bietet, ist unverkennbar.

Aber selbst im Spiel geht die aggressive Befriedigung auf Kosten des Partners oder Gegners, im Gegensatz zur libidinösen, die ihrem Wesen nach gegenseitig ist. Sonst wäre Verlieren wohl nicht so schwer. Wie oft reagieren Verlierer, vor allem in der Gruppe, auf eine Niederlage frustriert, gekränkt, depressiv und aggressiv. Nicht selten kommt es dann zu Ausbrüchen von Wut und Haß, die sich – und da hört der Spaß endgültig auf – in verbalen oder gewalttätigen Angriffen auf den Sieger, den Schiedsrichter oder Spieler der eigenen Mannschaft richten. Oft noch schlimmer: Die Fans ertragen die Niederlage der eigenen Mannschaft nicht und noch viel weniger den Triumph der gegnerischen Fans. Und sie schreiten zum Kampf. Es ist nicht lange her, da ließ ein solcher Kampf ein verwüstetes Stadion und ein Dutzend Tote zurück. Wenn die Ritualisierung zerbricht, reagiert der Verlierer auf eine Niederlage im Spiel wie auf einen realen Angriff und eine reale Niederlage. Das Spiel ist aus! Der Verlierer ist ein schlechter Verlierer, die Wut steigert sich zum Haß. Der Haß kann nicht ertragen werden und sucht in einer gewalttätigen Attacke Erleichterung. Harmlos ist es nie, wenn Leidenschaft entgleist.

Zur aggressiven Befriedigung im Rahmen der Objektbeziehungen gehört der Gegner, der lebendige, nicht der zerstörte, zerstückelte Gegner, obwohl Phantasien von Zerstörung und Zerstückelung wesensmäßig mit Haß einhergehen. Spiel, Sport und Satire schaffen eine Arena des Kampfes zweier Gegner. Ein Gegner ist ein bedeutsames, aggressiv besetztes Objekt, das nicht unbedingt ein Feind sein muß. Aber noch hinter dem Feind verbirgt sich die Imago eines geliebten Objektes. Man haßt nicht, wo man nicht liebt oder liebte. Oder sollte ich eher sagen: Man liebt nur, wo man haßt? Freud (1915c, 231) jedenfalls hat die beunruhigende Feststellung gemacht: „Haß ist als Relation zum Objekt älter als die Liebe." Ich werde darauf zurückkommen.

Die Motilität als Wurzel der Aggression

Die Frage nach den Wurzeln der Aggression drängt sich auf. Ich habe eben gezeigt, wie sehr aggressive Befriedigung mit Bewegung verbunden ist. In der Einleitung meiner Darstellung der Triebtheorie habe ich den Ursprung der Triebe dort angesiedelt, wo das Kind sich aus der Dualunion mit der Mutter hinausbewegt, zum Subjekt seiner Wünsche wird und sich seine eigene Welt der Objekte schafft. Nicht allein die Libido, auch die Aggression differenziert sich in den Erfahrungen der Loslösung aus der ursprünglichen Verbundenheit mit der Mutter. Wenn auch die Loslösung in der analen Phase des zweiten und dritten Lebensjahres ihren entwicklungsmäßigen Höhepunkt hat, reicht sie weit über eine bestimmte Entwicklungsphase hinaus. Sie reicht zurück bis zu den ersten Bewegungen des Fötus im Mutterleib. Letztlich wurzelt Aggression in den somatisch-körperlichen Vorgängen, die Bewegung erst möglich machen. Motilität nennen wir diese primäre Fähigkeit des Organismus, aktiv oder aggressiv zu sein. Zu Beginn sind Aktivität und Aggressivität fast das gleiche. Die primäre Motilität ist Ausdruck der Lebendigkeit von Geweben, eine Lebendigkeit, die auf Widerstand stoßen muß, um erlebt werden zu können. Die Motilität ist, vor jedem sinnlichen Kontakt mit der Außenwelt, die Grundlage des späteren Gefühls, lebendig und nicht tot zu sein. Aggression ist, ganz anders als es Freuds Konzept des Todestriebes nahelegen würde, Bestandteil des Lebensgefühls.

Aggressive Befriedigung ist Bewegungslust, die sich am Widerstand des anderen bricht. Winnicott (1955, 107) bezeichnet die affektive Qualität dieser Befriedigung als Muskelerotik. Das mag mißverständlich sein, wenn wir den Begriff der Erotik für die sinnliche Qualität der libidinösen Triebe reservieren wollen. Stoßen wir uns aber nicht am Begriff und halten lediglich fest, daß in der Bewegung eine intensive, im Körperlichen verankerte Lust erlebt wird, die sich von der sinnlich-sexuellen Lust unterscheidet. Libidinös, so können wir nun präzisieren, sind die Affekte, die mit der Verbindung zum Objekt, aggressiv die Affekte die mit der Trennung vom Objekt zusammenhängen.

Es ist nun entscheidend, wie sich das Motilitätspotential eines Menschen in der psychischen Entwicklung der Triebe, der Objektbeziehungen und des Ich differenziert. Unter dem Aspekt der Triebe verbindet sich ein Teil des Motilitätspotentials mit den libidinösen Impulsen und wird im libidinösen Erleben in die libidinösen Affekte integriert, steht im Dienst der Bindung. Ein Teil entwickelt sich als nichtsexuelle Aggression mit ihren spezifischen Affekten und stellt sich in den Dienst der Trennung.

Der primitive Liebesimpuls und die erbarmungslose Liebe

Sinnlichkeit ist die körperliche Seite der Libido, Motilität die körperliche Seite der Aggression. Zur Motilität gehört von allem Anfang an ein sensorisches Moment, das die Brücke zur sich entfaltenden Sinnlichkeit bildet. Ohne Bewegung käme kein sinnlicher Kontakt zwischen Selbst und Objekt zustande. Bewegung wird zum zentralen Bestandteil sinnlicher Erfahrung auf allen Stufen, im oralen Saugen und Beißen, im analen Festhalten und Loslassen, im phallischen Eindringen und vaginalen Umschließen. Die libidinöse Entwicklung ist immer auch Integration von Motilitätspotentialen. „Jeder Trieb ist ein Stück Aktivität" (Freud 1915c, 214). Bei der Beschreibung der libidinösen Entwicklung habe ich, wie dies meistens geschieht, diesen Aspekt vernachläßigt oder als selbstverständlich vorausgesetzt. Die Konsequenz ist, daß dann leicht auch das aggressive Potential im primitiven, d. h.

noch nicht in der Objektbeziehung integrierten, libidinösen Impuls ignoriert wird. Die Motilität kann zur Aktivität der libidinösen Triebe nur beitragen, wenn ihre potentiell aggressive Bedeutung integriert werden kann.

Potentielle Aggression ist Teil der primitiven Liebe, die ihr Objekt noch nicht kennt, noch nicht *hat*. Winnicott spricht daher vom primitiven Liebes*impuls* und vom Stadium *erbarmungsloser Liebe*. Der Säugling „kann die Tatsache noch nicht würdigen, daß das, was er in der Erregung zerstört, das gleiche ist, wie das, was er in Ruhepausen zwischen den Erregungen schätzt. Zu seiner erregten Liebe gehört ein imaginärer Angriff auf den Körper der Mutter. Hier tritt Aggression als Teilaspekt von Liebe in Erscheinung" (Winnicott 1955, 91f). Was immer aber auch der Säugling dem Objekt der erbarmungslosen Liebe antut und an Schmerz zufügt, geschieht nicht im Haß.

Um die Konstellation der primitiven Liebe und ihrer imaginär zerstörerischen Potenz ranken sich tiefe, archaische, gefährliche und angstbesetzte Phantasien. Sie dienen der Integration der potentiellen Aggression des primitiven Liebesimpulses in das libidinöse Erleben, versorgen die libidinösen Impulse und Affekte mit Aktivität, und verleihen ihnen ihre bindende Kraft. Das Mißlingen dieser Integration bildet die archaische Quelle destruktiver Aggressivität. Sie bedeutet auf der Ebene dieser archaischen Phantasien immer die Zerstörung der Mutter, die Angst vor Zerstörung, und die Abwehr dieser Angst.

Diese archaischen Phantasien werden als solche nie zugänglich, weil sie, averbal und präverbal, keine symbolische Repräsentanz gefunden haben. Sie gehören zum Kern des Unbewußten, der nie bewußt war, weil es zur Zeit ihrer Aktualität ein kognitives Bewußtsein noch nicht gab. Wir kennen aber sehr wohl Träume und Phantasien, in denen etwas zerstückelt, herausgerissen, verschlungen, ausgesogen und zerstört wird. Melanie Klein hat uns diesbezüglich mancherlei gelehrt. Bei Patienten, die ihre Konflikte auf neurotischem Niveau organisieren, tauchen solche Phantasien meist erst in späten Phasen der Analyse auf, wenn sich der Analysand allmählich neue Beziehungen und neue Möglichkeiten konstruktiven Handelns erschließen kann. Schafft es der Analytiker nicht, eine negative, *erbarmungslose* Übertragungsbeziehung zuzulassen und zu ertragen, oder deutet er die Erbarmungslosigkeit als Entwertung, kann er einen derart tiefen „psychotischen" Kern nicht analysieren. Gelingt es es ihm dagegen, sich solchen archaischen Phantasien, auch seinen eigenen, anzunähern, führt die Analyse regelmäßig zu Gefühlen eines tiefen Haßes, der einer ganz frühen wenig differenzierten Mutterimago gilt.

Wo aber bleibt da das Urvertrauen, das die ersten Lebenswochen prägen soll? Ich höre die kritische Frage, die etwas von der Schwierigkeit des Menschen ausdrücken mag, gegensätzliche leidenschaftliche Gefühle bei sich wahrzunehmen und wahrzuhaben. So will ich lieber fragen, wie sich aus der erbarmungslosen Liebe mit ihrem imaginären Angriff auf den Körper der Mutter Urvertrauen entwickeln kann.

Urvertrauen ist die durch Erfahrung gebildete Überzeugung, daß sich die Mutter, die das Kind in seiner erregten Liebe „zerstört", nicht zerstören läßt und immer wieder auf's neue da ist, wenn das Kind sie wünscht und braucht. Das, woraus es lebt, was es in sich aufnimmt, zerstückelt und zerstört, bleibt gleichzeitig erhalten.

Und das Kind kann sich in der Erfahrung des Körperkontaktes, durch seine Bewegungen, mit denen es auf den Körper der Mutter (und andere Grenzen) stößt, dessen immer wieder versichern. Das Kind gewinnt Vertrauen in die Welt, wenn jedes Triebwunsch-Befriedigungs-Erlebnis auch eine Bestätigung des Selbst und seines Bezuges zur Wirklichkeit enthält. Dann, so Winnicott (1955, 99f), unterstreicht jedes Erlebnis im Rahmen der Mutter-Kind-Interaktion, daß sich das neue Individuum im Mittelpunkt entwickelt, und der Kontakt mit der Umwelt ein Erlebnis des Individuums ist. Um solche Erfahrungen machen zu können, „bedarf das Kind einer ausreichend guten Bemutterung, bei der die Liebe körperlich zum Ausdruck kommt (wie sie zunächst ja nur zum Ausdruck kommen kann). Die Mutter hält das Baby (in ihrem Leib oder in den Armen), und aufgrund ihrer Liebe (Identifizierung) weiß sie, wie sie sich an Ich-Bedürfnisse anpassen muß. Unter diesen Bedingungen, und nur unter diesen, kann das Individuum beginnen zu existieren, um Es-Erlebnisse zu machen. Der Boden ist bereitet, so daß ein Maximum an Motilität in Es-Erlebnisse einfließen kann“ (Winnicott 1955, 100). Winnicott beschreibt hier in seinen Worten, was Freud als das Lustprinzip beschrieben hat.

Urvertrauen baut sich auf in der Erfahrung, den Körper der Mutter nicht zerstören zu können. Damit gewinnt das mit der Erotik verschmolzene Motilitätspotential – die sexuelle Aggression, die nicht Sadismus ist –, ihre bedeutsame Funktion im Aufbau der Objektbeziehungen. Es verleiht den libidinösen Wünschen ihre Stärke und Spannung, den konstanten libidinösen Objektbesetzungen ihren Tonus. Die sexuelle Aggression ist das Aktivitätspotential der Libido, der Triebimpulse, des Trieberlebens und der Triebgestaltung überhaupt, das *Aktivitätspotential der libidinösen Triebe*.

Die reine Aggression und die Funktion des Hasses

Aber nur ein Teil des ursprünglichen undifferenzierten Motilitätspotentials wird in die libidinösen Impulse, Wünsche und Affekte integriert. Das Wesen der libidinösen Wünsche und Affekte liegt in der Bindung an ein Objekt. Die Bindung an ein Objekt, die Objektbeziehung, wie wir kurz sagen, ist aber grundlegend anderer Art als die Dualunion, die frühe Einheit von Mutter und Kind. Sie ist libidinöse Besetzung des Objektes. Bevor jedoch das Kind seine Mutter als primäres Objekt libidinös besetzen und lieben kann, muß es im und für das Erleben des Kindes ein Kind und eine Mutter, ein Selbst und ein Objekt, ein Ich und ein Du geben, muß das Erleben des Objektes vom Erleben des Selbst getrennt werden. Die Bedeutung der Trennung von Selbst und Objekt im Aufbau der Objektbeziehungen wird Gegenstand des nächsten Teils sein. Die triebliche Grundlage der Trennung, um die es hier zunächst allein geht, liegt in der Aggression, die sich aus dem Motilitätspotential entwickelt, das nicht von Anfang an mit der Libido verschmolzen wird. Die trennende Funktion der Aggression hat Freud erkannt, wenn er als ihr Ziel definiert, Zusammenhänge aufzulösen.

Der Aufbau der verinnerlichten Objektbeziehungen vollzieht sich in der Dialektik von Bindung und Trennung, die menschliches Erleben prägt. Die nicht erotisch gebundene Motilität wird dem Individuum zugänglich, wenn sie auf Widerstand stößt, der aus der Außenwelt, vom Nicht-Ich kommt. Dann formiert sich Motilität zum aggressiven Trieb. Fehlt der angemessene Widerstand, bleibt die Aggression dem Erleben und der gestaltenden Aktivität des Ich unzugänglich und wird, analog der libidinösen Überstimulierung, zur Gefahr für das Wohlbefinden des Selbst und die Kohärenz der Objektbeziehungen. Aggressive Befriedigung und Wirklichkeitsgefühl sind eng verbunden. Und nur ein angemessen aggressiv besetztes Objekt kann libidinös besetzt und angstfrei zur sexuellen Befriedigung gebraucht werden. Allein Erlebnisse mit starker Beteiligung der Motilitätselemente und angemessener aggressiver Besetzung des Objekts stärken das Gefühl von Wirklichkeit und das Gefühl zu existieren. Eine zu geringe aggressive Besetzung ist verbunden mit Angst vor Abhängigkeit, vor Ich-Verlust und Verschmelzung mit dem Objekt. Letztlich ist das Todesangst. Der Anteil der Aggression, der nicht mit der Erotik verschmolzen wird, dient der Trennung von Selbst und Objekt und dem Aufbau unterschiedener Selbst- und Objektrepräsentanzen. Die nicht erotisch gebundene Aggression konstituiert das *Aktivitätspotential des Ich*. Im Widerstand, der sich der Bewegung bietet und in der Bewegung verspürt wird, konstituiert sich allmählich das Selbst, und entdeckt und erschafft dieses sich konstituierende Selbst seine Umwelt.

Der Mensch beginnt zu existieren, wenn er nein sagen, also nicht mehr bloß aggressiv *sein*, sondern Aggression erleben, fühlen und ausdrücken kann. Mit der Beherrschung des *Nein* in Gebärde und Wort wird das Handeln in der Ununterschiedenheit der frühen Einheit von Mutter und Kind „durch Worte ersetzt, und die Kommunikation auf Distanz wird eingeführt" (Spitz 1967, 203f). Aggression fühlen heißt, Wut und Haß erleben können. Das primäre Nein und der primäre Haß gelten dem Objekt, das in der Trennung von Selbst und Objekt sich konstituiert. Diese Trennung bedeutet immer zweierlei: Verzicht auf das stetige Daseinsgefühl des primären Zustandes in der erlebnismäßigen Einheit mit der Mutter, „Vertreibung aus dem Paradies", und Aufbruch zu neuen Ufern, Entfaltung des eigenen Kerns. Die erste Verneinung ist Verneinung eines Zustandes, in dem zu ek-sistieren nicht nötig war.

Diese Krise im Leben des Individuums ist der Ursprungsort des Hasses. Wut und Haß sind die beiden primären Affekte, in denen das bereits integrierte Ich Aggression erlebt. Haß ist die Gefühlsqualität der objektgerichteten Aggression, aus der sich dann eine Vielfalt von Affekten wie Ärger, Groll, Zorn, Unmut, Abscheu differenzieren. Die verneinende Geste, und erst recht das verbale Nein, das dem Objekt entgegen geschleudert wird, zeigt die beginnende Fähigkeit des Kindes zu hassen, und Haß dem Objekt gegenüber auszudrücken, dem er gilt. Die Fähigkeit zu hassen hat am Aufbau verläßlicher Objektbeziehungen und eines kohärenten Selbstbildes ebenso anteil wie die Fähigkeit zu lieben.

Freud hatte noch kein Konzept der frühen Mutter-Kind-Beziehung und der Loslösung des Kindes aus dieser frühen Beziehung. Aber den Sachverhalt hat er in „Triebe und Triebschicksale" (1915c, 230f) bereits präzis beschrieben. Wenn ich hier einige zentrale Sätze aus dieser Arbeit zitiere, möchte ich damit zum Studium des ganzen Textes anregen.

Natürlich faßte Freud – wie sollte er damals anders – seine Beschreibung der frühen Lebensphasen in Begriffen der Triebtheorie. „Das Ich findet sich ursprünglich, zu allem Anfang des Seelenlebens, triebbesetzt und zum Teil fähig, seine Triebe an sich selbst zu befriedigen. Wir heißen diesen Zustand den des Narzißmus, die Befriedigungsmöglichkeit die autoerotische." In einer Fußnote fügt er bei: „Ein Anteil der Sexualtriebe ist ... dieser autoerotischen Befriedigung fähig, ... Die Sexualtriebe, welche von vornherein ein Objekt fordern, und die autoerotisch niemals zu befriedigenden Bedürfnisse der Ichtriebe stören natürlich diesen Zustand und bereiten die Fortschritte vor." Weiter: „Das Objekt wird dem Ich, wie wir gehört haben, von den Selbsterhaltungstrieben aus der Außenwelt gebracht, und es ist nicht abzuweisen, daß auch der ursprüngliche Sinn des Hassens die Relation gegen die fremde und reizzuführende Außenwelt bedeutet. ... Das Äußere, das Objekt, das Gehaßte wären zu allem Anfang identisch. Erweist sich späterhin das Objekt als Lustquelle, so wird es geliebt, ... Das Ich haßt, verabscheut, verfolgt mit Zerstörungsabsichten alle Objekte, die ihm zur Quelle von Unlustempfindungen werden, gleichgültig ob sie ihm eine Versagung sexueller Befriedigung oder der Befriedigung von Erhaltungsbedürfnissen bedeuten. Ja, man kann behaupten, daß die richtigen Vorbilder für die Haßrelation nicht aus dem Sexualleben, sondern aus dem Ringen des Ichs um seine Erhaltung und Behauptung stammen ...

Der Haß ist als Relation zum Objekt älter als die Liebe, er entspringt der uranfänglichen Ablehnung der reizspendenden Außenwelt von seiten des narzißtischen Ichs. Als Äußerung der durch Objekte hervorgerufenen Unlustreaktion bleibt er immer in inniger Beziehung zu den Trieben der Icherhaltung, so daß Ichtriebe und Sexualtriebe leicht in einen Gegensatz geraten können, der den von Hassen und Lieben wiederholt."

Wenn wir nun bloß das biologische Konzept der Selbsterhaltung psychoanalytisch als Selbstbehauptung interpretieren, stellen wir verblüfft fest, wie nah Freud 1915 einem Konzept war, das Aggression als polare Strebung zur Libido, und beide als Phänomene psychischen Lebens begreift. Daß es Freud nicht mehr leicht fiel, den Anschluß an diese Gedanken wieder zu finden, nachdem er Aggression als nach außen gerichteten Todestrieb verstand, liegt auf der Hand. An der Stelle, an der Freud vom primären Haß zur Konzeption des Todestriebes ansetzte, knüpfte Winnicott vierzig Jahre später mit seinem Konzept der Beziehung zwischen Aggression und Gefühlsentwicklung wieder an, und verschaffte der nicht mit der Libido verschmolzenen Aggression den systematischen Ort in der psychoanalytischen Triebtheorie.

Ich weiß wohl, „Selbstbehauptung" ist ein etwas dürftiger und abgedroschener Ausdruck für die Sache, die er bezeichnen soll, nicht viel besser als „Selbsterhaltung". Ein besserer Name will mir aber nicht einfallen. Tatsächlich scheint mir das Wort *behaupten* etwas ganz Essentielles aller Aggression auszudrücken. Winnicott hatte kaum diesen sprachlichen Zusammenhang im Sinn, schließlich hat er ja nicht deutsch geschrieben, als er das Wesen der Aggression als reine Anstrengung in einer „Mit-dem-Kopf-Voraus"-Beziehung zum Widerstand (1955, 105) beschrieben hat. Die Wurzel des primitiven Liebesimpulses sieht er in der „normalen" Geburt. Er meint damit, „daß der Säugling die Geburt als Ergebnis seiner eigenen Bemühungen empfindet“ (1955, 98). In der gelungenen Geburt behauptet sich der Säugling zum erstenmal. Buchstäblich. So wird die Geburt zur Metapher der Selbstbehauptung und die Selbstbehauptung zur Metapher der Geburt des Menschen.

Selbstbehauptung ist kein Zustand, sondern Aktivität, „reine Anstrengung“, zielgerichtete Aktion. Ihre Bewegung ist polar: Bewegung von etwas weg und auf etwas zu. Einerseits ist sie Loslösung, Trennung und Abgrenzung. Auf der anderen Seite ist sie Bewältigung und Bemächtigung. Der Begriff Aggression kommt vom lateinischen aggredi oder adgredi und bedeutet soviel wie *herangehen, darauf zugehen, sich jemandem zuwenden, etwas unternehmen, beginnen, versuchen*. Erst in zweiter Linie und verbunden mit einem Akkusativobjekt heißt es auch angreifen. Die polare aggressive Bewegung ist zutiefst widersprüchlich. Das, wovon sich der Mensch in der aggressiven Bewegung weg und worauf er sich zubewegt, mag äußerlich dasselbe Objekt sein. Das Wesen menschlicher Aggression liegt im *Darauf Zugehen*, das beides einschließt, Getrenntsein und sich Bemächtigen. Man muß sich nur dessen bemächtigen, von dem man getrennt ist, und was man braucht (Selbsterhaltung) oder wünscht (Bedürfnisbefriedigung). Ohne Aggression sind Neugier, exploratives Verhalten, Entscheiden, Urteilen, Differenzieren, Auswählen, Handeln, Initiative, sich Durchsetzen und Durchhalten nicht möglich.

Aggression steht primär im Dienst des Umgangs mit der äußeren Realität der Objekte. Objekt heißt das andere, das Entgegenstehende. Und die Psychoanalyse gebraucht den Begriff in diesem Sinne. Heinz Hartmann (1939) hat von Freud den Begriff der Anpassung übernommen, um die Bewältigung der äußeren Realität zu bezeichnen. So verstanden steht Aggression im Dienste der Anpassung, ist ihr motivationaler Aspekt. Freilich ist es nicht die Aggression als Triebkraft, die Anpassung schafft, sondern es ist das Ich, das Aggression gestaltet und in Dienst nimmt. Anpassung ist eine zentrale Funktion des Ich. Das „Ausmaß an organisatorischer Planung, welche die Ich-Struktur auf die Aggressivität ausübt“, bestimmt ihr „operatives Niveau“ (Moser 1967, 100). Anpassung meint nicht, sich passiv unterwerfen. Das wäre im psychoanalytischen Sinn eine mißlungene Anpassung. Anpassung meint einen höchst aktiven, produktiven, im besten Fall kreativen Vorgang. Nur in der Dynamik von äußerem Widerstand und innerer aggressiver Bewegung zeichnet sich allmählich die Gestalt des bedürfnisbefriedigenden Objektes ab und rüstet den Menschen mit den Möglichkeiten aus, eine äußere Realität zu gestalten, die Objekte zur Befriedigung seiner mannigfaltigen libidinösen, aggressiven und narzißtischen Wünsche enthält und immer neue entstehen läßt.

Ambivalenz und Triebmischung

Die Integration des Haßes ist eine der wichtigsten Aufgaben, die der Mensch im Laufe seiner psychischen Entwicklung zu bewältigen hat. Jede Form der sogenannten Psychopathologie markiert auch eine Störung oder ein Scheitern dieser Integration. Die Fähigkeit zu hassen und aggressiv zu sein erwächst aus der Erkenntnis, daß das versagende Objekt mit dem befriedigenden identisch ist. Ambivalenz nennt Freud das gleichzeitige Vorhandensein von Liebe und Haß, Libido und Aggression, bezogen auf dasselbe Objekt. Die *Fähigkeit, Ambivalenz zu ertragen*, und *Integration des Hasses* sind ein und dasselbe. Dieselbe Objektrepräsentanz ist nun libidinös und aggressiv besetzt. Der Mensch kann hassen, ohne das Objekt seines Hasses zu zerstören, und lieben, ohne mit dem Objekt seiner Liebe zu verschmelzen.

Die sekundäre Integration der Aggression und des Hasses muß von der primären Integration von Motilitätsanteilen in das sinnliche Erleben unterschieden werden. Die in die libidinösen Trieb-Erlebnisse integrierte Aggression gibt dem libidinösen Erleben seine Energie und Intensität, schafft aber allein nicht die Konstituierung und Kohärenz des vom Selbst getrennten libidinösen Objektes. Erst wenn die libidinöse Besetzung im Rahmen einer aggressiven verläuft, kann das Selbst auf das Objekt zugehen (adgredi) und es als Liebesobjekt gebrauchen. Die libidinöse Besetzung schafft aus dem Bedürfnis den Wunsch und das begehrenswerte Objekt. Das begehrende Subjekt muß aktiv werden, um das Objekt zur Befriedigung des Wunsches zu bewegen. Aggressive Besetzung ist notwendig, um libidinöse Befriedigung zu erlangen, und umgekehrt kann abwehrfreie aggressive Befriedigung ohne Feindseligkeit nur im Rahmen einer libidinösen Besetzung erlebt werden. Das Zusammenwirken der aggressiven und libidinösen Besetzung hat Freud *Triebmischung*, das Gegeneinanderwirken als *Entmischung der Triebe* oder kurz *Triebentmischung* genannt. „Dieses Mit- und Gegeneinanderwirken der beiden Grundtriebe ergibt die ganze Buntheit der Lebenserscheinungen“ (Freud 1940a, 71). Daß Triebmischung kein automatischer und passiver Vorgang, sondern eine Funktion und Aktivität des Ich ist, versteht sich nach allem von selbst.

Von diesem Punkt aus ließe sich auch das Problem des konstruktiven und destruktiven Handelns neu angehen. Ursprung und Prototyp des *konstruktiven Handelns* in der Welt ist die Konstituierung des libidinösen Objektes. *Destruktive Aggressivität* verweist immer auf eine Störung im Aufbau der verinnerlichten Objektbeziehungen. Destruktivität ist Ergebnis einer mangelhaften Mischung der Triebe. Sie ist aggressive Besetzung einer Beziehung bzw. ihrer Repräsentanzen, der ihr libidinöser Anteil entzogen ist. Destruktivität markiert eine partielle oder totale Unfähigkeit, Ambivalenz zu ertragen und konstruktiv zu verarbeiten. Sie ist nicht einfacher Ausdruck des Hasses, schon gar nicht geradliniger Ausfluß eines Destruktionstriebes, der bestenfalls gezähmt werden könnte. Sie ist vielmehr eine Konsequenz der Unfähigkeit zu hassen. Ein Mensch zerstört nur, wen und was er liebt, wenn seine Fähigkeit zerfällt, noch zu lieben wo er haßt. Und in aller Regel zerstört er auch dann nicht den Menschen, den er liebt und dem sein ursprünglicher Haß gilt, sondern er verschiebt seinen Haß auf andere, die er dann bestiehlt, ausbeutet, unterdrückt, tyrannisiert, quält. Wenn sich die Aggression sexuell auflädt, wird sie zum Sadismus. An ihrem äußersten Ende führt die Unfähigkeit zu hassen zum Mord.

Winnicotts Konzept menschlicher Aggression ist wohl das bedeutendste, das die Psychoanalyse bis heute vorgelegt hat. Trotzdem bleibt in der psychoanalytischen Erforschung der Aggression noch einiges zu tun.

Die Entwicklung der Aggression

Ich will meine früheren Ausführungen zur Triebentwicklung mit einigen Anmerkungen zur Entwicklung der Aggression ergänzen. Analog zu den Partialtrieben der Libido spricht die Psychoanalyse von oraler, analer, phallischer und genitaler Aggression.

Orale Aggression

Wenn es im Erleben des Säuglings noch keine klare Unterscheidung von Selbst und Objekt gibt, kann auch von unterschiedenen und unterscheidbaren libidinösen und aggressiven Affekten sinnvoll noch nicht die Rede sein. Die oralen Impulse der erbarmungslosen Liebe sind ineins libidinös und aggressiv und doch keines von beidem. Je mehr ein Kind gehalten ist, desto ungehemmter und kräftiger kann es im Medium oraler Wünsche seine primitive, erbarmungslose, fordernde Liebe ausdrükken. Hier liegen die Wurzeln dessen, was wir *orale Gier* nennen. Und eine wahllose, alles verschlingende, an sich raffende, unstillbare Gier ist der Kern oraler Aggression. Der Säugling schreit, der Säugling saugt, und die Mutter stillt. Sie befriedigt damit die Bedürfnisse des Babys umfassend und global. Und der ganze Triebablauf, auch die Befriedigung, ist begleitet von archaischen Phantasien, zu denen es gehört, daß im oralen Befriedigungserlebnis verschwindet, was befriedigt, und daß der Säugling zerstört, was er in sich aufnimmt. Zu leicht lassen wir diesen aggressiven Anteil am Befriedigungserlebnis außer acht.

Um das Wesen oraler Aggression zu verstehen, müssen wir uns vergegenwärtigen, daß sich Libido und Aggression nicht gleichmäßig entwickeln. Damit das Kind die Aggression im Liebesimpuls allmählich differenzieren und integrieren und die Gier der Lust Platz machen kann, müssen sich die oralen Erfahrungen unter der Vorherrschaft der Libido und einer entsprechenden Einstellung der Mutter vollziehen. Die orale Phase bringt einen ersten kräftigen Entwicklungsschub der Libido. Die Anhäufung guter sinnlich-körperlicher, d. h. physiologisch und libidinös befriedigender Erfahrungen, führt zu einer ersten libidinös bestimmten Objektimago. Aufgrund hinlänglich guter Erfahrungen kann der Säugling allmählich den primitiven Liebesimpuls in Liebe und Haß differenzieren. Die befriedigenden Erfahrungen verbinden sich mit der sich konstituierenden Imago des libidinösen Objektes, die frustrierenden Erfahrungen mit der des archaischen Objektes des primären Hasses. Die getrennte und ungleichzeitige Entwicklung der „guten" und „bösen" Objektimago – diese Terminologie von Melanie Klein hat sich mehr und mehr eingebürgert –, soll das libidinös und physiologisch befriedigende Objekt – und damit auch das Selbst – vor Zerstörung bewahren. Da das Kind noch nicht zur Realitätsprüfung, zur Unterscheidung von Phantasie und Realität, in der Lage ist, kann es weder die reale Ungefährlichkeit seiner phantasierten Aggression wahrnehmen noch seine destruktiven Impulse konstruktiv kanalisieren. Seine Spontaneität ist potentiell destruktiv und kreativ zugleich. In einer hinlänglich haltenden Umwelt wird sie zum kreativen Akt und gipfelt in der Konstituierung des libidinösen Objektes (Spitz 1967).

Wenn wir klinisch von *oraler Aggression* sprechen, meinen wir aggressives Verhalten, das auf einer Fehlentwicklung in dieser frühen Situation, in der Libido und Aggression einerseits, Aggression des Es und Aggression des Ich anderseits noch nicht geschieden sind. Dieser Situation begegnen wir in der Analyse mancher Borderline-Persönlichkeiten, die nicht in der Lage sind, Ambivalenz zu ertragen. Einmal ist der Analytiker nur gut, wird total geliebt und idealisiert, ein andermal, und das kann innerhalb einer Stunde umschlagen, ist er nur böse, wird gehaßt und total entwertet, „zerstört". Nähert sich die Analyse der Ambivalenz an, und kommen die bisher getrennten Repräsentanzen des „guten" und „bösen" Objektes allmählich miteinander in Berührung, geraten manche Analysanden in einen Zustand eigenartiger Erregung, mit dem sie den Analytiker zu überschwemmen und aufzusaugen drohen. Realisieren sie, daß sie den gehaßten Analytiker auch lieben, werden sie von mörderischen Phantasien und Ängsten geplagt. Es entsteht mitunter eine scheinbar chaotische Übertragung, die Haß provoziert, der über längere Zeit schwer verständlich und handhabbar sein mag.

Es war für mich eine verwirrende und erschreckende, aber auch beeindruckende Erfahrung, als ich erstmals mit einem solchen Patienten konfrontiert war. Ich fühlte mich gleichzeitig gepackt, total involviert und abgestoßen, desinteressiert. Zeitweilig litt ich unter einer Denkhemmung, die es mir verunmöglichte, dem Analysanden etwas Gutes zu geben. Er forderte ein totales Engagement und quittierte es mit Mißtrauen. Meine Zuwendung und mein Interesse schienen ihm nur Hohn, Ironie, Sarkasmus, Haß auszudrücken. Deutungen schluckte er nicht oder spuckte sie wie etwas Ekelhaftes gleich wieder aus. Die Situation veränderte sich entscheidend, als ich realisierte, daß dieser Patient bisher nur im Haß einen intensiven emotionalen, ja leidenschaftlichen Zugang zu einem anderen Menschen finden konnte, und ich seine aggressive Abwehr als eine sehr tragfähige analytische Beziehung erkennen konnte.

Ich kann hier nicht weiter auf die Phänomenologie und Analyse oraler Aggression eingehen. Sie müßte sich noch weiter mit dem Beißen und Fressen, mit Kannibalismus, aber auch mit dem Mythos der Vampire auseinandersetzen. Auch im christlichen Abendmahl wären wohl oral aggressive Wurzeln auszumachen. Vergessen wir zum Schluß nicht, daß die Alltagssprache reich an Wendungen ist, die orale Aggression anklingen lassen. „Jemanden aussaugen", „jemandem die Würmer aus der Nase ziehen" und „jemanden ausbeuten" sind mehr oder weniger zivilisierte Formen von Kannibalismus. Jede „Beute"-Aggression geht letztlich auf orale Aggression zurück. Beim Tier hat das Fangen, Erlegen und Auffressen der Beute, die nie der gleichen Art angehört, subjektiv keinen aggressiven Charakter. Lediglich der Mensch kann seinesgleichen, d. h. Artgenossen zur Beute machen. Homo homini lupus! Ist also nicht jede orale Aggression zerstörerisch? Und beruht die so hartnäckige Gleichsetzung von Aggression und Destruktivität vielleicht auf der Erfahrung, daß Aggression, wenn sie sich nicht aus dem primitiven Liebesimpuls lösen und sich unter der Vorherrschaft der Libido entwickeln und sich mit Libido mischen kann, zerstörerisch ist?

Die anale Phase, die etwa das zweite und dritte Lebensjahr umfaßt, bringt einen gewaltigen aggressiven Entwicklungsschub. Das Kind geht aus der hinlänglich guten oralen Phase mit einem verläßlichen libidinösen Potential hervor, das auf den Erfahrungen mit dem bedürfnisbefriedigenden Objekt beruht, und es hat ein erstes Bild dieses Objektes verinnerlicht, so daß es das „gute" Objekt sicher wieder erkennt und von anderen Personen unterscheiden kann. Aufgrund des Urvertrauens, der gesicherten libidinösen Erfahrung, kann sich das Kind allmählich als vom Objekt der Befriedigung getrennt erleben und die Illusion, omnipotent zu sein, in Frage stellen oder in Frage stellen lassen. Es kann die nicht in die erotischen Erlebnisse integrierten Motilitätsanteile zum aggressiven Potential organisieren und in den Dienst der Trennung von Selbst und Objekt, von Innen und Außen, Phantasie und Realität stellen.

Das allmähliche Abbröckeln der Illusion der Omnipotenz geht mit der Erfahrung einher, daß die Triebwünsche „innen" entstehen, und die Befriedigung von „außen", vom Objekt kommt. Das Kind beginnt, sich seiner Abhängigkeit bewußt zu werden, und es tut alles, um ihr zu entgehen. Es gebärdet sich unabhängig, als ob es die Mutter nicht mehr brauchte. Das Kind will alles selber machen. Es stößt die Mutter weg und läuft davon. Dabei gerät es in Panik, denn es könnte die Mutter gefährden und verlieren. Also läuft es zur Mutter hin, überschüttet sie mit seinen Liebesbeweisen, um sich ihrer zu versichern. Das weckt Angst vor Abhängigkeit. Das Kind läuft von der Mutter weg . . . Hier entsteht der Haß, und er kann bloß in der Überzeugung ertragen werden, daß die Destruktivität in der primitiven Liebe weder die Liebe und schon gar nicht das Objekt zerstören kann. Erst diese Erfahrung befähigt zum Haß. Wen man hassen kann, braucht man nicht zu zerstören, und wen man hassen kann – leidenschaftlich –, den kann man auch lieben. Und nur eine Liebe, die Haß erträgt, ist verläßlich.

Libidoökonomisch läßt sich dieser Kreis als eine charakteristische Besetzungsverschiebung beschreiben: Das Kind zieht libidinöse Besetzung von der Mutter ab und ersetzt sie durch aggressive. Diese Verschiebung muß aber jederzeit reversibel sein, ja beide Besetzungen können oft in rascher und verwirrender Folge wechseln. Und die Beziehung, will sagen die Mutter, muß ein zeitweiliges Überwiegen aggressiver Besetzung aushalten. Wir sagen, das Kind trotzt. Die anale Phase ist identisch mit dem ebenso bekannten wie gefürchteten Trotzalter. Das Kind kann jetzt nein sagen, kann „böse Mami" sagen – und sagt es auch –, kann die Mutter schlagen, ihr „zuleide werken" – und tut es auch. Die Mutter kann nichts Besseres tun, als diskret präsent zu sein. Daß sie stoische Ruhe bewahrt, wird niemand von ihr erwarten, zuallerletzt ihr Kind. Und wenn sie sich bloß *ihren* Haß nicht übelnimmt, braucht sie ihn auch nicht zu verleugnen.

Mario war in der Trotzphase. Eigentlich sollte er ihr längst entwachsen sein – meinten die Eltern. Er benötigte noch Windeln, war aber eine zeitlang kaum zu wickeln. Nicht daß er grundsätzlich etwas dagegen gehabt hätte, Windeln zu tragen. Im Gegenteil. Er erklärte einmal dezidiert, er mache genau so lange in die Hosen, wie er wolle. Davon abhängig zu sein, gewickelt zu werden, war aber offenbar doch eine recht große Kränkung der Eigenliebe und des Autonomiegefühls. Also gestaltete er es so spannend, wie das nur ging. Er zerrte die Windeln weg und schmiß die Puderdose von der Kommode. Lag er endlich auf der Windel, wußte er sich so agil zu wenden und zu drehen, daß es an ein akrobatisches Kunststück grenzte, die Windel einigermaßen funktionsgerecht hinzukriegen. Als er es wieder einmal fertig gebracht hatte, mit allerhand destruktiven Interventionen aus dem Wickeln eine Haupt- und Staatsaktion zu machen, seufzte die Mutter verärgert und deprimiert: Wieso mußt du bloß so blöd tun? Mario darauf kurz, bündig und aufschlußreich: Daß es dich stört. – Nicht unerwähnt bleiben soll, daß sich der Junge von diesem Moment an ohne Schwierigkeiten wickeln ließ. Nachdem er seine Aggression verbalisieren konnte, brauchte er sie nicht mehr durch Handeln auszudrücken.

Trotz ist die anale Form der Aggression. Seine entwicklungsfördernde Bedeutung ist unverkennbar. Die Mutter aggressiv besetzen zu können, erleichtert die Abgrenzung und den Aufbau konturierter Selbst- und Objektrepräsentanzen. Gleichzeitig mit der erhöhten aggressiven Besetzung zieht das Kind libidinöse Besetzung von der Imago der Mutter ab und verschiebt sie auf neue Objekte. Zunächst auf andere Personen: Den Vater, Geschwister, Großeltern, Spielkameraden usw. Das Kind schafft sich so neue libidinöse Objekte. Zum zweiten erhalten jetzt auch Dinge, Spielsachen und Tätigkeiten eine libidinöse Note. Der Säugling wird zum Kleinkind, das seine Interessen auf eine weitere Umwelt ausweitet. Und drittens schafft es sich imaginäre Objekte und Übergangsobjekte, die ihm immer wieder helfen, den Weg in die äußere Realität und zurück in die innere Welt zu finden. Damit gewinnt die Phantasie des Kindes neue Dimensionen, die im Spiel ihren Ausdruck finden.

Im Spiel und in der Beziehung zu Objekten, die nicht die Mutter sind, erprobt das Kind Ambivalenz und lernt es, Ambivalenz zu ertragen. Das ist der entscheidende Entwicklungsfortschritt dieser Phase. Die Möglichkeit, dasselbe Objekt, bzw. dieselbe Objektbeziehung libidinös und aggressiv zu besetzen, läßt aus dem analen Trotz Wille entstehen. Und da mit der Analität, bzw. der Aufgabe ihrer Bewältigung, die Ordnung, das Gesetz ins Leben des Menschen Einzug hält, ist dieser Wille ein geordneter Wille, der konstruktives Tun erst möglich macht. Anale Aggressivität ist deutlich weniger absolut, weniger zerstörerisch als die orale und damit weniger gefährlich.

Zur Bedeutung analer Aggression in Psychopathologie und Alltagsleben wäre manches zu sagen. Hinter jeder Entwertung steht ein Moment der Fäkalisierung. Die anale Sprache ist jedem wohl vertraut. Nicht nur das Fluchen hat eine anale Komponente, sondern auch der Fluch. Die weitere Beschäftigung mit analer Aggression würde bald zum Gegensatz von aktiv und passiv führen. Beides, Unterwerfen und sich unterwerfen, ist aggressiv. Wir sprechen von „analer Unterwürfigkeit". Wir kennen den Hosenscheißer und den Arschlecker. Und wir kennen die ekelhafte Aggressivität des Sanften, der angeblich Haß nicht kennt. Wir begegnen der Aggressivität des Aggressionsgehemmten.

Phallische Aggression

In der frühen genitalen Phase herrscht wohl bei Knaben und Mädchen die phallische Aggression vor. Phallische Aggression, die sich auf einer guten analen Grundlage entfalten kann, nimmt die Merkmale von Initiative, Ehrgeiz und Rivalität an. Der zentrale Modus – wir wissen es – ist das Eindringen. Neugier, hartnäckige Fragen nach dem Warum, Forscherdrang, Abenteuerlust prägen Erleben und Verhalten. Die Aggressivität wird zielgerichtet und kann in den Dienst von Zwecken und Zielen gestellt werden. Das drückt sich aus im kreativen Spiel.

Kernpunkt genitaler Aggression ist das Werben. Ohne konstante aggressive Besetzung läßt sich kein Objekt gewinnen. Der stärkste libidinöse Drang führt zu nichts, wenn er sich im Schmachten erschöpft. Zudem verlöre ohne Rivalen das Werben jeglichen Sinn. Zwei Menschen, die es auf die sprichwörtliche einsame Insel verschlüge, brauchten nicht umeinander zu werben, und sie würden es auch nicht tun. Zu jeder Werbung gehört das Ertragen und der – zumindest innere – Kampf mit Rivalen. „Zur Potenz gehört das Ertragen der Vorstellung, einen Rivalen zu töten" (Winnicott 1988, 121). Ohne die Fähigkeit zu lieben und zu hassen ist ein Kind schlecht gerüstet für das erste große Liebesabenteuer, das die frühe genitale Phase prägt: die ödipale Situation. Davon später mehr.

Aber phallische Aggression und phallisches Rivalisieren haben und behalten auch in ihrer präödipalen Form ihre Bedeutung. Die freie Marktwirtschaft und Gesellschaftsordnung beruhen darauf. Präödipale Aggressivität und phallische Rivalität sind in einer kapitalistischen Industriegesellschaft höchst erwünschte und nützliche Eigenschaften. Auch die aggressive Befriedigung im Sport ist nicht zuletzt phallische Befriedigung. Daß Jungen vergleichen, wer den größeren, bzw. den größten Penis hat, und ernsthaft wetteifern, wer beim Urinieren den höchsten und weitesten Bogen zustande bringt, beobachten wir mit Schmunzeln. Später wirkt direktes phallisches Zur-Schau-Stellen bald einmal lächerlich. Wenn z. B. ein Erwachsener seinen „bodygebuildeten" Körper öffentlich in Pose setzt, mag das den unfreiwilligen Zuschauer leicht peinlich berühren. Wenig lustig ist auch das indirekte phallische Rivalisieren, z. B. mit dem größeren Wagen, der höheren Position, dem höheren Salär, dem repräsentableren Ferienhaus usw. Besitz und Kompetenz, die Lebensqualität schaffen sollen, verkommen zum Statussymbol und gewinnen damit prägenitale, phallisch-narzißtische Bedeutung. Nicht die sportliche Leistung ist dann Quelle der Befriedigung, sondern der Rekord. Die erbrachte Leistung zählt wenig mehr, sobald der Rekord gebrochen wird. Was Quelle von Stolz, Befriedigung, Sicherheit und Glück sein sollte, wird zur Quelle ewiger Unruhe und Unsicherheit pervertiert, denn phallische Besetzung ist an sich flüchtig, zwiespältig und ungesichert.

Triebentmischung und Destruktivität: Ein klinisches Beispiel

Peter ist ein 15jähriger Gymnasiast. Mit seiner schmächtigen Postur, dem zarten, bleichen Gesicht, umrahmt von langen dunklen und ausgesprochen schönen Haaren, wirkt er grazil, fast zerbrechlich. Ich erlebe ihn in den Stunden, zumindest zu Beginn der analytischen Arbeit, als anschmiegsam, weich, gefühlvoll. Die homoerotische Attraktion ist nicht zu übersehen. Es sind aber ganz andere Probleme, deretwegen er mich aufsucht. Obwohl überdurchschnittlich begabt, droht er sich seine Schullaufbahn und sein soziales Leben durch eine übermäßige Anspruchshaltung auf der einen, Anfälle maßloser Aggressivität auf der anderen Seite buchstäblich zu zerstören. Ein Beispiel von vielen: Als Peter sich einmal einen Bananenshake zubereiten wollte, brannte eine Sicherung durch. Er war nicht in der Lage, eine neue einzuschrauben. Er reagierte mit einem massiven Wutanfall, zerschmetterte den Mixer und zertrampelte ihn in tausend Stücke.

Peter spielt gelegentlich Gitarre. Nun bietet ihm ein Freund ein fast neues Instrument mit Verstärker für zweitausend Franken „günstig" zum Kauf an. Er selber hat eines, das kaum zwei Jahre alt und seinem Spiel durchaus angemessen ist, das aber, so erklärt er nun, seinen Ansprüchen nicht mehr genügt. Er hat ein Sparbuch mit ungefähr tausend Franken, glaubt, für seine Gitarre noch einige hundert Franken lösen zu können, und den Rest soll ihm seine Mutter vorschießen. Sie gibt ihm weder das fehlende Geld noch erlaubt sie ihm, sein Erspartes abzuheben. Mich will Peter dafür einspannen, die Mutter zur Zustimmung zu überreden. Ich versuche, seinen Wunsch, dessen Dringlichkeit und seine Angst vor Enttäuschung zu verstehen. Nur ansatzweise spürt Peter das Überrissene seiner Ansprüche. Er läßt den Wunsch für's erste fallen, ohne daß wir dem Verständnis seiner Konflikte näher gekommen wären. Bald taucht denn auch der Wunsch von neuem auf, nicht zuletzt deshalb, weil der Freund ihm sein Angebot immer wieder schmackhaft zu machen versteht. Nachdem er ihn wieder einmal wegen seines lausigen Instrumentes gehänselt hat, droht Peter, der Mutter Geld zu stehlen, wenn sie ihm nicht erlaube, die Gitarre zu kaufen. Er verspricht hoch und heilig, daß dies seine letzte Forderung sei, daß er dann alles habe, was er brauche. Die Mutter weigert sich weiterhin, dem Kauf zuzustimmen. Darauf schlitzt Peter sein Duvet auf, verstreut den Flaum unter Fluchen und Toben in der ganzen Wohnung, schließt sich in sein Zimmer ein, und zerstückelt seine Matratze mit einer Gründlichkeit, die man kaum für möglich hielte. Die Mutter droht, die Polizei zu holen, worauf Peter seine Gitarre vollständig zertrümmert. Darauf fleht sie ihn an, doch endlich aufzuhören. Sie verhandeln durch die geschlossene Tür, und schließlich gibt die Mutter den Forderungen ihres Sohnes nach. Nochmals verspricht er hoch und heilig, künftig keine derartigen Wünsche mehr zu haben, und ihr den Betrag, den sie ihm vorschießen muß, von seinem Taschengeld nach und nach zurückzuzahlen. Darauf räumen Mutter und Sohn in merkwürdiger Eintracht und Minne die verwüstete Wohnung auf.

Bezeichnenderweise ist von diesen Aggressionen in unseren Gesprächen nichts zu spüren. Peter berichtet diese Vorfälle, als ob sie nicht ihn betreffen würden. Er schildert die Szenen in allen Einzelheiten, aber ohne jeden Affekt. Ähnlich indifferent ist Peter auch in seinen libidinösen Beziehungen. Er hat intensive Kontakte, sowohl mit Jungen wie mit Mädchen, von denen er immer überzeugt ist, daß sie in alle Ewigkeit bestehen werden. Sie erlöschen aber jeweils nach kurzer Zeit ebenso unmittelbar und schmerzlos, wie sie entstanden sind. Er kann wohl für den Moment befriedigende libidinöse Beziehungen eingehen, denen aber Besetzungkonstanz und

Aktivitätspotential fehlen. In der Schule übersprudelt er einmal vor Aktivität, ein andermal versinkt er in fast völlige Passivität. Dann wird er von allen gemieden, denn zu diesen Zeiten ist er in einer hoch explosiven Stimmung, die manifest gefährlich werden kann. Aus nichtigen Anläßen greift er Lehrer und Freunde verbal und tätlich an. Als ein Lehrer, den er an sich gut mochte, ihn in einer Stunde aufrief, warf er mit einem Buch nach ihm, beschimpfte ihn auf's wüsteste und verließ unter Getöse das Schulzimmer.

Peter ist in mißlichen Verhältnissen aufgewachsen, die von mancherlei Zwiespältigkeiten geprägt sind. Die Mutter schlägt sich mit Heimarbeit scheinbar kümmerlich durchs Leben. Sie wohnen aber in einem Eigenheim, nicht luxuriös, aber auch nicht billig. Ab und zu verreist die Mutter unerwartet als Dame von Welt und verbringt einige Tage an recht mondänen Orten. Niemand weiß, woher sie das Geld jeweils nimmt. Ich habe sie in zwei Gesprächen, die ich mit ihr geführt habe, als bigotte Frau empfunden, triefend vor Fürsorge und scheinbarer Zuwendung, zu einem echten Gefühl aber nicht in der Lage. Noch diese kurze Beschreibung spiegelt meine ungewöhnlich aggressive Gegenübertragung, die sich sofort eingestellt hat, und die ich kaum bezwingen konnte.

Der Vater lebt getrennt von der Familie und verbringt regelmäßig einige Wochen in einer psychiatrischen Klinik. Er leidet unter manifest psychotischen Zuständen, in denen er sich von Mächten aus dem Weltall bedroht fühlt. Dieser Bedrohung glaubt er entkommen zu können, wenn er sich zum Werkzeug dieser Mächte macht. Seine Angst, er könnte andere wirklich bedrohen, läßt ihn dann jeweils in der Klinik Schutz suchen.

Mutter und Peter leben in einem gegenseitig geradezu sado-masochistisch anmutenden Verhältnis. Peter terrorisiert die Mutter mit seinem Verhalten. Sobald aber Ruhe einkehrt, reizt ihn die Mutter auf perfide, verbal gar nicht ausdrückbare Weise, bis er wieder einen seiner Ausbrüche hat. Noch heute spüre ich die Erschütterung und das Würgen im Hals, wenn ich daran denke, wie mir die Mutter nach einem verlängerten Wochenende mit unbeschreiblichem Triumph in der Stimme, den zu unterdrücken sie vergebens versuchte, mitteilte: „Denken Sie, Peter ist in der psychiatrischen Klinik!“ Nachdem er am Samstag abend sein Zimmer halb zertrümmert, Mutter und Schwester mit dem Messer bedroht hat, verbarikadierte er sich in seinem Zimmer und drohte, sich umzubringen. Die Mutter ließ ein Polizeiaufgebot von fünf Mann, Notfallarzt und Ambulanz auffahren, um ihn herauszuholen, zu bändigen und in die Klinik zu schaffen. Daß die Mutter, kaum ist Peter in der Klinik und der akute Zustand abgeklungen, den Vorfall bagatellisiert und alles daran setzt, Peter aus der Klinik zu holen, was ihr bereits nach drei Tagen auch gelingt, ist die logische Fortsetzung dieses tragischen Teufelskreises.

Daß es sich hier um eine tiefgreifende Störung des ganzen Familiengefüges handelt, eine Einzeltherapie mit Peter kaum indiziert gewesen sein konnte und scheitern mußte, ist deutlich. Aber darum geht es mir im Moment nicht. Ich führe das Beispiel lediglich an, weil es veranschaulichen mag, wie Aggression zur Destruktivität wird, wenn sie nicht mit einer konstanten libidinösen Besetzung einhergeht. Peter hat wohl von seiner Mutter immer wieder libidinöse Zufuhr erhalten, aber mehr ihren eigenen Bedürfnissen als den Wünschen Peters entsprechend. Das manifestiert sich später in Peters intensiven, aber labilen libidinösen Besetzungen. Auf dem Hintergrund übermäßiger punktueller libidinöser Befriedigung mußten die starken Versagungen, denen der Junge unweigerlich ausgesetzt war, umso traumatischer und nachhaltiger wirken. Unter diesen Umständen konnte Peter in der analen Phase kaum hinlänglich Selbst und Objekt differenzieren und die primäre Objektbeziehung unter der Vorherrschaft der Libido konstituieren und halten. Der Grundcharakter von Peters Beziehungen ist aggressiv. Die befristeten, intensiven libidinösen Besetzungen wirken dagegen wie Einsprengsel, die kaum Spuren im Sinne einer konstanten Besetzung hinterlassen. Peter hat die Fähigkeit, Ambivalenz zu ertragen und zu benutzen, höchstens sehr mangelhaft erworben. Die Möglichkeit, noch im Haß die Liebe zu einem Menschen zu bewahren, mußte ihm verschlossen bleiben. Das Wechselspiel von Befriedigung und Versagung in der frühen Beziehung von Mutter und Kind war in einem Maß unausgewogen, die den Aufbau einer verläßlichen inneren Welt zur fast unlösbaren Aufgabe machte. Zudem fehlte ihm der Vater fast absolut, so daß Peter noch zur Zeit, als ich mit ihm analytisch zu arbeiten versuchte, kaum eine Vorstellung davon hatte, was ein Vater überhaupt ist.

Daß Peter der Psychose entgangen ist, hat er wohl nicht zuletzt dem Umstand zu verdanken, daß er seine kognitive Entwicklung fast ungestört vollziehen konnte. Aber das genügte natürlich nicht, um sich in der ödipalen Phase von der Mutter wirklich zu lösen. Eine solche Entwicklung muß in der Adoleszenz zur Katastrophe führen.

Nun darf man sich nicht fälschlicherweise vorstellen, daß eine solche aggressive Beziehung von Anbeginn an feindseligen Charakter hätte. Es überrascht überhaupt nicht, daß die Mutter Peter als lieben Buben schilderte, der kaum je getrotzt habe. Bis zur einsetzenden Pubertät lebte Peter in „aggressiver Harmonie" mit seiner Mutter. Erst die durch die inneren und äußeren Vorgänge der Adoleszenz erzwungene Loslösung aus der engen Verbundenheit mit der Mutter machte die aggressive Natur ihrer Beziehung manifest und führte zum manifest destruktiven Verhalten Peters.

Teil III:

Der Aufbau der psychischen Wirklichkeit

Zur Einleitung

Im ersten Teil habe ich die psychoanalytische Situation als Darstellung psychischer Wirklichkeit, den Übertragungskonflikt als Re-Externalisierung eines verinnerlichten Konfliktes beschrieben. Die psychoanalytische Situation ist, um Handke zu paraphrasieren, die „Außenwelt der Innenwelt". Nun möchte ich mich dem Aufbau der Innenwelt, und zwar der „Innenwelt der Außenwelt", zuwenden. Im Austausch mit der äußeren Realität, in der das Kind lebt, und der es die Objekte seiner Triebwünsche entnimmt, schafft es sich die psychische Wirklichkeit, die wir am besten mit der Metapher eines „inneren Raumes", einer „inneren Welt", einer „Vorstellungs-" oder „Repräsentanzenwelt" (Sandler 1984) begrifflich fassen. Bausteine und Struktur der inneren Welt sind die „verinnerlichten Objektbeziehungen".

Verstehen wir die verinnerlichten Objektbeziehungen als Struktur der inneren Welt und des Erlebens, müssen wir das Konzept der Objektbeziehungen von Freuds Struktur- oder Instanzenmodell unterscheiden. Bereits im zweiten Teil habe ich das Strukturmodell eingeführt. Die drei Instanzen – Es, Ich und Überich – sind durch ihre Funktionen definiert. Das Instanzenmodell faßt die psychische Struktur unter dem Gesichtspunkt des psychischen Funktionierens, das Konzept der verinnerlichten Objektbeziehungen unter dem der inneren Erlebniswelt.

Daß ich im folgenden Prozessen und Phantasien Worte zu geben versuche, die zur Hauptsache unbewußt ablaufen, wird wenig erstaunen, wenn wir bedenken, daß die bewußten Erinnerungen des Menschen kaum hinter das fünfte, allenfalls vierte Lebensjahr zurückreichen. Die wesentlichsten Schritte im Aufbau der Objektbeziehungen tut das Kind im zweiten und dritten Altersjahr, und der Prozeß steuert seinem Höhepunkt zu, wenn das Kind vier oder fünf Jahre alt wird.

Über die Konzepte, die sich an der psychischen Entwicklung orientieren, und deren Status in der psychoanalytischen Theorie wäre manches zu sagen. Sie theoretisieren klinische Erfahrungen aus drei methodisch disparaten Bereichen: Einmal aus Rekonstruktionen der klassischen Analyse Erwachsener, zum andern aus der Psychoanalyse von Kindern verschiedenen Alters und drittens aus der direkten Beobachtung von Säuglingen und Kleinkindern sowie Mutter-Kind-Paaren. Einmal mehr muß ich die methodologischen und wissenschaftstheoretischen Fragen außer acht lassen.

Zwei Bemerkungen zu den folgenden Abschnitten und zur Verwendung des Objekt-Begriffes muß ich doch anbringen, um Mißverständnisse zu vermeiden. Ich habe bereits bei der Einführung des Triebobjektes betont, daß der psychoanalytische Begriff des Objekts nicht einfach die andere Person einer Beziehung bezeichnet. Objekt ist immer die andere Person in ihrer Bedeutung für das Subjekt, der „bedeutsame Andere“ bzw. seine Repräsentanz in der inneren Welt. Der bedeutsame Andere hat aber viele Bedeutungen und Funktionen. In diesem Sinne habe ich vom libidinösen Objekt und vom Objekt der Aggression gesprochen. Im gleichen Sinne können wir vom regulierenden Objekt (Lichtenberg 1983; Stern 1985) oder vom Objekt des Ich, der Ich-Bedürfnisse (Winnicott), vom Objekt der Identifikation und – davon wird im folgenden noch die Rede sein – vom narzißtischen Objekt oder Selbstobjekt sprechen.

Die Objektbeziehungen umfassen also mehr als das libidinöse oder das Triebobjekt. Objekt*beziehung* ist mehr als Objekt*besetzung*. Die verinnerlichten Objektbeziehungen sind die Bausteine der Struktur der inneren Welt, der Erlebniswelt. Im Bemühen, Aufbau und Struktur der Erlebniswelt zu fassen, drohte der Psychoanalyse nicht selten die Triebtheorie, bzw. der Erlebnisbereich, den diese konzeptualisiert, abhanden zu kommen. Dann mag der Eindruck entstehen, als wären Triebtheorie auf der einen, Objektbeziehungs- und Selbstpsychologie auf der anderen Seite alternative, einander ausschließende Modelle. Der Trieb läßt sich aber psychoanalytisch nicht ohne die zugehörige Objektbeziehung, und die Objektbeziehungen nicht ohne die zugehörigen libidinösen und aggressiven Affekte beschreiben. „Das Unbewußte und die Sinnlichkeit“ und „Der Aufbau der psychischen Wirklichkeit“ erhalten ihre Relevanz erst, wenn sie aufeinander bezogen werden.

Eine zweite Bemerkung zur Sprache der Objektbeziehungslehre. Die psychoanalytischen Konzepte, die sich an der psychischen Entwicklung orientieren, scheinen recht anschaulich und plausibel, wenn man sie etwa mit der Trieb- und Konflikttheorie vergleicht. Das ist ihr Vorteil und ihre Gefahr. Was in der frühen Mutter-Kind-Beziehung geschieht, scheint konkret und einleuchtend. Doch nur solange, als man den bestimmenden Einfluß der Phantasie im Aufbau der inneren Welt außer acht läßt. Das Beziehungs*verhalten* läßt sich beobachten, sogar in einem standardisierten, kontrollierbaren Forschungssetting. Was die „baby watchers“ nicht zu Gesicht bekommen, sind die unbewußten Phantasien und ihre bestimmende Bedeutung im Aufbau der psychischen Wirklichkeit. Verhaltensbeobachtungen werden für die psychoanalytischen Konzepte erst fruchtbar, wenn sie mit der psychischen Wirklichkeit konfrontiert werden, wie sie sich in der psychoanalytischen Situation darstellt. Die scheinbare oder gar trügerische Einfachheit und Geradlinigkeit der an der Entwicklung orientierten Konzepte wird gebrochen, sobald sie mit den leitenden und bestimmenden Phantasien verbunden werden, z. B. über die Unerschöpflichkeit und Allmacht im Einssein mit der Mutter, über die Urszene, über Inzest und Kastration. Das sind sperrige Stücke der psychoanalytischen Theorie, die jedoch wesentliche Aspekte des Menschseins begrifflich zu fassen versuchen.

Die folgenden Ausführungen sind keine entwicklungspsychologische Darstellung des sozialen und psychischen Wachstums der Persönlichkeit. Ich möchte an einigen markanten Punkten zeigen, wie der Mensch dazu kommt, eine eigene innere Welt zu entwerfen und aufzubauen, um überhaupt eine eigene äußere Umwelt gestalten zu können. In dieser Sichtweise kann man vom Trieb und von der unbewußten Phantasie nicht absehen. Behalten wir also im Kopf, daß auch die folgenden Ausführungen Abstraktionen und Konzepte, nicht Beschreibungen realer Vorgänge sind. Psychoanalyse ist nicht einfach Psychologie und schon gar nicht Erziehungslehre. Ihre Konzepte sind Interpretationsraster und nicht idealtypische Beschreibungen, wie es im Einzelfall zu sein hätte. Wenn der Analytiker zu wissen glaubt, wie es hätte sein müssen und wie es sein müßte, ist der analytische Prozeß bereits gescheitert. Das gilt auch in der Theorie.

Bei der Beschreibung des Aufbaus der inneren Welt folge ich einem lapidaren Schema, dem Dreieck „Kind – Mutter – Vater". Der Aufbau der inneren Welt ist die Verinnerlichung der mannigfaltigen Beziehungsaspekte dieses Dreiecks. Ich möchte im folgenden *Dyade, Trennung-Individuation-Triangulierung* und *ödipale Situation* als die drei Grundsituationen im Aufbau der psychischen Wirklichkeit erläutern. Jede dieser Grundsituationen hat ihren entwicklungsmäßigen Höhepunkt und ist dort am leichtesten faßbar. Sie bilden aber Bausteine der psychischen Struktur und stellen Anforderungen, die weit über eine bestimmte Entwicklungsphase hinausreichen.

1. Die Dyade

Die Matrix, aus der sich das menschliche Erleben, die Affekte und Phantasien, Selbst und Objekt, Trieb und Ich differenzieren, ist die frühe Interaktions-Einheit von Mutter und Kind, in der es im Erleben des Kindes noch kein vom Selbst getrenntes Objekt gibt. Auf diese Ursprungssituation des psychischen Lebens sind wir immer wieder gestoßen. Verschiedene Autoren geben diesem Stadium, das der Entwicklung getrennter Selbst- und Objektimagines vorausgeht, verschiedene Namen, je nach dem Gesichtspunkt, unter dem sie diesen frühesten Zustand zu erfassen versuchen. Man könnte in Anlehnung an Freud (1921c) diese Zweieinheit eine „Masse zu zweien" nennen. Spitz (1967) spricht von „Dyade", Jacobson (1973) und Kohut (1973) sprechen vom „primären Narzißmus". Dem Konzept eines primären Narzißmus hat Balint schon 1937 das Konzept der „primären Objektliebe" entgegengesetzt. Margaret Mahler (1978) verwendet, eher mißverständlich, den Begriff der „Symbiose". Winnicott (1978) hat die ersten Lebenswochen als Phase absoluter Abhängigkeit und Omnipotenz beschrieben. Ich werde im folgenden unter dem Aspekt der Objektbeziehungen von *Dyade* und unter dem Aspekt des Selbst von *primärem Narzißmus* sprechen.

Wir kommen wohl dem Wesen der Dyade am nächsten, wenn wir sie als Überschneidung zweier Existenzweisen interpretieren: der intrauterinen Existenz und der objektalen Existenz in der Welt der Triebe und Objekte.

Optimaler Reizschutz, konstante Ruhehaltung, kontinuierliche Wärme- und Nahrungszufuhr prägen den intrauterinen Zustand. Der Fötus lebt grenzenlos, jenseits von Zeit, Raum und Kausalität. Er schwimmt schwerelos im körperwarmen Fruchtwasser und ist durch die Nabelschnur mit allen lebenswichtigen Organen der Mutter verbunden. Es gibt keinen Wunsch, weil Bedürfnisse befriedigt werden, bevor ein Wunsch auch nur entstehen könnte. Die intrauterine Existenz ist biologisch ein Zustand totaler, automatischer und kontinuierlicher Versorgung und wunschloser Befriedigung.

Die biologische Verbindung durch die Nabelschnur setzt sich psychisch in der dyadischen Beziehung fort, die durch eine spezifische affektive Kommunikation gekennzeichnet ist. Spitz (1967) spricht von der coenästhetischen Organisation und von Tiefensensibilität. Dieser dyadische Beziehungsmodus lebt später in der Empathie, im Einfühlungsvermögen und in der Identifizierung weiter. Die Mutter reaktiviert in Schwangerschaft, Geburt, Stillen und Säuglingspflege diese frühe Wahrnehmungs- und Kommunikationsweise und befriedigt dabei eigene Verschmelzungswünsche und Allmachtsphantasien, ohne den Bezug zur Realität zu verlieren. Das erleichtert ihr die unbewußte Identifizierung mit ihrem Baby, und sie stellt sich in der Regel mit schlafwandlerischer Sicherheit auf die rasch wechselnden und mannigfaltigen Bedürfnisse ihres Kindes ein. Primäre Mütterlichkeit, Holding oder haltende Umwelt und Ich-Unterstützung nennt Winnicott diese hochkomplexe Fähigkeit der Mutter. Wie störanfällig sie ist, und daß hier bereits erste Konflikte schlummern können, will ich bloß erwähnen, brauche es aber hier nicht weiter auszuführen.

Zwar kann der Säugling bereits nach der Geburt viel wahrnehmen, beispielsweise die Mutter von anderen Personen unterscheiden. Das hat die moderne Säuglingsforschung überzeugend nachgewiesen. Aber vorstellen kann er sich die Mutter deshalb noch lange nicht. Der Säugling ist so sehr von ihrer Präsenz, ihren realen Handlungen und ihrer affektiven Zuwendung abhängig, daß er diese Abhängigkeit noch nicht einmal bemerkt. Er ist *absolut abhängig* und erlebt sich *omnipotent* (Winnicott 1978). Es gibt noch nichts außerhalb seiner selbst. Was einmal die Mutter werden wird, gehört noch in den Umkreis seiner Omnipotenz.

Die „omnipotente Abhängigkeit“ prägt auch die frühesten Phantasien. Es sind Phantasien der Unerschöpflichkeit, der Unendlichkeit und Unzerstörbarkeit. Der Mythos vom Paradies ist ein Versuch des Menschen, diese Urphantasien in Bilder und Worte zu fassen. Die Phantasie und das Gefühl der Unerschöpflichkeit in einer allmächtigen Selbstversorgung *und* ihre Infragestellung bilden die Leitfigur des dyadischen Zustandes, der von allem Anfang an auf seine Überwindung in Richtung objektaler Existenz angelegt ist.

Wenn die Mutter ihrem Kind viel und engen Körperkontakt gewährt, es möglichst konstant warm und sauber hält, vor starken äußeren Reizen schützt und den Stillrhythmus vom Kind bestimmen läßt, verschafft sie ihm zunächst die Illusion, es sei alles wie früher. Es ist aber alles ganz anders! Mit der Abnabelung muß der Organismus physiologisch funktionieren, und der Körper beginnt, „Arbeitsanforderungen an die Seele“ zu stellen. An die Stelle der automatischen und totalen Versorgung tritt das orale Triebgeschehen mit seiner charakteristischen Abfolge von Spannung und Entspannung und den damit verbundenen Affekten, Phantasien, Befriedigungen und Versagungen. Die Triebwünsche stellen die Phantasien von

Unerschöpflichkeit, Unendlichkeit und Unzerstörbarkeit radikal in Frage. Die „wunschlose Befriedigung" des intrauterinen Lebens differenziert sich in eine grenzenlose Befriedigung mit hoher sinnlicher und coenästhetischer Qualität auf der einen, Gier, Ungeduld, Unersättlichkeit und Neid auf der anderen Seite. Dieses zukunftsträchtige In-Frage-Stellen gehört mit zur hinlänglich guten Dyade und reguliert sich „von selbst". Die Mutter lebt, im Gegensatz zum Säugling, immer in zwei Welten, innerhalb und außerhalb der Dyade. Allmählich macht sie die Grenze zwischen Dyade und einer weiteren Wirklichkeit durchläßig. Sie ist nicht mehr nur Reizschutz, sondern auch Vermittler und Lieferant von Reizen. Mehr und mehr gebärdet sie sich als ein unabhängiges Selbst, das sich dem Kind als Objekt zur Verfügung stellt, sich ihm zeitweise aber auch entzieht.

Die Mutter ist in dieser prekären Situation nicht allein Triebobjekt. Sie übernimmt auch Ich-Funktionen für ihr Baby. Sie gewährt ihm Ich-Unterstützung, wie Winnicott diese Funktion nennt. Damit ermöglicht sie ihrem Kind, die einsetzenden, in ihrer Intensität beängstigenden Trieberfahrungen als seine eigenen zu erleben. Die Trennung von Selbst und Objekt hat eingesetzt. Indem die Mutter sich „auffressen" läßt und immer wieder da ist, ohne sich für die Zerstörung zu rächen, bindet sie mit ihrer reifen Liebe den destruktiven Anteil im primitiven Liebesimpuls des Kindes und macht Intensität möglich, eine Intensität, die wohl mit Gier am besten gekennzeichnet ist. Läßt sich die Mutter von ihrem Baby gierig lieben, kann das Kind rasch die primitive Aggressivität für Haßgefühle mobilisieren, die Abgrenzung und Trennung ermöglichen. Erst dann kann das Kind allmählich gewahr werden, daß Wünsche „innen" entstehen und die Befriedigung von „außen" kommt. Aber auch, daß es etwas tun kann und tun muß, um zur Befriedigung zu gelangen. Das Triebgeschehen, zu dem per definitionem das befriedigende Objekt gehört, wird zum Movens und Kristallisationspunkt der Erfahrung der Wirklichkeit und des Aufbaus einer eigenen inneren Welt.

Wo nun ist der Platz des Vaters in diesem Geschehen? Vorweg eine terminologische Klärung. Die Psychoanalyse spricht vom „Dritten", vom „Gesetz des Vaters" – so vor allem französische Autoren – und vom „dritten Objekt", wenn sie den Vater oder dessen Ersatz und seine Bedeutung für die Loslösung des Kindes aus der Dyade meint. Das „dritte Objekt" ist eigentlich das zweite, aber es ist die Drittperson, die zur Beziehung Kind – Mutter dazukommt, wenn sich die Dyade zur Triade hin öffnet.

Bevor ein Dritter, sei es nun der leibliche Vater oder nicht, als wichtige äußere Beziehungsfigur für das Kind in Erscheinung tritt, spielt er schon zumindest in dreifacher Hinsicht eine bedeutende Rolle:

Zuallererst ist im bewußten Erleben und den unbewußten Phantasien der Mutter das dritte Element, „das Gesetz des Vaters", von allem Anfang an da. Nur im Verlaß auf ihre eigene verinnerlichte trianguläre Struktur und ihre feste Verankerung in der Realität, die immer dreidimensional ist, kann sie sich angstfrei auf die dyadische, jeden dritten ausschließende Beziehung zu ihrem Säugling einlassen.

Zum andern ist es die primäre Aufgabe des Vaters, während der ersten Wochen eine Situation zu schaffen und zu schützen, die es der Mutter ermöglicht, sich ungestört auf die Dyade und die damit verbundenen regressiven Prozesse einzulassen. Die äußeren Beziehungen, in denen die Mutter lebt, prägen das dyadische Erleben, seine Bewegung, geben ihm Farbe, emotionale Vielfalt und Tiefe. In der Dyade repräsentiert die Mutter die Außenwelt für das Kind. Und sie repräsentiert die Realität, die sie verinnerlicht hat und die sie erlebt.

Und drittens tritt der Vater als Person außerhalb der Dyade aktiv in Beziehung zum Kind, bevor der Säugling eine eigentliche Objektbeziehung zu ihm aufnehmen kann. Wenn es ihn dann braucht, ist er bereits da.

2. Separation – Triangulierung – Individuation: Die psychische Geburt des Menschen

Im Übergang von der Dyade zur Triade gewinnt der Dritte seine spezifische Bedeutung. Der Prozeß der Loslösung, Triangulierung und Individuation setzt auf dem Höhepunkt der Dyade ein, wenn sie so sicher funktioniert, daß sie bereits zeitweilig in Frage gestellt und überschritten werden kann. Nun beginnt das Kind, aktiv die Beziehung aufzunehmen, die vom dritten Objekt her bereits besteht.

Separation, Triangulation und Individuation sind die drei Aspekte der einen Aufgabe des werdenden Menschen, die Personen der primären, absoluten, bzw. relativen Abhängigkeit als Objekte im eigentlichen Sinne des Wortes zu erkennen und affektiv zu besetzen. Mit ihnen baut es die ersten Objektbeziehungen auf, die das Fundament für alle späteren Beziehungen legen. Damit der Mensch ein Individuum werden kann, muß er sich aus der Dyade lösen, zum Dritten in Beziehung treten und die dyadische Beziehung zur Mutter in eine Objektbesetzung umwandeln. Und er muß sich als Selbst, als Zentrum eigener Wünsche, Wahrnehmung und Initiative in diesem Geschehen begreifen können.

Triangulierung meint beides, die äußere Hinwendung zum Dritten und die Errichtung der Repräsentanz eines dritten Objektes und einer triangulären psychischen Struktur. Mit der Triangulierung setzt die Entwicklung des Realitätssinnes und der Realitätsprüfung ein. Vielleicht bedeutet die Triangulierung die größte Umwälzung in der Entwicklung des Menschen. Erst wenn der Mensch sich aus der Dyade gelöst, die Repräsentanz eines dritten Objektes verinnerlicht, eine relative Objekt- und Selbstkonstanz gewonnen hat, ist er psychisch geboren (Mahler 1978).

Die Triangulierung kommt einer explosiven Ausweitung der Beziehungsmöglichkeiten in der Entwicklung des Kindes gleich. Wir können, wenn wir uns auf den Standpunkt des Kindes stellen, im triangulären Dreieck mindestens fünf Beziehungsaspekte unterscheiden, die im folgenden als Leitlinie für die Darstellung der komplexen Vorgänge und Zusammenhänge dienen mögen:

1. (Kind – Mutter – Vater)

2. (Kind – Vater) – Mutter

3. (Kind – Mutter) – Vater

4. Kind – (Mutter – Vater)

5. (Kind – Kind) – Mutter – Vater.

Bereits die Reihenfolge der Aufzählung ist Ansatz einer Interpretation. Bevor sich die Dyade auf die Dreiecksbeziehung „Kind – Mutter – Vater“ hin öffnet und erweitert, gibt es die anderen Aspekte nicht. Unter dem Blickpunkt der Triangulation erhält die Beziehung „(Kind – Vater) – Mutter“ Priorität. Und erst die beiden verinnerlichten Beziehungen zu Vater und Mutter ermöglichen die Auseinandersetzung mit der „Urszene“ „Kind – (Mutter – Vater)“, der Beziehung zwischen Vater und Mutter, aus der das Kind ausgeschlossen ist. Und dieses Ausgeschlossensein ist ein kräftiger Anstoß des reflexiven Selbstbezuges „(Kind – Kind) – Mutter – Vater“, des gesunden Narzißmus, des Erlebens seiner selbst.

A. Von der Dyade zur Triade (Kind – Mutter – Vater)

Mit der allmählichen Lockerung der Dyade konstelliert sich die Triade „Kind – Mutter – Vater“.

Die Triade ist die erste Gruppe im Leben eines Menschen, Vorläufer aller späteren Gruppen. Die psychische und die soziale Geburt des Menschen gehen Hand in Hand. Was wir Gemeinschaftsgefühl nennen können, wurzelt in der Triade. Es beinhaltet die Fähigkeit, gleichzeitig zu mehreren Personen unterschiedene Beziehungen haben und alle zusammen als Gemeinschaft wahrnehmen und erleben zu können.

Die Triade darf aber nicht zu einer Dyade zu Dritt werden. Nur allzugut kennen wir die Konflikte von Patienten, deren Eltern sich äußerlich vielleicht bis auf’s Messer bekämpft haben, aber zur Trennung unfähig waren, weil sie im geheimen auf unlösliche Weise verkettet blieben, als wäre der eine ein Stück des andern.

B. Die frühe Triangulierung, die Bedeutung des Vaters und das Übergangsobjekt (Kind – Vater) – Mutter

Nicht bloß wird das Kind, sobald es dazu nur in der Lage ist, sich von der Mutter wegbewegen, auch die Mutter wird sich mehr und mehr wieder um ihre eigenen Angelegenheiten kümmern. Allmählich gewinnt sie die Konturen eines vom Selbst getrennten Objektes, das die Macht hat, die Wünsche des Kindes zu stillen oder zu frustrieren. Die Illusion der omnipotenten Abhängigkeit wird massiv gestört. Das bedeutet zunächst psychischen Notstand, der dem Kind neue Schritte abverlangt. In dieser Situation taucht der Vater auf „als der strahlende neue und aufregende Ritter in der glänzenden Rüstung“ (Mahler, zit. nach Rotmann 1978, 1117), als Repräsentant der „Nicht-Mutter-Welt“, als jemand, der sich ganz anders anfühlt als der Teil der Dyade, der allmählich zur Mama wird. Er ist der erste Bote einer weiten, letztlich unbegrenzten Wirklichkeit. Mit seiner unabhängigen Beziehung, die er zum Säugling aufgenommen hat, bietet er sich nun an als Objekt der drängenden Triebwünsche des sich separierenden und individuierenden Kindes.

Der Vater ist der erste Vertreter der Außenwelt, die das Kind nun neugierig, triebhaft, kraftvoll und initiativ zu erforschen beginnt. Mit dem Vater kann das Kind erstmals Triebbefriedigung erleben, die nicht dem Anlehnungstypus folgt. Das gibt der Vater-Imago ihre ganz andere Qualität und erschließt dem Kind neue libidinöse, aggressive und narzißtische Befriedigungsmöglichkeiten. Es gibt da jemanden außerhalb der Dyade, der sich ihm zärtlich, sinnlich, liebevoll zuwendet, sich zeitweilig wie die Mutter verhält und dabei doch alles ganz anders tut. Es ist der Vater, den das Kind zuerst als getrenntes Objekt wahrnimmt. So wird der Vater – und ich treibe damit diesen Gedanken mit Absicht auf die äußerste Spitze – zum ersten „reinen" Triebobjekt. Die Beziehung zum Vater, zum „dritten Objekt", ist die „erste Objektbeziehung" im präzisen psychoanalytischen Sinne des Wortes. Sie ist der Prototyp, das „Paradigma" aller künftigen Objektbeziehungen, auch der Objektbeziehung zur Mutter der Wiederannäherung und der ödipalen Situation.

Dazu kommt ein weiteres. Der Vater ist nicht bloß ein neues libidinöses Objekt, sondern auch das erste Objekt „sekundärer" Identifikation. Er ist erwachsen und unabhängig in der Beziehung zur Mutter. Er lebt sowohl die Beziehung zum Primärobjekt als auch die zeitweilige Trennung von ihm gefahrlos vor. Die Identifikation mit dem Vater bedeutet auch Identifikation mit seiner Beziehung zur Mutter (Rotmann 1978, 1118).

Daß der Vater gleichzeitig der gehaßte Störefried ist, der das Kind aus dem Paradies vertreibt, tritt ob der vielen neuen Möglichkeiten, die er bietet, fast in den Hintergrund. Wir wollen es aber nicht vergessen. Nicht zuletzt, weil er in seiner Rolle als Störefried einen beträchtlichen Anteil der Aggression aus dem primitiven Liebesimpuls auf sich zieht, damit die Differenzierung von Libido und Aggression kräftig vorantreibt, und dem Kind einiges an Einübung in Aggression ermöglicht. Der Vater als das nicht verschmolzene Objekt läßt sich leichter und gefahrloser angreifen als die lebenswichtige Mutter. In seinem Schutz, in der Identifikation mit ihm und seiner Autonomie, wagt das Kind, der Mutter zu trotzen. Und in seinem Schutz kann es sich der Mutter auf der neugewonnenen Ebene der Objektbeziehungen wieder annähern, ohne Gefahr zu laufen, mit ihr dyadisch-narzißtisch zu verschmelzen. Der trianguläre Vater ist auch der Engel mit dem flammenden Schwert, der den Zugang zum Paradies für immer versperrt. Die ödipale Konstellation ist vorgezeichnet.

Der Vater muß dem Kind im Prozeß der Triangulierung in mancherlei Gestalt und voller Widersprüche erscheinen. Seine vielfältigen Funktionen regen die Phantasie des Kindes mächtig an und eröffnen ihr neue Dimensionen. Es ist noch weit davon entfernt, den Vater real, das heißt als unabhängiges Selbst, wahrzunehmen und zu denken. Nachdem die Phantasie der omnipotenten Abhängigkeit an der Realität gescheitert ist, projiziert es die Allmacht auf das dritte Objekt. Auf Allmachtsphantasien verzichtet der Mensch nur widerwillig oder gar nicht. Die Vorstellung eines allmächtigen Gottes belegt es. Im Prozeß der Triangulierung verinnerlicht das Kind zunächst das Bild eines phantastischen, idealisierten Vaters, der so ist, wie es ihn in seiner Auseinandersetzung mit der Welt der Triebe und Objekte braucht. Der Aufbau der inneren Welt ist eine Funktion der Wahrnehmung *und* – vor allem – der Phantasie.

Die Phantasie des Kindes reicht aber bereits weiter. Nicht bloß verinnerlicht es das Bild des Vaters nach seinen Wünschen, sondern es schafft sich in dieser kritischen Situation „Übergangsobjekte“ und „illusionäre Objekte“, Objekte in der Phantasie. Sie helfen ihm, die Kluft zwischen dyadischer und objektaler Existenz zu überbrükken, Außenwelt und Innenwelt klar zu trennen und wieder zu verbinden (Winnicott 1973, 10ff). Jeder weiß um die Bedeutung, die das Kind einem Teddybären, einer Decke oder irgend einem anderen weichen Gegenstand verleiht. Das Übergangsobjekt ist weit mehr als irgend ein Lieblingsspielzeug. Es vermittelt dem Kind das Gefühl von Wärme, und durch seine Beweglichkeit und Anschmiegsamkeit den Eindruck, lebendig und real zu sein. Für den Erwachsenen ist es ein Ding aus der Umgebung des Kindes. Für das Kind selber ist es gleichsam Teil seiner selbst und der äußeren Realität. Aus diesem Ding, welches das Kind in seiner noch begrenzten Welt der Dinge vorfindet, *schafft* es *sein* Übergangsobjekt. Es ist seine Kreation und sein erster Besitz, der unter keinen Umständen von anderen verändert werden darf. Wehe der Mutter, die sich einfallen läßt, dieses mit der Zeit schmutzige und stinkende Ding zu waschen.

Das Kind behandelt sein Übergangsobjekt zärtlich, liebt es leidenschaftlich und mißhandelt es brutal. Das ist nicht ohne Sinn und tiefere Bedeutung. Erstmals macht das Kind die Erfahrung, daß ein Objekt triebhafte, leidenschaftliche Liebe ebenso überlebt wie Haß und gar reine Aggressivität. Das Kind schafft sich das Übergangsobjekt als „Verschiebungsersatz“ für das Objekt des primitiven Liebesimpulses, zu einer Zeit, da Ambivalenz dem Liebesobjekt gegenüber noch nicht möglich ist. Mit der Kreation eines Übergangsobjektes schützt das Kind das primäre Objekt vor der oralen Aggression und dem unermesslichen Haß, die mit der Notwendigkeit der Trennung entstehen. Und umgekehrt dient es der Integration und Verarbeitung der Abhängigkeit. Das Übergangsobjekt geht nicht weg und ist nicht austauschbar, das Kind hat fast eine süchtige Beziehung zu ihm. Eine Katastrophe, wenn es z. B. abends nicht auffindbar ist. Es ist also in gewissem Sinne von ihm abhängig. Wie sollen wir das verstehen? Im Übergang von der absoluten zur relativen Abhängigkeit, bevor es seine Abhängigkeit von der allmächtigen Mutter wahrnimmt, macht es sich vom Übergangsobjekt abhängig, verzichtet auf ein Stück der eigenen Omnipotenz, und übt sich im Umgang mit den bevorstehenden Trennungs- und Abhängigkeitsängsten. Das Übergangsobjekt wird zu einem mächtigen Schutz vor den unausweichlichen Objektabhängigkeits- und Trennungsängsten dieser Phase.

Das Übergangsobjekt repräsentiert nicht die Mutter, auch nicht die Dyade. Das gerade nicht. Es repräsentiert die Unzerstörbarkeit der dyadischen Erfahrung, wenn sich die dyadische Bindung auf eine objektale, libidinöse und aggressive Beziehung hin zu öffnen beginnt. Die „Übergangs-Objekt-Beziehung“ ist eine Brücke zu den eigentlichen Objektbeziehungen.

Der Mensch bewahrt sich zeitlebens Freiräume und Erlebnisbereiche, in denen sich innere und äußere Welt, Phantasie und Realität überschneiden und vermischen. Winnicott (1973) nennt sie den „intermediären Raum". Mythos, Religion, Philosophie, Spiel, Kreativität, Kunst – und Psychotherapie sind im intermediären Raum angesiedelt.

C. Loslösung und Wiederannäherung: Die Dialektik der Trennung und die Objektkonstanz (Kind – Mutter) – Vater

Zur Mutter eine eigentliche Objektbeziehung aufzubauen, stellt das Kind vor eine ganz andere Aufgabe als die Beziehungsaufnahme zum Vater. Die Mutter erscheint nicht von außen als „Ritter in der strahlenden Rüstung", sondern repräsentiert die dyadische Wirklichkeit, aus der die Mutter und das Kind erst hervorgehen, aus der sich das Kind lösen und in eine neue Beziehung zur Mutter treten muß. Die Imago der Mutter differenziert sich innerhalb der dyadischen Zwei-Einheit und wird dann von ihr getrennt. Diese Trennung kann sich das Kind erst leisten, wenn ein neues Objekt am Erlebnishorizont erschienen ist. Und umgekehrt, kann das Kind den Dritten erst wahrnehmen, wenn die Trennung einsetzt. Separation und Triangulierung setzen einander voraus und bedingen einander.

Die Beziehung des Kindes zur Mutter im Prozeß von Trennung und Triangulierung ist durch eine dialektische Bewegung von der Mutter weg und auf die Mutter zu geprägt. Sie ist Separation und Differenzierung auf der einen, Wiederannäherung auf der anderen Seite. Das Kind löst sich aus der Dyade und nähert sich der Mutter als Objekt seiner Triebwünsche. Es wird vom Säugling zum Kleinkind (Mahler 1978; Spitz 1967). Mit dem Vater hat das Kind die erste Erfahrung einer Zweier-Beziehung gemacht, die keine Dyade ist. Es gilt nun, diese Erfahrung auf das primäre Objekt zu übertragen. Die Mutter bleibt mit sich identisch, wird aber für das Kind ein „neues" Objekt, bzw. das Kind muß sie zu einem neuen Objekt machen. Die hinlänglich gute Mutter, die sich an die wechselnden Bedürfnisse des Kindes anpassen kann, spürt das unmittelbar und wird zum Schrittmacher des Trennungsprozesses. Sie lockert die dyadische Beziehung und wendet sich wieder vermehrt ihren eigenen Interessen zu. Der enge Körperkontakt der Mutter zu ihrem Kind erhält eine neue affektive Dimension. Der umschließende, „verschmelzende", mehr globale Körperkontakt wandelt sich zur sinnlichen Berührung und libidinösen Besetzung des kindlichen Körpers mit ihren vielfachen Qualitäten. Nicht nur wird die absolute Abhängigkeit des Kindes relativ, sondern auch die absolute Anpassung der Mutter. In Abhebung von der Mutter der Dyade und der Mutter der ödipalen Situation können wir hier von der *Mutter der Trennung* sprechen.

Die *Separation* beginnt mit der Abgrenzung des Körpers des Kindes vom Körper der Mutter und dem Aufbau eines Körperbildes und seiner Funktionen. Das Kind beginnt, seine Sinnesorgane zu gebrauchen. Es fängt an, sich für die Mutter zu interessieren, vergleicht sie mit anderen, das Bekannte mit dem Unbekannten. Margaret Mahler (1978, 76) hat dieses leicht beobachtbare Verhalten des Kleinkindes als das Muster des „Nachprüfens" oder „Abtastens" (checking back) beschrieben. Während bis anhin jedes Gesicht, das sich bewegte, ein Lächeln hervorrufen konnte, bleibt das Lächeln jetzt für einige Zeit der vertrauten Mutter vorbehalten, und auf Fremde reagiert das Kind eher ängstlich. Die Sinne, insbesondere das Sehen, spielen dabei die entscheidende Rolle. Vorstellungen stammen letztlich von Wahrnehmungen, sind Wiederholung derselben (Freud 1925h, 14). Das Kind kennt nun die Mutter. Es hat ein inneres Bild von ihr geschaffen, das – zunächst nur kurz, dann immer länger – Trennung überdauert. Das Objekt ist konstituiert (Spitz 1967). Der Trennungswunsch überwiegt die Trennungsangst.

Nun ist das Kind psychisch in der Lage, sich aktiv, neugierig und waghalsig von der Mutter wegzubewegen und seine Umwelt lustvoll zu erforschen. Physisch ist ihm das möglich, weil es zu dieser Zeit zu kriechen, bald zu laufen beginnt. Der Schutz seines Lebens ist ganz Sache der Mutter. Aber auch als der sichere Hafen, von dem aus das Kind sein „Liebesverhältnis mit der Welt" (Greenacre, zit. nach Mahler 1978, 93) wagen kann, bleibt sie psychisch wichtig. Sie muß präsent sein, damit das Kind sich wegbewegen kann. Aber es wird sie längere Zeit nicht beachten. Dann plötzlich hält es in seinem Tun inne, irritiert, vielleicht ängstlich. Es sucht den Blickkontakt mit der Mutter. Das wird die Mutter ermuntern, das Kind zu ermuntern. Von Zeit zu Zeit kehrt es aber auch zu ihr zurück, berührt sie, krappelt manchmal auf ihren Schoß, bloß um erneut wegzulaufen. Es nimmt die unterbrochene Expedition wieder auf. Emotionales Auftanken nennt Mahler treffend diese Rückbewegung des sich aus der Dyade lösenden Kindes.

Unterstützt durch eine relative Sicherheit in der Beziehung zum dritten Objekt, erreicht das Kind bald eine relative Autonomie im Umgang mit der Welt der unbelebten Dinge. Das bedeutet gleichermaßen Erweiterung und zunehmende Strukturierung der inneren Welt. Je unabhängiger das Kind wird, desto mehr kann es sich leisten, allmählich die Widerständigkeit der Dinge und die Abhängigkeit von den Objekten seiner Triebwünsche und ihrer Befriedigung wahrzunehmen und anzuerkennen.

Dann schickt sich das Kind an, auf dem neugewonnenen Grund auch die Beziehung zur Mutter neu zu regeln. Dem Weglaufen korrespondiert jetzt die polare Bewegung der *Wiederannäherung*. Diese neue Bewegung hin zur Mutter dient jetzt nicht mehr bloß dem emotionalen Auftanken. Vielmehr nähert sich das Kind der Mutter an, um sie zu „besetzen". Die Mutter, die es findet oder eben damit „erschafft", wie Winnicott sagt, ist nicht die gleiche, von der es sich wegbewegt hat. Da wird etwas Neues. Die Mutter ist nicht mehr lediglich Teil der dyadischen Einheitsphantasie und Allmacht. Sie wird nun zunehmend Objekt der libidinösen Wünsche und Objekt aggressiver Angriffe.

Das geschieht natürlich nicht von einem Tag auf den andern. Es ist ein wochen-, ja monatelanger Prozeß. Während der Übungsphase befindet sich das Kind in einer Grauzone dyadischer und objektaler Existenz. Es schwankt zwischen beiden hin und her. Sein Wunsch nach dyadischem Einssein mit der Mutter, nach dem verlorenen Paradies, und sein Wunsch nach Unabhängigkeit geraten in Konflikt. Und solange kein festes und konstantes Bild der bedürfnisbefriedigenden Mutter verinnerlicht ist, bleibt der Konflikt virulent. Sein Wunsch nach Verschmelzung weckt Angst vor

Abhängigkeit, d. h. Angst vor Ich- und Selbstverlust. Und sein Wunsch nach Unabhängigkeit weckt Trennungsangst, d. h. Angst vor Objektverlust. Die Bewegungen des Weglaufens und des Zurückkehrens können nicht mehr problemlos nebeneinander bestehen. Nicht zuletzt, weil das Kind nun über den Gesichtskreis der Mutter hinausstrebt. Nun muß die Mutter als Heimatbasis ergänzt werden durch eine Quelle von Sicherheit im eigenen Inneren, bzw. das Kind muß sich diese innere Sicherheit erst erwerben. Das problemlose Weg und Zurück wird mehr und mehr zu einem konfliktreichen aktiven Wegstoßen der Mutter und Sich an sie Klammern. Die beiden Verhaltensweisen wechseln in rascher Folge. Ja, zuweilen zeigt das Kind gleichzeitig ein Verlangen nach beiden Richtungen. Es befindet sich mitten in der *Wiederannäherungskrise* (Mahler 1978, 142 ff).

Was äußerlich sehr turbulent sein kann, ganz dem Primärprozeß folgt und wie die Quadratur des Zirkels anmuten mag, ist ein bedeutsamer Schritt im Aufbau verinnerlichter Objektbeziehungen. Das Kind ist tatsächlich auf dem Weg, das scheinbar Unmögliche möglich zu machen, nämlich sich von der Mutter zu trennen und sie, als verinnerlichtes Bild, gleichzeitig zu bewahren. Erst mit Hilfe der verinnerlichten Objektbeziehungen kann es sich unabhängig in der Welt der Triebe und Objekte orientieren. Die Loslösung aus der Dyade bedeutet nicht allein die Trennung von Selbst und Objekt, sondern auch die Unterscheidung von Außenwelt und Innenwelt, von Objekt und Objektrepräsentanz, bzw. Selbst und Selbstrepräsentanz, „materieller" und „psychischer" Realität.

Daß Separation und Triangulierung zwei Aspekte ein und desselben Prozesses sind, ist jetzt nicht mehr schwer zu begreifen. Die Loslösung von der dyadischen Mutter würde zur tödlichen Bedrohung, ja zur schieren Unmöglichkeit, wäre dem Kind die Errichtung der Repräsentanz eines Dritten in sich verwehrt. Der Weg in den Wahnsinn, die Psychose, wäre vorgezeichnet, die Integration von Trieb und Objekt wäre unmöglich. An dieser entscheidenden Nahtstelle menschlicher Existenz treten die Triebe ihre motivierende Funktion an, differenziert sich Aggression aus dem primitiven Liebesimpuls und tritt in den Dienst der Trennung, damit auf einer neuen Ebene, der Ebene der Objekt*besetzung*, eine neue, libidinöse, Bindung entstehen kann.

Separation und Triangulierung sind, besetzungstheoretisch ausgedrückt, ein Prozeß turbulenter Besetzungsverschiebungen. Durch die einsetzende Separation wird das Kind seiner Abhängigkeit von der Mutter als Quelle der oralen Befriedigung gewahr. Die Mutter wird zum libidinös hoch besetzten Objekt. Abhängigkeit bedeutet hohe Besetzung eines Objektes ohne Alternative. Reduktion der Besetzung ohne Alternative jedoch erzeugt Angst, Angst vor Objektverlust. Die Alternative ist das dritte Objekt, bzw. die Repräsentanz des Dritten. Damit das Kind seine libidinöse Beziehung zur Mutter konstituieren und konsolidieren kann, verschiebt es ein Stück libidinöser Besetzung auf das dritte Objekt und erhöht die aggressive Besetzung des primären Objektes. So kann es sich allmählich aus der Dyade herausbewegen und eine neue Beziehung mit dem primären Objekt aushandeln. Nun ist das Kind zur Liebe im eigentlichen Sinne des Wortes fähig.

Die psychoanalytische Theoriesprache drückt es natürlich prosaischer aus. Das

Kind hat *Objektkonstanz* erreicht. Das heißt zweierlei. Einmal kann das Kind die Repräsentanz auch des abwesenden Liebesobjektes aufrecht erhalten und besetzen. Es ist fähig, Trennung vom Objekt zu ertragen und Sehnsucht nach ihm zu fühlen. Zum andern kann es die Repräsentanz des „guten", befriedigenden und des „bösen", frustrierenden Objektes vereinen. Es ist fähig, Ambivalenz zu ertragen, demselben Objekt gegenüber Liebe und Haß zu fühlen. Nun kann es aggressiv sein, ohne die unerträgliche Angst, damit die Objektbeziehung zu zerstören.

Der beginnenden Objektkonstanz entspricht die beginnende Selbstkonstanz. Das Kind entfaltet allmählich ein Gefühl des eigenen Selbst, das die verschiedenen und gegensätzlichen Erfahrungen und Affekte durchzieht, bzw. ihnen zugrunde liegt. Weder die Erfahrung der Trennung noch der Abhängigkeit führen zum Verlust des Selbst. Sicherheit, Autonomie, Unabhängigkeit, Identität beginnen, die Entwicklung zu bestimmen. Wenn das Kind trotzen kann, hat es einen wesentlichen Schritt im Individuationsprozeß getan.

Das Konzept des Aufbaus der verinnerlichten Objektbeziehungen ermöglicht eine neue Interpretation von Freuds – zunächst befremdlich anmutenden – Aussage, daß der Haß als Relation zum Objekt der Liebe vorausgehe. Liebe ist postambivalent. Es gibt sie nur auf dem Hintergrund des Hasses – und umgekehrt. Die Möglichkeit, hassen zu können, ist die Sicherheit, getrennt und nicht verschmolzen zu sein. Liebe ohne die Möglichkeit des Hasses wäre präambivalent, bedeutete die absolute Spaltung von libidinöser und aggressiver Besetzung, und enthielte die Gefahr, mit dem Objekt des libidinösen Wunsches dyadisch und primärnarzißtisch zu verschmelzen.

D. Die Urszene und die Fähigkeit, allein zu sein
Kind – (Mutter – Vater)

Das Kind bildet in der Phase der Separation und Triangulierung nicht allein Repräsentanzen des eigenen Selbst und der bedeutsamen Objekte, und verinnerlicht nicht bloß seine Beziehung zu diesen Objekten. Es macht sich auch eine Vorstellung der Beziehung zwischen Vater und Mutter, aus der es ausgeschlossen ist. Diese Konstellation läßt sich mit der Formel „Kind – (Vater – Mutter)" ausdrücken. Die intimste Form dieser ausschließlichen und ausschließenden Beziehung ist der elterliche Geschlechtsverkehr.

Freud hat dafür den Begriff der Urszene geprägt. Er hat früh erkannt, daß die Beobachtung eines Koitus auf ein Kind traumatisch wirkt, wird es doch von Erregungen und Phantasien überflutet, die es nicht integrieren kann. Es ist naheliegend, daß es den beobachteten Geschlechtsverkehr als aggressiven Akt des Mannes interpretiert. Freud machte jedoch die Erfahrung, daß in vielen Analysen Phantasien über den Geschlechtsakt der Eltern auftauchen, unabhängig davon, ob jemand je Gelegenheit gehabt hat, diesen zu beobachten oder nicht. Nicht erst die beobachtete Szene, sondern schon die Phantasien darüber sind psychisch von Bedeutung. Die Urszene ist „. . . ein selten vermißtes Stück aus dem Schatze unbewußter Phantasien, die man bei allen Neurotikern, wahrscheinlich bei allen Menschenkindern, durch die Analyse auffinden kann“ (Freud 1915f, 242). Er zählte sie deshalb neben den Phantasien über das intrauterine Leben, über Kastration und Verführung zu den Urphantasien.

Ich folge wiederum Winnicott, wenn ich den Begriff der Urszene umfassender als einen Beziehungsaspekt im triangulären Dreieck interpretiere, nämlich als die Konstellation der intimen Beziehung von Vater und Mutter, aus der das Kind ausgeschlossen ist. Wenn man nur hinschaut, sind Neugier, Neid und Eifersucht unübersehbar, wenn sich das Kind mit der Erfahrung herumquält, daß die Eltern etwas verbindet, was nicht es selber ist. Die derart verstandene Urszene hat zwei Pole: Einmal das Gefühl des Ausgeschlossenseins, dann die Phantasien darüber, was zwischen den Eltern geschieht, wenn es, das Kind, ausgeschlossen wird. Die Urszenenphantasien stehen natürlich in engem Zusammenhang mit den infantilen Sexualtheorien.

Der Weg der Individuation ist wahrhaftig voller Tücken. Eben erst hat das Kind eine Beziehung zum dritten Objekt aufgenommen, die ihm den Eintritt in die Welt der Triebe und Objekte ermöglicht und seine Wünsche anstachelt. Kaum hat es begonnen, sich auf dieser neuen Ebene einzurichten und seine Beziehung mit den Eltern neu zu regeln, machen sie gemeinsame Sache gegen es und schlagen ihm die Schlafzimmertür vor der Nase zu. Soll es sehen, wie es mit seinen Gefühlen allein zurecht kommt. Sich ausgeschlossen vorzufinden, löst einen rechten Gefühlssturm von Enttäuschung, Neid, Wut und Haß aus. Die Angst, ausgeschlossen zu werden, ist neben der Trennungsangst, d. h. der Angst vor Objektverlust, und der Objektabhängigkeitsangst die dritte der typischen Ängste dieser Phase. Wie das Kind den Ausschluß aus der Urszene bewältigt, ist ein Markstein seiner psychosexuellen Entwicklung.

Stehen Ausschluß aus der Urszene und Einbezug in die Triade in einem ausgewogenen Verhältnis, wird das Ausgeschlossensein zur positiven Erfahrung der eigenen Unabhängigkeit und der Unabhängigkeit der Objekte. Im Ausschluß aus der intimen Beziehung seiner Eltern entdeckt das Kind seine Fähigkeit zum Alleinsein (Winnicott, 1958) und entwickelt es *seine* Privatsphäre.

In der Loslösung von der Mutter hat das Kind bereits seine ersten Einübungen im Alleinsein-Können gemacht. Es entfernt sich von der Mutter und wendet sich der erregenden Welt der Dinge zu. Aber es bleibt vorerst innerhalb des Gesichtskreises der Mutter und versichert sich immer wieder ihrer Gegenwart. Es lernt also zuerst, in Gegenwart der Mutter allein zu sein. Ohne diese grundlegende Erfahrung ist der Ausschluß aus der Urszene schwer zu bewältigen. Die Entwicklung der Fähigkeit, allein zu sein, ist gefährdet (Winnicott 1958, 38). Die Stabilität der verinnerlichten Objekte – die beginnende Objektkonstanz – und die im Trotz gewonnene erste Unabhängigkeit – die Selbstkonstanz –, haben bei der Bewältigung der Urszenenphantasien ihre erste Feuerprobe zu bestehen. In dieser Situation hat das Kind nur seine „inneren Objekte“ zur Verfügung. Jetzt hängt alles davon ab, ob das Kind die Urszenenphantasie mit den verinnerlichten Objekten verbinden und die Phantasie als Phantasie halten und weiterspinnen kann, ohne daß sie zur Kastration auf der einen, zur Verführung auf der anderen Seite wird. Kann sich das Kind in der Phantasie mit beiden Eltern und ihrem sexuellen Erleben in der Urszene identifizieren, erlebt es sich selbst, seinen eigenen Körper als sexuell. Die Fähigkeit allein zu sein verschwistert sich mit der Autoerotik, der Fähigkeit, sich selber zu lieben, und ist die Triebgrundlage eines gesunden Narzißmus. Die Bewältigung und Integration der Urszenenphantasien mündet in die frühkindliche Masturbation ein. Die Fähigkeit, mit dem eigenen Körper, vorab den Genitalien, zu spielen, sich selber erregen und befriedigen zu können, trägt Wesentliches zum Aufbau des sexuellen Körperbildes bei.

Die Auseinandersetzung mit den Urszenenphantasien hat damit erst begonnen. Ihre Bewältigung wird sich bis in die späte Adoleszenz erstrecken. Wenn sich jedoch im Ausschluß aus der Urszene das Kind erstmals mit beiden Eltern und ihrer Beziehung identifizieren kann, kann es beginnen, andere in ihrer Unabhängigkeit zu akzeptieren und zu lieben. Das Kind hat die „Fähigkeit zur Besorgnis" erreicht, d. h. die Fähigkeit, andere in ihrem Anderssein zu sehen und zu berücksichtigen. Die Grundlage für Gegenseitigkeit der Beziehungen ist gelegt.

E. Liebe und Narzißmus im Aufbau des Selbst (Kind – Kind) – Mutter – Vater

Die Selbstobjekt-Beziehung

Wenn das Kind im Alleinsein angesichts der Urszene erstmals den reflexiven Bezug zu sich selbst und zu seinem Körper wahrnimmt, hat es bereits eine beachtliche Reife und Stabilität des Selbstbildes und des Selbstgefühls erreicht. Der Aufbau verinnerlichter Objektbeziehungen beinhaltet naturgemäß beides, den Aufbau getrennter Objekt- *und* Selbstrepräsentanzen. Das Selbst ist Subjekt der Objektbeziehung. Wir müssen den Aufbau der Objektbeziehungen nochmals untersuchen, jetzt aber unter dem Gesichtspunkt des Erlebens und des Aufbaus der inneren Bilder des Selbst.

Die Bedeutung des Objekts erschöpft sich nicht in seiner Funktion als Triebobjekt. Sporadisch erwähnt, aber nicht systematisch ausgeführt, habe ich wenigstens zwei weitere Beziehungsaspekte, die Regulation (Lichtenberg 1983, Stern 1985) oder Ich-Unterstützung (Winnicott 1968) und die Identifikation. Etwas näher muß ich nun aber auf den narzißtischen Beziehungsaspekt eingehen, der hauptsächlich der Bildung, Bestätigung und Integration eines kohärenten Selbstbildes sowie eines stabilen, freudvollen Selbstgefühls dient. Kohut (1973) bezeichnet das Objekt in seiner Funktion und Bedeutung für das Selbst treffend als Selbstobjekt, den Beziehungsaspekt, der dem Aufbau und der Erhaltung eines kohärenten Selbstbildes dient, als Selbstobjekt-Beziehung.

Das Kind, das der Dyade entschlüpft und erste Objektbesetzungen aufbaut, begehrt nicht allein Triebbefriedigung, sondern auch Erfüllung seiner narzißtischen Wünsche. Es verlangt nach Bewunderung und Bestätigung seiner Phantasien von Unabhängigkeit, Kompetenz, Erhabenheit und Größe. Ohne diese Bestätigung und

Spiegelung kann es nicht zu einem starken und verläßlichen Gefühl seiner selbst kommen. *Idealisierung* und *Spiegelung* prägen die Selbstobjekt-Beziehung. Das Kind idealisiert sowohl das eigene Selbst als auch die Objekte der ersten Liebe. Es will von den Menschen, die es liebt, idealisiert werden, und die Menschen idealisieren, die es liebt, und von denen es abhängig ist. Kohut hat die Idealisierung des Selbst, die immer des Idealisiert- und Gespiegeltwerdens durch die Liebesobjekte bedarf, als die *Konfiguration des Größenselbst*, und die Idealisierung der Liebesobjekte als die *Konfiguration der idealisierten Elternimago* beschrieben. Die beiden Konfigurationen sind die Pole der Bildung des präödipalen Kernselbst.

Auf die Gefahr hin, es bis zum Überdruß zu tun, will ich nochmals betonen, daß Triebobjekt- und Selbstobjekt-Beziehung natürlich nicht verschiedene Beziehungen, sondern Aspekte ein und derselben Sache sind. Ja, wenn die beiden Beziehungsaspekte auseinanderklaffen, was klinisch nur allzuhäufig der Fall ist, haben wir es mit einer psychischen Störung zu tun, die wir dann eine narzißtische nennen. Zur reifen Liebe gehört der reife Narzißmus, was „reif" auch immer bedeuten mag. Eine Liebe ohne Narzißmus, ohne affektive Besetzung des Selbst, wäre wahrlich selbst-los. Ob die vielgerühmte selbstlose Liebe aber wirklich Liebe ist?

Entreacte: Annäherung an das sexuelle Selbst und der Narzißmus. Bemerkungen zur Entwicklung der Triebtheorie.

Ich habe die Begriffe Narzißmus und narzißtisch verwendet, als wäre ganz selbstverständlich, was damit gemeint ist. In gewisser Weise ist es das wohl auch. Allgemein versteht man unter Narzißmus so viel wie Selbstliebe. Diese umgangssprachliche Bestimmung ist so unangemessen nicht, wenn auch weit davon entfernt, psychoanalytisch präzis zu sein. Narzißmus ist einer der schillerndsten Begriffe und der meistdiskutierten Konzepte der Psychoanalyse (Freud 1914c; Grunberger 1976; Kernberg 1988; Kohut 1973; Wahl 1985). Freud fühlte sich „tief verdrossen wegen seiner (des Narzißmuskonzeptes, H.M.) Unzulänglichkeit" (zit. nach Grunberger 1976, 9). Er hat den Begriff 1914 als „legitime Weiterbildung der Libidotheorie" eingeführt. Narzißmus ist der libidinöse Selbstbezug, „die libidinöse Ergänzung zum Egoismus des Selbsterhaltungstriebes" (1914c, 139f).

Die Zeit von 1914–15 war in Freuds Leben und in der Entwicklung der Psychoanalyse eine Zeit der Entdeckungen. Davon war bereits in einem früheren Entreacte die Rede. Es ist die Zeit der metapsychologischen Schriften (1914c, 1915c, 1915e) und der Weiterführung der frühen Schriften zur Technik (1914g, 1915a).

Wie „Triebe und Triebschicksale" verdiente der Essay „Zur Einführung des Narzißmus" eine eingehendere Interpretation, kann doch die Umwälzung des psychoanalytischen Denkens, die diese Schrift anbahnte, kaum hoch genug veranschlagt werden. Ich beschränke mich auf weniges.

Der Narzißmus ist tatsächlich nicht lediglich eine legitime, sondern eine notwendige Weiterführung der Libidotheorie. Daß Freud damals noch nicht weit genug gegangen ist, gehen konnte, um den reflexiven Bezug des Menschen zu sich selbst im Medium seiner Objektbeziehungen psychoanalytisch einigermaßen angemessen zu konzeptualisieren, ändert nichts an dieser Tatsache. Was er hier entdeckt und in den Vordergrund rückt, ist die Sexualität, die ein Objekt *und ein Selbst* – in Freuds damaliger Terminologie: ein Ich – hat. Erst mit der Einführung des Selbst in die Libidotheorie können wir im vollen Sinn von einer objektbezogenen Sexualität sprechen, die Liebe zum Objekt und zum Selbst ist. – Ich beeile mich beizufügen, daß ich mit diesen Sätzen Freud nicht „korrekt" wiedergebe, sondern interpretiere und seinen Gedanken bereits weiterdenke. Statt der Konjunktion (und) müßte ich die Disjunktion (oder) setzen. Das Libido-Verteilungsmodell, das er in seiner Narzißmus-Studie vorgeschlagen hat, ist das der kommunizierenden Röhren, und geht von einem fixen Libidoquantum aus: Höhere Besetzung des Selbst vermindert die Objektbesetzung. Dieses erste Modell des Narzißmus bildet gewiß die psychischen Gegebenheiten nicht angemessen ab. Mehr und mehr hat sich die Besetzungslehre von einem Denken in Energien zu einem Denken in Affekten entwickelt. Damit wurde auch diese Libidoarithmetik überwunden. Die Besetzung des Selbst ist nicht mehr eine mehr oder weniger pathologische Alternative, sondern das notwendige Komplement zur Objektbesetzung. Narzißmus hat damit zu tun, wie der Mensch sich seinen Objekten gegenüber fühlt. Das ist das eine.

Das zweite ist die Dialektik von Objektrepräsentanz und Selbstrepräsentanz, Erschaffung des Objekts und Aufbau des Selbst, von Projektion und Identifikation. Freud (1914c, 154) beschreibt diese Dialektik unter dem Thema der Objektwahl und unterscheidet zwei Typen, den *Anlehnungstypus*, man liebt das Objekt der Befriedigung, „die nährende Frau", „den schützenden Mann", und den *narzißtischen Typus*, man liebt, was man selbst ist, war oder sein möchte. Wiederum tun wir gut daran, die beiden Typen als zwei Aspekte jeder Objektwahl zu interpretieren. Der Mensch formt sich den bedeutsamen Anderen nach dem eigenen Bild und sich selbst nach dem Bild der bedeutsamen Objekte. „Diese Erforschung des Ich als Objekt der Liebe ist absolut neu, wie auch die Idee, daß die äußeren Objekte ein Abglanz des Ichs sind, oder mit jener ersten Besetzung des Ich in Verbindung stehen, da wir ja den anderen entweder unserem eigenen Abbild gemäß, oder dank einem Liebespotential lieben, welches zuallererst das Potential ist, das bewirkt, daß wir uns selbst lieben" (Laplanche 1988, 189). Was das Konzept des Narzißmus zu fassen versucht, ist nicht bloß das Selbst als Objekt der Libido, sondern das Selbst als Subjekt der Objektbesetzung und der Liebe.

Das dritte und schlechthin entscheidende ist die Frage nach dem *primären Narzißmus*, dem primären psychischen Zustand. Freud (1914c, 147f) hielt die Libido für uranfänglich. Konsequent schloß er: „Wir bilden so die Vorstellung einer ursprünglichen Libidobesetzung des Ichs, von der später an die Objekte abgegeben wird, die aber, im Grunde genommen, verbleibt und sich zu den Objektbesetzungen verhält wie der Körper eines Protoplasmatierchens zu den von ihm ausgeschickten Pseudopodien". Hartmann (1950, 132) hat Freuds Ansatz auf den Begriff gebracht, wenn er den Narzißmus als libidinöse Besetzung der Selbstrepräsentanz definiert. Jacobson und Kernberg folgen dieser Definition.

Aber ist damit die äußerste Grenze einer wesensnotwendigen Weiterführung der Libidotheorie erreicht, einer Weiterführung, die immerhin die Libido schon denkt, schon voraussetzt? Die Libido, verstanden als eine Gruppe qualitativ bestimmter Affekte, ist nicht uranfänglich. Die libidinösen Affekte erhalten ihre spezifischen Qualitäten im Lauf der Triebentwicklung. Freuds Bestimmung des primären Narzißmus, die den Trieb letztlich im Biologischen beläßt, wird weder der spezifisch menschlichen Kategorie des Triebes, noch der spezifisch menschlichen Neotonie, seinem Status als einer „physiologischen Frühgeburt" (Portmann) gerecht, die im Brutkasten der Dyade erst ausgebrütet wird. Den Narzißmus, d. h. den primären Narzißmus jenseits des Triebes zu denken, gibt der Triebtheorie erst ihre volle Schärfe. Zur Dialektik von sexuellem Objekt und sexuellem Selbst tritt die Dialektik von primärem Narzißmus und sekundärem Narzißmus, „dyadischem" und „autonomem", „objektalem" Selbstgefühl, und von Narzißmus und Trieb. Grunberger hat diesen Weg am konsequentesten verfolgt. An ihn möchte ich mich halten, wenn ich versuche, den primären Narzißmus zu charakterisieren.

Dyade, primärer Narzißmus und Oralität

Die Einheit von Mutter und Kind der ersten Lebensphase habe ich unter dem Gesichtspunkt der Objektbeziehungen als Dyade beschrieben. Das Konzept des primären Narzißmus versucht, unter dem Gesichtspunkt des Selbst zu erfassen, wie wir uns das Erleben des Kindes in dieser Zweieinheit oder psychischen Verschmelzung sinnvollerweise vorstellen können. Als Teil der bedürfnisbefriedigenden Mutter lebt das Kind noch weitgehend in der Illusion der automatischen Versorgung und totalen Befriedigung. Es glaubt, aus unerschöpflichen Quellen zu leben, ohne Bedürfnis, Mangel und Versagung, ohne Angst, Schmerz und Not. Die Psychoanalyse stellt sich den primären Narzißmus nach dem Vorbild der intrauterinen Existenz als einen spannungslosen, ausgeglichenen Zustand fraglosen Wohlbefindens und Behagens außerhalb von Zeit, Raum und Kausalität vor. In der psychischen Verschmelzung mit der bedürfnisbefriedigenden Mutter fühlt sich das Kind sicher, geborgen in der Grenzenlosigkeit, vollkommen und allmächtig. Das stetige Daseinsgefühl „erhebender Erhabenheit" (élation), wie Grunberger es nennt, ist der eigentliche narzißtische Faktor.

Diesem Konzept, das den primären Narzißmus vor der Entstehung des Triebes ansetzt, scheint die „triebtheoretische" Interpretation von Hartmann (1964/72), Jacobson (1973) und Kernberg (1988) zu widersprechen. Die „ich-psychologisch" orientierten Autoren gehen von einer „undifferenzierten Ich-Es-Matrix" aus und denken im primären Narzißmus den Trieb bereits mit. Es macht keine sonderliche Mühe, die beiden Standpunkte dialektisch zu verbinden. Den primären Narzißmus gibt es, zumindest nach der Geburt, nie in reiner Form. Ich habe die Dyade – und das gilt logischerweise gleichermaßen für den primären Narzißmus – als Schnittpunkt intrauteriner und extrauteriner, oder – so läßt sich jetzt sagen – primärnarzißtischer und triebhafter Existenz charakterisiert. Konkret wird diese Zugehörigkeit zu zwei Welten in der *Oralität*. Sie ist primärnarzißtische Befriedigung und Triebbefriedigung in einem. In der Unmöglichkeit, den primären Narzißmus zu realisieren, ist die Oralität der Übergang vom einen zum andern, von der narzißtischen zur triebhaften

Oralität. Wenn der Wunsch erst entsteht, wo dyadisch-primärnarzißtische Einheit gestört wird und zerbricht, läßt sich primärnarzißtisches Erleben in der Dyade als ein Zustand konzeptualisieren, aus dem sich Trieb und sekundärer Narzißmus, Objekt und Selbst differenzieren.

Ein Stück des primären Narzißmus bleibt lebenslang erhalten. Es gehört zur psychischen Gesundheit, sich Freiräume primärnarzißtischer Befriedigung zu schaffen, ohne Angst vor Verschmelzung. Wir gehen täglich für ein paar Stunden schlafen. Was ist das anderes, als ein primärnarzißtischer Rückzug aus der Realität? Wir fühlen uns wohl im warmen Wasser. Sich eins zu fühlen mit einer Landschaft, sich in die Betrachtung eines Kunstwerkes oder das Anhören einer Sinfonie zu verlieren, hat ebenso primärnarzißtische Anteile wie der Genuß der Schwerelosigkeit auf der Achterbahn. Last but not least verschwimmen im Orgasmus die Grenzen von Selbst und Objekt momentweise, und die höchste sexuelle Lust ist ineins auch narzißtische Befriedigung und Bestätigung des eigenen Selbst als sexuellem Körper.

Die Bedeutung der Triebobjekt-Beziehung für Selbstbild und Selbstgefühl

Die Verschmelzung von Trieb und Narzißmus im Erleben höchster Lust soll uns daran mahnen, niemals libidinöse und Selbstobjekt-Beziehung voneinander zu trennen. Entsprechend der momentanen und konstanten libidinösen Besetzung hat die libidinöse Beziehung eine zwiefache Bedeutung im Aufbau des Selbst und in der Entwicklung des Selbstgefühls. Die Befriedigung der sinnlich-libidinösen Wünsche ist grundlegend für den Aufbau des Körperselbst, und die Erfahrung der konstanten Besetzung der Objektliebe stattet das Selbst mit der Gewißheit aus, liebenswert und liebesfähig zu sein.

Das Selbst ist ursprünglich und primär ein *Körperselbst* (Freud 1923b, 253). Ohne ein positives Verhältnis zum eigenen Körper ist ein gesunder sekundärer Narzißmus nicht möglich. Ein positives Verhältnis zum eigenen Körper kann sich nur in der sinnlichen Beziehung zum Körper des andern entwickeln. In der Abgrenzung von der Mutter erlebt das Kind seinen Körper als eigenen und im Ausgeschlossensein aus der Urszene, am Übergang vom analen zum frühgenitalen Erleben, erstmals als sexuellen Körper. Die frühkindliche Onanie ist sexuelle Selbstbefriedigung und narzißtische Selbstbestätigung. Sie schafft die Überzeugung, ein Zentrum eigener Lust zu sein. Die Triebbefriedigungen aller Phasen der Libidoentwicklung spielen für die Etablierung eines lustvollen Selbstgefühls eine wesentliche Rolle. Lustlosigkeit ist eine Form neurotischer narzißtischer Störung, die zu den alltäglichen Erfahrungen jedes Psychoanalytikers gehört.

Doch der Mensch lebt nicht von der Lust allein. Auch die konstante Besetzung hat ihre wesentliche Funktion für das Selbstgefühl. Das narzißtische Problem im Übergang von der Dyade zur Objektbeziehung ist das Erleben der Abhängigkeit. Die Abhängigkeit schafft das Bedürfnis, diejenigen zu lieben und von denjenigen geliebt zu werden, von denen man zur Befriedigung der Triebwünsche abhängig ist. Abhängig zu sein ohne geliebt zu werden, und die eigene Liebe nicht erwidert und gespiegelt zu sehen, ist eine schlimme Erfahrung, die manche neurotische Störung prägt. Ich erinnere bloß an Frau F., aus deren Analyse ich ein Stück zur Illustration der Gegenübertragung geschildert habe.

Der Wunsch nach Triebbefriedigung und der Wunsch, geliebt zu werden, gehen Hand in Hand. Das Beispiel von Peter hat wohl deutlich gemacht, wie wenig momentane Triebbefriedigung ohne Liebe, ohne konstante libidinöse Beziehung vermag. Spitz (1967) hat in eindrücklichen Untersuchungen nachgewiesen, daß Säuglinge bei bester physischer Versorgung nicht gedeihen, ja sogar sterben können, wenn ihnen die konstante emotionale Zuwendung der Mutter oder einer Mutter-Ersatz-Person fehlt. Die unverbrüchliche Überzeugung, liebenswert und liebesfähig zu sein, ist die Grundlage des Selbstgefühls. Diese Überzeugung kann sich nur bilden in einer sinnlich-erotischen Atmosphäre des gegenseitigen Begehrens und triebhafter Liebe. Was uns in der psychoanalytischen Praxis als sogenannte narzißtische Störung begegnet, ist immer ein Zerbrechen dieser Einheit.

Die Bedeutung der Selbstobjekt-Beziehung für Selbstbild und Selbstgefühl

Abschließend möchte ich die Entwicklung der Selbstobjekt-Beziehung in ihrer spezifischen Bedeutung für den Aufbau des Selbst und die Etablierung eines sicheren Selbstgefühls etwas weiter ausführen. Wenn sich das Kind aus der Dyade herausbewegt und erste unterschiedene Selbst- und Objektrepräsentanzen bildet, beginnt es, auch seine Triebwünsche wahrzunehmen. Es kann sich nicht mehr verhehlen, daß es *seine* Wünsche sind, daß sie „innen" entstehen und die Befriedigung von „außen", vom Objekt kommt. Das Kind wird sich seiner Abhängigkeit vom Objekt gewahr. Die Unerschöpflichkeit, Vollkommenheit und Allmacht, die es in der Dyade im Einssein mit der Mutter erlebte, werden nun Attribute der Mutter und verleihen ihr die Macht totaler Befriedigung und totaler Versagung. So entsteht eine erste, vorstellungsmäßig und affektiv wenig differenzierte archaische Imago einer allmächtigen Mutter, die das Kind ersehnt und braucht, die es aber auch bedroht. Die omnipotent erlebte absolute Abhängigkeit der primärnarzißtischen Existenz wird relativ, bezogen auf die Mutter, sie wird Teil des Erlebens und erzeugt Angst vor Abhängigkeit vom Objekt.

Aus dieser prekären und unbehaglichen Situation rettet sich das Kind, indem es sich mit der allmächtigen Mutter identifiziert. Dieser Schritt ist naheliegend, gehören doch Identifikation und Projektion, oder zumindest deren Vorläufer, zu den frühesten Ichfunktionen, die unmittelbar dem primären Einheitsgefühl der Dualunion entstammen. In der Identifikation – die Projektion wird es für die nächsten Schritte ebenfalls benötigen – mit der allmächtige Mutter erlebt sich das Kind selber als groß und stark, autonom und autark. Es schreibt sich all die Vollkommenheit zu, die in der dyadischen Einheit mit der Mutter erlebte Wirklichkeit war, und es reagiert mit Wut, wenn die Realität es eines anderen belehrt. So wird allmählich, im Übergang von der dyadischen zur objektalen Existenz die primärnarzißtische Erhabenheit durch die *Konfiguration des Größenselbst* ersetzt. Freilich entbehrt das Größenselbst nicht der realen Grundlage. Mit dem Ausschlüpfen aus der Dyade macht die Ich-Entwicklung rasante Fortschritte. Die Beherrschung der Wahrnehmung, der Motorik und der senso-motorischen Kontrolle ermöglicht dem Kind, seine pimäre Kreativität im Zusammentreffen seiner Phantasien mit den Dingen der Außenwelt zu erproben. Die einsetzende Eroberung der „Nicht-Mutter-Welt" – es befindet sich in der Übungsphase – bringt dem Kind nicht bloß neuartige libidinöse, aggressive und narzißtische Befriedigung, sondern stattet es auch mit einem Gefühl von Eigen-Mächtigkeit aus.

Natürlich ist damit die reale Abhängigkeit nicht überwunden, aber das Kind kann sie mit der Ich-Unterstützung der Eltern zeitweilig suspendieren. Was später einer Verleugnung gleichkäme, steht hier im Dienst der progressiven Entfaltung des Ich und des Selbst. Immerhin hat das Kind die Illusion der primärnarzißtischen Vollkommenheit durch die Phantasie eines phantastischen idealisierten Selbst ersetzt und damit im Aufbau des Selbst einen wesentlichen Schritt getan.

Es kann aber das grandiose Selbst nur etablieren, eine Zeitlang aufrechterhalten und wieder abbauen, bzw. modifizieren, wenn die primären Objekte mitspielen. Ein sicheres Gefühl seiner Selbst zu erwerben und zu bewahren fordert noch etwas anderes als Triebbefriedigung, nämlich narzißtische Bestätigung, d. h. in dieser frühen Phase vor allem *Spiegelung des Größenselbst*. Darin liegt die Funktion der frühen, spiegelnden Selbstobjekt-Beziehung. Den meisten Eltern fällt es nicht schwer, ihr Kind gebührend zu bewundern. Es hat ja, kreativ wie es ist, immerhin einiges vorzuweisen. Welche Eltern wären nicht bereit, dem Kind begeistert zu bestätigen, daß es einen wundervollen Turm gebaut hat, wenn es ihm erstmals gelungen ist, zwei Klötze aufeinander zu stellen. Wenn dann das Kind bei weiteren Versuchen noch selber „Tuam" dazu sagt, ist das Glück vollkommen. Zur Elternliebe gehört die hohe narzißtische Besetzung der eigenen Kinder. Sie zu idealisieren und ihr Größenselbst zu spiegeln, ist eine natürliche Funktion des Narzißmus der Eltern.

Das Realitätsprinzip ist aber bereits so weit in Kraft, daß dem Kind der illusionäre Charakter des Größenselbst nicht lange verborgen bleiben kann. Das Größenselbst ist noch keine hinlängliche Lösung des narzißtischen Urkonflikts der Vertreibung aus dem Paradies und keine rechte Grundlage für ein gesichertes Selbstgefühl in der Welt der Triebe und Objekte. Das Kind – vergessen wir das nicht – befindet sich aber in der Phase der Triangulierung und hat damit eine weitere Möglichkeit zur Hand, das narzißtische Problem zu lösen: den Vater. Natürlich spiegelt auch der Vater das Größenselbst des Kindes. Aber da das Größenselbst primär ein Produkt der Identifikation mit der allmächtigen Mutter ist, wird die Mutter in den Strudel der Enttäuschung hineingerissen, wenn sich das Größenselbst als modifizierungsbedürftig erweist. Der Vater hingegen bleibt „der Ritter in der strahlenden Rüstung", oder das Kind macht ihn erst recht dazu. Es projiziert sein Größenselbst auf ihn. An die Stelle der Idealisierung des Selbst tritt die *Idealisierung des dritten Objektes*. Als Gegenleistung fordert das Kind, daß der Vater es an der Größe teilhaben läßt, die es ihm verleiht. Und zwar auf zweierlei Weise: Es will sich mit ihm identifizieren können, und es will von ihm geliebt werden. Beides erhöht das Selbstgefühl. Wir ahnen voraus, daß in der einsetzenden ödipalen Phase beim Knaben die identifikatorische, beim Mädchen die libidinöse Beziehung die leitende Rolle übernehmen wird.

Der Vater der Triangulierung, das wird jetzt so recht deutlich, ist nicht der realistisch wahrgenommene Vater. Für das Kind ist er, was er scheint, dank der Imagination des Kindes. Der Vater wird dieser Imagination ohne weiteres entgegenkommen, wenn er seine Funktion als Selbstobjekt wahrnehmen kann. Das Bedürfnis des Kindes, den Vater zu idealisieren, und das Bedürfnis des Vaters, idealisiert zu werden, treffen im günstigen Fall glücklich zusammen. Das idealisierte Selbstobjekt ergänzt das spiegelnde. Kohut hat diesen Schritt im Aufbau der Selbstimagines und in der Entwicklung des Selbstgefühls als die „Konfiguration der idealisierten Elternimago" beschrieben.

Der Übergang von der Idealisierung der Dyade, der Idealisierung der allmächtigen Mutter und der Idealisierung des eigenen Größenselbst zur Idealisierung des dritten Objektes und der Verinnerlichung einer idealisierten Vater-Imago ist wahrhaftig ein Schritt von epochaler Bedeutung. Die idealisierte Elternimago ist die Umwandlung des regressiven Ideals der primärnarzißtischen Vollkommenheit in ein progressives Ideal einer Objektbeziehung, die nur außerhalb dyadischen Eins-Seins realisiert werden kann. Natürlich schafft sich das Kind damit zunächst eine neue Illusion. An die Stelle der Illusion des allmächtigen Selbst tritt die Illusion einer vollkommenen Welt. Aber unverkennbar ist nun die Richtung hin zur Wirklichkeit der Triebe und Objekte. Die „*Sehnsucht* nach dem verlorenen Paradies" wird – um es mit dem komplementären mythologischen Bild auszudrücken – zur progressiven „*Hoffnung* auf das goldene Zeitalter". Beide sind „nicht von dieser Welt". Die Ernüchterung wird gewiß kommen. Aber das Kind läßt sich damit Zeit, und die hinlänglich guten Eltern lassen ihm genügend Zeit. Erst in der Adoleszenz kommt die Entidealisierung der Eltern und der Welt zu einem relativen Abschluß. Doch schon lange vorher, so ungefähr zwischen dem vierten und siebten Altersjahr, findet das erste wahrhaft erotische Abenteuer statt: Die ödipale Situation. Dazu bedarf das Kind noch der Vorstellung eigener Größe, und unter dem Schutz der idealisierten Objekte wird es die Realität der primären Objekte erstmals probeweise überschreiten. Davon gleich mehr.

Nochmals: Die Konfigurationen des Größenselbst und der idealisierten Elternimago sind nicht allein Stadien der Entwicklung, die es hinter sich zu lassen gilt. Sie sind Bausteine des Selbst. Das Streben nach Größe und Vollkommenheit und die Suche nach Menschen, die es wert sind, bewundert, idealisiert zu werden, spiegeln ewig unerfüllte Urwünsche des Menschen. Sie bilden ein Reich bewußter und unbewußter Vorstellungen und Phantasien einer immer ausstehenden Welt. Freud hat dafür den Begriff des Ichideals eingeführt, das die narzißtischen Wünsche und Vorstellungen eines idealen Selbst und idealer Objekte in der Realität vertritt. Sie sind unzerstörbar und bleiben dynamisch unbewußt wirksam, als faustischer Drang, sich immer strebend zu bemühen. Ehrgeiz, Selbstschätzung, Stolz, das Gefühl von Kompetenz, die Freude, sich zu exponieren und vieles andere mehr sind Abkömmlinge des Größenselbst. Die Hingabe an Werte und Ziele ist ohne ein idealisierendes Überschreiten des je Gegebenen nicht möglich. Kohut hat Empathie, Weisheit, Humor und Kreativität als gestalteten, reifen Narzißmus beschrieben. Es ist entscheidend für die Gestaltung des reifen oder sekundären Narzißmus, ob der Übergang von der regressiven zur progressiven Idealisierung gelingt, und dabei auch die Idealisierung des Selbst progressiven Charakter gewinnt. Vor allem aber ist entscheidend, ob der Narzißmus in die Objektbeziehungen, in die Realität der Triebe und Objekte integriert werden kann. Idealisierung und Selbstobjektbeziehung tun ihren Dienst im Aufbau und in der Funktion des sekundären Narzißmus allein innerhalb verläßlicher libidinöser Objektbeziehungen. Idealisierung ohne Erotik ist bodenlos.

3. Die ödipale Situation

A. Von der präödipalen zur ödipalen Triangulierung

Das Kind geht aus der Phase der Trennung und Individuation mit der Gewißheit hervor, das Zentrum der eigenen Wünsche, Wahrnehmung und Initiative, d. h. ein individuelles Selbst zu sein. Nun steht es vor der neuen und erregenden Aufgabe, herauszufinden, was für ein Mensch – ob Mann ob Frau – es werden will. Zwar hat es die physischen Geschlechtsmerkmale einer Frau oder eines Mannes. Sich auch als das eine oder andere zu fühlen, wird ihm aber nicht bei der Geburt mitgeliefert. Der Mensch ist psychisch bisexuell angelegt (Freud 1905d, 40). Die psychosexuelle Entwicklung ist die Aneignung des eigenen Geschlechts und die Integration der gegengeschlechtlichen Wünsche. Frau oder Mann zu werden und auf genitalem Niveau Beziehungen zu Personen des gleichen und des anderen Geschlechts herzustellen ist das Grundthema der ödipalen Situation. Angelpunkt ist wiederum die Urszene, die das Kind jetzt aufzusprengen und nach seinen früh-genitalen Wünschen neu zu organisieren versucht. Die ödipale Triangulierung folgt einer anderen Triebdynamik als die präödipale, deren psychosexuelle Grundlage die anale Phase war.

Freuds Grundschema des ödipalen Geschehens ist bekannt. In „,Psychoanalyse' und ,Libidotheorie'" (1923a, 221) etwa umreißt er es so: „Schon in den ersten Kinderjahren (etwa von 2 bis 5 Jahren) stellt sich eine Zusammenfassung der Sexualstrebungen her, deren Objekt beim Knaben die Mutter ist. Diese Objektwahl nebst der dazugehörigen Einstellung von Rivalität und Feindseligkeit gegen den Vater ist der Inhalt des sogenannten *Ödipus-Komplexes*, dem bei allen Menschen die größte Bedeutung für die Endgestaltung des Liebeslebens zukommt. Man hat es als charakteristisch für den Normalen hingestellt, daß er den Ödipus-Komplex bewältigen lernt, während der Neurotiker an ihm haften bleibt."

Dies ist die Skizze des einfachen oder positiven Ödipus-Komplexes. Komplementär dazu steht die *negative ödipale Konstellation* oder kurz der *negative Ödipus*: Das Kind wendet sich libidinös dem gleichgeschlechtlichen Elternteil zu und empfindet den gegengeschlechtlichen als Rivalen. Die beiden Konstellationen bilden eine *Ergänzungsreihe* und machen zusammen den *vollständigen Ödipus* aus. „Eingehende Untersuchung deckt zumeist den *vollständigen* Ödipuskomplex auf, der ein zweifacher ist, ein positiver und ein negativer, abhängig von der ursprünglichen Bisexualität des Kindes, d. h. der Knabe hat nicht nur eine ambivalente Einstellung zum Vater und eine zärtliche Objektwahl für die Mutter, sondern er benimmt sich auch gleichzeitig wie ein Mädchen, er zeigt die zärtliche feminine Einstellung zum Vater und die ihr entsprechende eifersüchtig-feindselige gegen die Mutter" (Freud 1923b, 261, im Orig. ausgez.).

Im guten Fall können die ödipalen Phantasien im Rahmen der Beziehungen zu den Objekten der ödipalen Wünsche entfaltet und ausgedrückt werden. Das erleichtert ihren Untergang. Und untergehen müssen sie. Sie werden an ihrer Unerfüllbarkeit scheitern und damit den Weg in eine unbegrenzte Welt nicht inzestuöser Objekte öffnen. „Immer mehr enthüllt der Ödipuskomplex seine Bedeutung als das zentrale Phänomen der frühkindlichen Sexualperiode. Dann geht er unter, er erliegt der Verdrängung, . . ." (Freud 1924d, 395).

Die wenigen prägnanten Zitate sind ein bis zum äußersten verdichtetes, formales und abstraktes Konzept ödipaler Phantasien. Sie sind nicht die Phantasien selbst, die in jedem Falle eine individuelle Gestalt annehmen, im Rahmen der individuellen Lebensgeschichte spezifisch verarbeitet und dann höchstens noch in verschleierter Form zum Ausdruck kommen. Wir sollten nie die psychoanalytischen Konzepte mit den Phantasien verwechseln, die sie fassen. Diese Gefahr ist besonders groß, wenn die Konzepte mit bezugsreichen Metaphern bezeichnet werden, die vielfältige Konnotationen hervorzurufen geeignet sind. Das ist hier zweifellos der Fall.

Freud hat eine mythologische Figur gewählt, die ihren gültigen Niederschlag in Sophokles' Drama „König Ödipus" gefunden hat, um die unbewußten Vorstellungen, Wünsche, Gefühle und Ängste zu benennen, die das Kind erlebt, das sich mit heftiger sexueller Liebe und mit Haß in der Beziehung zu seinen Eltern verstrickt. Wenn es die Unmöglichkeit seiner Liebe und seines Hasses erkennt und beides von den Eltern löst, wird es nicht bloß eine entscheidende Stufe im Aufbau seiner verinnerlichten Objektbeziehungen, sondern auch im Aufbau des Selbstbezuges erreicht haben. „Erkenne dich selbst" ist das Leitmotiv des Dramas des Ödipus.

Die Geschichte von Ödipus enthält weit mehr, als daß Ödipus unwissentlich seinen Vater tötet und seine Mutter heiratet. Um zu verstehen, warum Freud diese Metapher wählte, um einen bestimmten Komplex der psychischen Entwicklung zu benennen, will ich einige wichtige Einzelheiten des Mythos, Bettelheim (1984, 32ff) und Schwab (1976, 231ff) folgend, nacherzählen.

Ödipus war Sohn des Laios, König von Theben, und der Iokaste. Lange blieb den beiden der gewünschte Erbe versagt. Sie befragten deswegen den delphischen Apoll. Der Orakelspruch war beängstigend: Iokaste wird einen Sohn gebären, durch dessen Hand später Laios sterben wird. Das wird die Strafe der Götter dafür sein, daß Laios einst, als er auf der Flucht von König Pelops aufgenommen worden war, dessen schönen Sohn Chrysippos entführt hatte. Dieser Schuld bewußt und um seinem Schicksal zu entgehen, trennte sich Laios von Iokaste. Die herrliche Liebe, die beide füreinander hegten, führte sie aber wieder zusammen. Sie vergaßen das Orakel und Iokaste gebar einen Sohn. Als das Kind zur Welt gekommen war, fiel den Eltern der Orakelspruch wieder ein. Um dem Urteil Apolls zu entgehen, ließen sie den neugeborenen Jungen nach drei Tagen mit durchstochenen und zusammengebundenen Füßen aussetzen. Sie beruhigten ihr Gewissen mit dem Gedanken, daß sie durch die Aufopferung des Kindes dasselbe vor Vatermord behütet hätten, und lebten jetzt erst recht mit erleichtertem Herzen.

Der mit der Aussetzung betraute Hirte übergab das Kind jedoch einem Hirten des Polybos, König von Korinth. Der Hirte löste als erstes die Fesseln der durchbohrten Fersen und nannte ihn nach der Verletzung, die ihm beigebracht worden war, Ödipus, das heißt Schwellfuß. Ödipus wird am Hof von Korinth im Glauben aufgezogen, Polybos' Sohn zu sein. Zum Jüngling herangereift, gab ihm ein Neider zu verstehen, daß er nicht der richtige Sohn des Polybos sei. Verunsichert über seine Herkunft befragte er das Orakel von Delphi. Das Orakel sagte ihm, genau gleich wie zuvor seinen Eltern, er werde seinen Vater erschlagen und seine Mutter heiraten. Ödipus ergriff unaussprechliche Angst. Um seinem Verhängnis zu entgehen, kehrte er nicht nach Korinth zurück. Er durchwanderte Griechenland. Einmal begegnete er an einem Kreuzweg einem Fremden mit Gefolge, der ihn rücksichtslos vom Weg drängte. In Wahrheit war es Laios, sein Vater. Es kam zum Handgemenge, in dessen Verlauf Ödipus Laios tötete.

Schließlich kam Ödipus nach Theben. Die Stadt wurde von der Sphinx, einem schrecklichen Wesen, halb Jungfrau, halb Löwe, terrorisiert. Sie gab den Bewohnern von Theben unlösbare Rätsel auf und fraß diejenigen auf, die sich anheischig machten, die Rätsel zu lösen und es nicht vermochten. Ödipus, heimatlos und ohne Hoffnung auf ein glückliches Leben, nahm die Herausforderung der Sphinx an. Das Ungeheuer stellte dem Fremdling ein vermeintlich unauflösbares Rätsel: „Es ist am Morgen vierfüßig, am Mittag zweifüßig, am Abend dreifüßig. Von allen Geschöpfen wechselt es allein mit der Zahl seiner Füße, aber eben wenn es die meisten Füße bewegt, sind Kraft und Schnelligkeit seiner Glieder ihm am geringsten." Ödipus lächelte, als er das Rätsel vernahm, das ihm selbst gar nicht schwierig schien. „Dein Rätsel ist der Mensch", sagte er, „der am Morgen seines Lebens, solange er ein schwaches und kraftloses Kind ist, auf allen Vieren kriecht; ist er erstarkt, so geht er am Mittag seines Lebens nur auf seinen zwei Füßen; ist er endlich am Lebensabend als ein Greis angekommen und der Stütze bedürftig geworden, so nimmt er den Stab als dritten Fuß zu hilfe." Das Rätsel war glücklich gelöst, die Sphinx stürzte sich aus Scham und Verzweiflung vom Felsen zu Tode. Als Belohnung wird Ödipus König von Theben und bekommt die Witwe Iokaste zur Frau.

Viele Jahre später kommt zur Strafe für den ungerächten Mord an Laios eine Plage über die Stadt. Ödipus ist aufgerufen, den Mörder zu finden, die Wahrheit ans Licht zu bringen. Das Drama „König Ödipus" stellt die schrittweise Enthüllung der Wahrheit dar. Als sie endlich ans Licht kommt, begeht Iokaste Selbstmord und Ödipus blendet sich. Sein Schwager und seine Söhne vertreiben ihn vom Königsthron und aus Theben.

Das „ödipale Drama" ist zum geflügelten Wort geworden. In der Tat ist das ödipale Geschehen dramatisch, eine leidenschaftliche Liebesgeschichte mit ungewissem Ausgang, voller Spannung, Verwirrung und Überraschung. Ob das Drama als Lust- und Trauerspiel inszeniert werden kann, ob das Lustspiel zur Komödie ausartet, oder ob das Spiel plötzlich blutiger Ernst wird, das Trauerspiel sich zur Tragödie steigert, hängt nicht zuletzt davon ab, ob und wie weit das Kind seine individuellen unbewußten ödipalen Phantasien in der Phantasie halten und – bewußt, vorbewußt und unbewußt – verarbeiten, im Spiel ausdrücken und in der Beziehung zu den ödipalen Objekten inszenieren kann, ohne Gefahr zu laufen, verführt oder kastriert zu werden.

Wie die Loslösung auf dem Höhepunkt der Dyade eingesetzt hat, beginnt die ödipale Auseinandersetzung auf dem Höhepunkt von Loslösung, Triangulierung und Individuation. Spätestens wenn die Wiederannäherung einsetzt, die Phantasien um die Urszene zu kreisen beginnen, keimen auch erste ödipale Phantasien. Die Vorstellungen und Affekte der früh-genitalen Phase prägen zunehmend die Objektbeziehungen und geben ihnen ihre spezifischen Farben.

Vor allem die Auseinandersetzung mit der Urszene schafft Unruhe, weckt Phantasien, die sich mit den drängenden genitalen Impulsen verbinden. Die Triebwünsche beginnen zu wuchern, denn mit der Vorstellung eines dritten Objektes kann sich die Sexualität erstmals von ihrer Anlehnung an vitale Körperfunktionen und die Körperpflege loslösen. Auf der genitalen Stufe wird die Sexualität autonom. Die genitale Sexualität konstituiert sich in der frühkindlichen Onanie und sucht sich nun der Objekte zu bemächtigen, an denen sie sich entzündet hat. Also macht sich das Kind daran, die „sozialen Verhältnisse" zu verändern. Es wird zum Revolutionär. Wie weit oder wie eng es seine Lebensmöglichkeiten späterhin gestalten kann, hängt nicht zuletzt vom Ausgang dieser Revolution ab, der im besten Fall ein höchst paradoxer ist: Die Revolution muß gelingen – und sie muß scheitern. Das soll einer verstehen.

B. Das Wesen der ödipalen Situation

Drei Momente prägen die ödipale Situation. Zunächst rebelliert das Kind gegen den Ausschluß aus der Urszene. Es will nun auf der Ebene triangulärer genitaler Realität mit dem gegengeschlechtlichen Elternteil *eine neue Zweierbeziehung* schaffen. Nicht mehr und nicht weniger ist die Intention der ödipalen Revolution. Dabei sind dem Kind alle Mittel und Listen recht. Zärtliche Werbung, Verführung mittels seiner körperlichen Reize, Bestechung und Erpressung auf der einen, Mißachtung, Entwertung, Mord und Todschlag auf der anderen Seite. Aus der Formel „(Vater – Mutter) – Kind" soll „(Mädchen – Vater) – Mutter", bzw. „(Junge – Mutter) – Vater" werden. Darin, nicht in der Dreiecks-Beziehung, liegt das Wesen der ödipalen Situation. Daß der gleichgeschlechtliche Elternteil dann zunächst einmal stört, ist begreiflich.

Der Versuch, die Urszene nach den eigenen Wünschen neu zu organisieren, ist ein sehr zukunftsträchtiger Schritt. Er bedeutet – und darin liegt das zweite wesentliche Moment der ödipalen Situation – eine *Vorwegnahme der genitalen Existenzweise* mit den primären Objekten und im Schutz der primären Objektbeziehungen. Das ist nur möglich, wenn es Raum gibt für die ödipalen Wünsche und gleichzeitig ihre Unerfüllbarkeit im Rahmen der primären Objektbeziehungen immer feststeht. Es mag paradox erscheinen, aber je eindeutiger das Kind den Ausschluß aus der Urszene akzeptiert hat, desto heftiger und offensichtlicher kann es sie im Dienst der ödipalen Auseinandersetzungen in Frage stellen. Wenn es den Eltern zudem gelingt, die ödipale Situation von eigenen Triebwünschen und ödipalen Konflikten freizuhalten, kann das Kind gewiß sein: Das Mädchen wird nie sexuelle Partnerin seines Vaters, der Knabe nie sexueller Partner seiner Mutter sein. Die ödipalen Wünsche scheitern an ihrer Unerfüllbarkeit, und durch ihr Scheitern werden sie zum Motor der künftigen Entwicklung. Die Gewißheit, daß es nicht zum Inzest, und darum auch nicht zum Elternmord kommen wird, schafft erst Raum für die Ausarbeitung der ödipalen Wünsche, Ängste, Phantasien und Konflikte, ihre – im günstigen Fall – spielerische Inszenierung in der Beziehung zu den Eltern, und ihre innere Verarbeitung. Droht reale Verführung, oder müssen schon die ödipalen Wünsche aus der Beziehung zu den primären Objekten herausgehalten werden, hat es ein Kind schwer, die ödipale Situation nach seinen Wünschen zu gestalten und zu verarbeiten. Ein Lustspiel wird es dann sicherlich nicht.

Auf dem Höhepunkt der ödipalen Situation wird es – und darin liegt ihr drittes wesentliches Merkmal – den familiären Rahmen erstmals auch probeweise überschreiten. Die Unerfüllbarkeit der ödipalen Wünsche nährt die Sehnsucht und läßt das Kind zu neuen Ufern aufbrechen. Während die Liebesaffäre mit dem Vater bzw. der Mutter noch andauert, verliebt es sich in einen Jungen, bzw. ein Mädchen außerhalb der Familie. Von Treue noch keine Spur. Konstanz der Besetzung, die „feste Beziehung", gehört noch nicht zum Repertoire. Wiederum mag es paradox anmuten, ist aber logisch, daß das Kind dies mutiger wagt, wenn es ein Stück seiner ödipalen Phantasien im Rahmen der primären Objekte inszenieren kann. Ich werde das mit einer ödipalen Geschichte veranschaulichen.

Man mag diese ersten Verliebtheiten dem Höhepunkt – wie ich es tue – oder dem Untergang des Ödipus zuordnen. Die Zuordnung ist nicht wichtig. Wichtig ist, daß die kindlichen – heimlichen oder offenen – Verliebtheiten, die manchmal rasch wechseln, zum Ablauf der ödipalen Situation gehören und im Lauf der Latenz verschwinden. Kann ein Kind bereits während der ödipalen Wirren probeweise den familiären Rahmen überschreiten, wird es leichter zu einer progressiven Bewältigung der ödipalen Konflikte finden, die „mehr ist als eine Verdrängung" (Freud 1924d, 399), als wenn ihm diese Möglichkeit – aus welchen Gründen auch immer – verwehrt ist. Beschränkt sich die Lösung der ödipalen Wünsche auf ihre Verdrängung, ist dem Menschen der Weg ins Freie verwehrt. Eine lebenslange Fixierung an die ödipalen Objekte und ein lebenslanger Kampf mit ihnen ist vorgezeichnet. Wir stoßen hier auf den Kern des Wiederholungszwanges.

Nochmals will ich herausstreichen: Wenn von der ödipalen Dreiecks-Situation die Rede ist, geht es um die sexuell bestimmten Zweier-Beziehungen innerhalb des Dreiecks. Als Freud die ödipale Situation konzeptualisierte, hatte er weder das Konzept der Objektbeziehungen im allgemeinen, noch das der frühen Triangulierung im besonderen zur Verfügung. Er unterschied nicht zwischen einer spezifisch präödipalen und einer spezifisch ödipalen Triangulierung. Wo vom Vater die Rede ist, ist auch schon vom Ödipus die Rede. Viele Autoren halten an dieser umfassenden

Sichtweise des Ödipus fest. So kann Chasseguet-Smirgel (1988) von der „archaischen Matrix des Ödipus" und Grunberger (1980) vom „tiefen Ödipus", vom „primären Ödipus" oder vom „narzißtischen Urödipus" sprechen. Das ist eine Frage der Konzeptualisierung. Ich ziehe es vor, das Konzept des Ödipus auf die Sexualisierung, bzw. Genitalisierung der triangulären Konstellation zu beschränken.

Das zunehmende Wissen über die präödipalen Stufen der Entwicklung verinnerlichter Objektbeziehungen hat das Konzept der ödipalen Situation erheblich differenziert. Je mehr wir aber über die präödipalen Konflikte wissen, desto „mehr enthüllt der Ödipuskomplex seine Bedeutung als das zentrale Phänomen der frühkindlichen Sexualperiode" (Freud 1924d, 395) und – so können wir jetzt hinzufügen – des Aufbaus der Objektbeziehungen. Die ödipale Situation ist mehr als eine Periode der infantilen Sexualentwicklung. Erinnern wir uns daran, Freud stieß auf ödipale Verstrickungen als Kernkomplex der Neurose, als seine ursprüngliche Verführungstheorie nicht mehr ausreichte, um der psychischen Verarbeitung der verinnerlichten Konflikte, der Verarbeitung in der Phantasie gerecht zu werden. Was er dann Schritt für Schritt ent-deckte, erwies sich letztlich als das Prinzip, das die gesamte psychische Wirklichkeit des heranwachsenden und des erwachsenen Menschen strukturiert. Im glücklichen Fall können auch die frühen Konflikte auf der ödipalen Ebene neu strukturiert, können für alte Konflikte neue Lösungen geschaffen werden. Das nennen wir dann Neurose.

C. Eine ödipale Geschichte

Ich möchte das Geschehen der ödipalen Situation mit einer sehr alltäglichen Geschichte illustrieren, die ich als nahestehender Beobachter mitverfolgen konnte und hier wiedergeben darf.

Der Vater sitzt mit seiner ungefähr sechsjährigen Tochter Sonja auf dem Balkon. Er liest Zeitung, sie sitzt merkwürdig gespannt und untätig dabei. Nach einer Weile sagt sie zögernd, abtastend, ja leicht errötend: „Papi, vielleicht werde ich dich einmal heiraten!?" Der Vater legt sofort die Zeitung beiseite und läßt sich erfreut und geschmeichelt auf das Spiel ein. Sowie Sonja merkt, daß sie mit ihrem Wunsch auf Verständnis und Gegenliebe stößt, verschwindet das Lauernde und Zögernde in ihrem Verhalten, und sie wird immer zutraulicher und bestimmter. Was zuerst lediglich eine unbestimmte Möglichkeit einer unbestimmten Zukunft war, enthüllt sich mehr und mehr als Zentrum ihres gegenwärtigen Erlebens und Phantasierens. Nach längerem Gespräch über die Modalitäten der Heirat schlägt sie aufgeregt vor: „Sollen wir nicht lieber gleich jetzt heiraten?" – Jetzt beginnt der Vater zu zögern und fragt Sonja nachdenklich: „Aber was machen wir dann mit Mami?" – „Mami?" fragt sie ziemlich verduzt. Nach einigem Nachdenken kommt ihr die Erleuchtung, die alle Probleme löst: „Ach, Mami kann doch Stefan haben!" – Stefan ist ihr älterer Bruder. – Sagt's, springt schnurstracks ins Haus und schreit: „Mami, Mami, ich heirate Papi. Du kannst Stefan haben. Wir bleiben aber alle das ganze Leben lang zusammen und haben es immer schön miteinander."

In dem Moment kommt ihre Freundin von nebenan und holt sie zum Spielen. Die Hochzeit ist aufgeschoben. Sonja kam nicht mehr darauf zurück. Das ist nicht überraschend. Sonja hat erfahren, was sie erfahren mußte. Aber die Geschichte geht weiter.

Im selben Sommer, wenige Monate nach der geschilderten ödipalen Episode, besucht Sonja mit den Eltern Stefan im Pfadfinder-Lager. „Strolch", ein ungefähr 13jähriger Junge kümmert sich den ganzen Tag rührend um sie. Er geht mit ihr spazieren, zeigt ihr, wo er schläft, läßt sie aus seinem Geschirr essen, gibt ihr Kaugummi usw. Sonja verliebt sich Hals über Kopf in Strolch. Der Abschied am Abend fällt ihr schwer.

Als Stefan aus dem Lager zurück ist, fährt die Familie in die Ferien. Eines Tages kommt Sonja zum Vater gesprungen und meldet: „Soeben hat Strolch telefoniert. Seine Eltern müssen für zwei Wochen fort. Kann Strolch während dieser Zeit nicht zu uns kommen? Er kann ja in meinem Bett schlafen." Der Vater hat gegen den Besuch nichts einzuwenden. Sie geht wieder ans Telefon (das es in der Ferienwohnung gar nicht gibt) und kommt nochmals zurück: „Strolch hat gesagt, daß er sehr gern Spaghetti ißt. Könnten wir nicht heute abend Spaghetti kochen?" Auch das läßt sich machen. Es gibt noch einiges Hin und Her. Sie muß noch wissen, wann er genau ankommt und ihm erklären, bis wohin er fahren muß und wo wir ihn abholen werden. Zwischen den fiktiven Anrufen kommt sie immer wieder zum Vater gelaufen, holt sich die nötigen Informationen und versichert sich seiner Zustimmung.

Dann ist Strolch da, imaginär natürlich, und das Geplapper geht erst recht los. Die Rückfragen hören auf. Offenbar ist Sonja jetzt sicher, daß der Vater nichts gegen ihre Liebe zu Strolch einzuwenden hat. Sie geht mit ihrem imaginären Freund spazieren, sie spielen Federball und Eile mit Weile.

Doch das Spiel erfährt noch eine Steigerung. Abends geht Sonja merkwürdig früh zu Bett. Einmal druckst sie eigenartig herum, und ähnlich zögernd wie damals bei ihrem Heiratsantrag fragt sie den Vater: „Wenn ich im Bett bin, kommt jeweils Strolch noch ein wenig zu mir. Darf er das?" – „Aber natürlich." – „Dann flüstern wir ein wenig miteinander." – „Hmhm." – „Dürfen wir auch laut reden?" – „Ja, warum denn nicht?" – „Weißt du, wir liegen dann so da" – und sie nimmt das Kissen in den Arm, drückt es an sich, streichelt es, haucht irgendwo einen Kuß darauf. Dann schaut sie wieder den Vater an: „Dürfen wir das überhaupt, ein bißchen so schmusen?" Auch das ist erlaubt. Die sukzessive Zustimmung des Vaters auf ihre sukzessiven Eröffnungen erleichtert und befriedigt sie offensichtlich. Sie plaudert dann noch eine Weile mit Strolch, schläft aber bald ein. Zufrieden ist anzunehmen.

Dann verliert sich das Spiel. Aber ab und zu taucht Strolch auch nach den Ferien wieder auf. Und zwar im Zusammenhang mit „Turnübungen", die Sonja am Treppengeländer macht. Einmal gesteht sie dem Vater etwas verlegen: „Weißt du, das kitzelt so schön zwischen den Beinen. Und wenn ich an Strolch denke, ist es am schönsten."

Ein Jahr darauf, als Stefan wieder im Pfadi-Lager ist, fiebert Sonja mit Hoffen und Bangen der Wiederbegegnung mit Strolch entgegen. Der ist inzwischen ein pubertierender Jugendlicher geworden. An Sonja scheint er sich kaum zu erinnern. Als sie ankommt, ist er gerade beim Roulette und reagiert ausgesprochen reserviert auf das kleine, verliebte Mädchen. Sie geht sofort auf Distanz. Nun steht sie mindestens zwei Stunden auf demselben Fleck, etwa drei Meter vom Roulette entfernt, mit dem Geschenk in der Hand, das sie für Strolch mitgebracht hat, immer bereit, es ihm zuzustecken. Doch er nimmt keine Notiz von ihr. Den Vater grinst sie verlegen an, wenn er vorbei kommt. Die Enttäuschung steht ihr ins Gesicht geschrieben, sie ist den Tränen nahe. Einmal fährt ihr der Vater beim Vorübergehen tröstend übers Haar und fragt: „Läßt er dich einfach stehen?" Offensichtlich dankbar für die Anteilnahme drückt sie sich kurz an ihn, gibt ihm einen Kuß und bedeutet dann unmißverständlich, er soll jetzt wieder verschwinden. Wer würde bei diesem Verhalten nicht an das emotionale Auftanken der Übungsphase denken?

Endlich, nach zwei Stunden, die Sonja wohl endlos vorgekommen sein müssen, nimmt Strolch sie mit auf sein Gummiboot. Freudestrahlend winkt sie dem Vater zu. Aber für den „unbeteiligten Beobachter" bleibt unverkennbar, daß sich die Vertraulichkeit des Besuchs vom Vorjahr nicht wieder eingestellt hat. Nach diesem Besuch verliert Strolch rasch an Attraktivität und wird durch andere Freunde ersetzt.

Wollen wir diese Geschichte überhaupt als eine Illustration des ödipalen Geschehens gelten lassen, müssen wir uns klar machen, was sie illustriert und was sie niemals illustrieren kann. Sie illustriert ödipales Verhalten, nicht ödipale Phantasien. Natürlich bringt das Verhalten Phantasien zum Ausdruck, aber in sehr gebrochener, verarbeiteter Weise. Das bewußte ödipale Verhalten mag zu den ödipalen Phantasien etwa im selben Verhältnis stehen, wie der manifeste Traum zum latenten. Was Sonja inszeniert, bringt höchstens noch einen Bruchteil und nur die oberflächlichen Schichten ihrer Phantasien zum Ausdruck. Diese gehen den Vater im übrigen auch nichts an. Als sie ihm den Heiratsantrag machte, bedeutete das ebenso sehr den Schlußpunkt einer (inneren) Geschichte wie den Beginn einer neuen. Was die Psychoanalyse im Konzept der ödipalen Situation theoretisch faßt, ist die innere Geschichte. Auch wenn sie eng mit den konkreten Interaktionen verbunden ist, folgt sie doch einer unbewußten Eigendynamik, die mehr ist als ein Abbild der erlebten Objektbeziehungen. Wie das Konzept der frühen Triangulierung, faßt das Konzept der ödipalen Situation nicht bloß und nicht zuerst ein äußeres Geschehen, sondern den Aufbau einer inneren ödipalen Struktur. Der „Untergang des Ödipuskomplexes", wie Freud dessen Überwindung genannt hat, und der Aufbau der inneren ödipalen Struktur sind wiederum die beiden Seiten derselben Medaille. Damit werde ich mich jetzt weiter auseinandersetzen.

D. Das Schwinden des Ödipus und der Aufbau der ödipalen Struktur

Das Wesen der ödipalen Situation liegt in der Unerfüllbarkeit ihrer Wünsche. Der Ödipuskomplex ist zum Untergang (Freud 1924d) bestimmt. Die ödipale Situation ist jedoch zunächst – zumindest in der Phantasie des Kindes – eine Situation potentieller sexueller Befriedigung. Indem die primären Objekte die Wünsche aufnehmen und deren Befriedigung wohlwollend versagen, geben sie den Wünschen Raum und verweisen deren Befriedigung auf kommende Zeiten mit einem nicht inzestuösen Objekt. Das Kind muß seine sexuellen Wünsche von den Objekten der infantilen Sexualität lösen, die Inzest- und Generationenschranke und den Geschlechtsunterschied endgültig akzeptieren.

Von der Anlehnung zur reinen Triebbeziehung

Die infantile Sexualität ist geprägt durch ihre Anlehnung an lebenswichtige Körperfunktionen und die entsprechenden Pflegeleistungen der primären Objekte, vorab der Mutter. Die genitalen Wünsche sprengen alle bisherigen Formen der Objektbeziehungen und fordern einen grundlegend neuen Beziehungsmodus, der sich umgekehrt in der Verarbeitung der ödipalen Erfahrung erst allmählich bildet. Genitale Lust beruht nicht mehr auf Anlehnung und entsteht nicht in einer Beziehung, in der das Kind keine Wahl hat. Freud hat nicht umsonst von „Objektwahl" gesprochen. Sexuelle Befriedigung bedingt Gegenseitigkeit. Erregung, Lust und Befriedigung des einen sind Erregung, Lust und Befriedigung des anderen.

Natürlich hat die Mutter von allem Anfang an triebhaft auf die Triebwünsche ihres Kindes reagiert. Aber sie antwortete auf die ungezähmten, impulsiven und fordernden, oralen und analen libidinösen und aggressiven Wünsche des Kindes mit ihrer gezähmten Triebhaftigkeit, Zuwendung und Zärtlichkeit, die in ihre gesamte Fürsorge eingebettet waren. Sexualität aber liegt jenseits der Fürsorge. Genitale Erregung kann nur mit genitaler Erregung beantwortet – oder frustriert werden.

Die Eltern befriedigen ihre genitalen Wünsche nicht in der Beziehung zu ihrem ödipalen Kind. Das wäre Verführung. Die ödipalen Wünsche des Kindes scheitern an den sexuellen Wünschen der Eltern, die nun nicht mehr die seinigen sind. Der Untergang oder das Schwinden des Ödipus (Loewald 1978) ist ein entscheidender Schritt im Aufbau der verinnerlichten Objektbeziehung und bedeutet das, was ich den Aufbau der ödipalen Struktur nennen möchte.

Die ödipale Geschichte, die ich erzählt habe, mag andeuten, wie die Dialektik von ödipaler Befriedigung und Versagung im konkreten Fall aussehen kann. Die Versagung betrifft nicht die Wünsche, sondern deren Befriedigung in der Beziehung zu den primären Objekten. Das ödipale Liebesobjekt reagiert nicht sexuell-triebhaft, sondern sinnlich-zärtlich, nicht erregt und orgastisch, sondern geschmeichelt und bewegt. Es läßt die sinnlichen Wünsche und die ödipalen Phantasien zu, versagt ihnen aber die sinnliche Befriedigung. Sich so zu verhalten wäre gegenüber den prägenitalen Triebäußerungen, die sich an wichtige Körperfunktionen anlehnten, traumatisch gewesen wäre.

Damit eröffnet sich ein Spielraum im wahrsten Sinne des Wortes. Natürlich nützt ihn des Kind zuerst, um Befriedigung zu erzwingen. Anders wäre die Sache ja nicht ernst. Es setzt alle verfügbaren Mittel dafür ein. Einmal fordert es gierig, dann wieder läßt es seine Verführungskünste spielen und entwickelt dabei einen unwiderstehlichen Charme. Mit Hilfe seiner noch durchaus funktionierenden Größen- und Allmachtsphantasien verleugnet das Kind seine Kleinheit und genitale Unzulänglichkeit. Es phantasiert sich als groß, stark und potent. Es glaubt sich ohne weiteres in der Lage, den Platz an der Seite des gegengeschlechtlichen Elternteils einzunehmen. Dabei spielt wohl die infantile Onanie eine beträchtliche Rolle. Wie sehr sich die Phantasie eigener genitaler Potenz aus der Identifikation mit dem ödipalen Rivalen nährt, ist dem Kind natürlich nicht bewußt. Es tut auch jetzt nichts zur Sache, wird aber später von großer Bedeutung sein.

Aber Befriedigung in der Phantasie ist eben niemals Befriedigung am Objekt, und die Kenntnis der Realität ist schon zu weit fortgeschritten, als daß diese Lösung von Dauer sein könnte. Wenn doch, unterstützt durch eine gleichlaufende Phantasie des ödipalen Liebesobjektes, wird die ödipale Situation ihre Lösung wahrscheinlich in der Entwicklung einer Perversion finden. In der Regel jedoch wird die ödipale Phantasie an der Realität scheitern. Der Junge wird erleben, daß er nicht sexueller Partner der Mutter, das Mädchen nicht Partnerin des Vaters ist. Zudem wird der Vater hoffentlich nicht willens sein, seinen Platz neben der Mutter zu räumen und umgekehrt. Die Eltern werden sich der Neuordnung der Urszene, wie sie das Kind kreieren möchte, nachhaltig widersetzen. Kurz, sie verbieten Inzest und Elternmord, ein Verbot, das, wenn der Ödipuskomplex schwindet, zum festen und sicheren Bestandteil des Überich wird.

Was für die Triebwünsche Versagung ist, bedeutet für die Entwicklung des Ich Herausforderung und Unterstützung. Die Auseinandersetzung mit den zentralen Phantasien der ödipalen Situation, die Freud mit den Konzepten des Inzests, des Vatermordes und der Kastration theoretisch gefaßt hat, muß das Kind allein bewältigen.

Bisher konnte ich weitgehend von den geschlechtsspezifischen Verläufen absehen, da es nicht um Entwicklungspsychologie geht, sondern um eine psychoanalytische Interpretation des Aufbaus innerer Strukturen, wie sie beiden Geschlechtern gemeinsam ist. Das wird im folgenden nicht mehr ohne weiteres möglich sein. Die Aneignung der Genitalität und der Aufbau der verinnerlichten ödipalen Objektbeziehungen folgt bei beiden Geschlechtern sehr unterschiedlichen Wegen. Der Ödipus der Frau ist etwas anderes als der des Mannes mit umgekehrten Vorzeichen. Obwohl der Ödipus anerkanntermaßen der Kernkomplex der Neurose und das Organisationsprinzip der „genitalen Existenz" ist, gibt es bis anhin keinen Versuch einer Gesamtdarstellung, welche die positive und negative ödipale Konstellation bei Mann und Frau mit ihren vielfachen Bezügen darstellen würde. So sei auch mir in dieser kurzen Einführung gestattet, die Themen auszuwählen, die bei der Verarbeitung der ödipalen Konstellation für beide Geschlechter von Bedeutung sind. Allerdings wird es mir dabei weder gelingen, die allgemeinen Probleme geschlechtsunabhängig darzustellen, noch den geschlechtsspezifischen Unterschieden hinlänglich Rechnung zu tragen. In dieser Not werde ich mich am Faden der männlichen Entwicklung entlanghangeln, weil ich beim Mann die Grundzüge leichter fassen und darstellen kann. Da mir dieses Vorgehen ohnehin mehr oder weniger gerechtfertigte Kritik eintragen wird, verzichte ich im vornherein auf jeden Versuch einer Rechtfertigung.

Inzest bedeutet allgemein den Geschlechtsverkehr unter Blutsverwandten. Er ist bei allen bekannten menschlichen Gesellschaften verpönt. Freud (1912–13) sah im Inzesttabu oder Inzestverbot die erste soziale Institution. Die Errichtung und Sicherung der Inzestschranke ist die wesentliche Errungenschaft der ödipalen Auseinandersetzung. Das Tabu betrifft insbesondere den Inzest mit der Mutter (Freud 1912–13, 10). Welcher Art ist die Gefahr, die unter allen Umständen vermieden und bewältigt werden muß?

Die Liebe des Kindes gilt nicht bloß der schönen und attraktiven Frau, als die ihm die ödipale Mutter zweifellos erscheint. Sie gilt der *ganzen* Mutter, mit der das Kind ursprünglich psychisch verschmolzen war. Wir wissen von den mancherlei Nöten und Fallstricken der Loslösung aus der Dyade und der Wiederannäherung an die Mutter als Objekt der Triebwünsche. Die ödipale Situation setzt ein, wenn das Kind auf dem Höhepunkt der Wiederannäherungskrise zwischen den eigenen triebhaften Wünschen und der Sehnsucht nach der früheren Glückseligkeit des Einsseins mit der Mutter hin und hergerissen wird.

In der früh-genitalen Phase der Libidoentwicklung nimmt diese Annäherung gemäß den Triebmodalitäten des Eindringens und Aufnehmens wieder den Charakter der Vereinigung mit der Mutter an und konstituiert die ödipale Situation. Über die Art dieser Vereinigung mag das Kind nur sehr unbestimmte Vorstellungen haben. Es mag noch ganz seinen infantilen Sexualtheorien verhaftet sein. Das tut nichts zur Sache. Wesentlich ist, daß diese Vereinigung leidenschaftlich und mit der Erwartung höchster Lust verbunden ist. Für das Kind dieser Zeit ist die Vorstellung höchster Lust einerseits mit der Masturbation verbunden, anderseits reaktiviert sie das Gefühl vollständiger Glückseligkeit im primärnarzißtischen Einssein mit der Mutter. Bevor die *ödipale* Loslösung von der Mutter vollzogen und die *ödipale* Triangulierung als verläßliche innere Struktur errichtet ist, beschwört der positiv ödipale Wunsch des Jungen, dessen Erfüllung der Inzest wäre, die Gefahr einer regressiven Wiedervereinigung des Selbstbildes mit der Imago der archaischen Mutter. Das bedeutete aber den Verlust der unabhängigen individuellen Existenz. Darin liegt die Gefahr des Inzests mit der Mutter. Auch das Mädchen muß sich in der negativ-ödipalen Einstellung mit dem Inzestwunsch und der Inzestangst, die sich auf die Mutter beziehen, auseinandersetzen.

Natürlich wird mancher einwenden, daß der Junge schon physiologisch gar nicht in der Lage wäre, den Inzest zu vollziehen, und daß das Inzesttabu biologisch verankert ist. Dem Einwand sei stattgegeben. Nur, wenn wir psychoanalytisch von Inzest, Kastration und Vatermord reden, sprechen wir nicht von Verhalten, sondern von Phantasien, nicht von „materieller", sondern von „psychischer Realität". Und solange das Kind in der Abhängigkeit von den infantilen Objekten lebt, nimmt jede sexuelle Überstimulierung auf der Ebene der psychischen Realität leicht die Bedeutung des Inzests an. Auch wenn die Inzestschranke biologisch verankert ist, so bleibt allemal die Frage, wie der Mensch sie sich aneignet, hat er mit seiner instinktentbundenen Sexualität doch die Möglichkeit, sie zu überschreiten. Die Psychoanalyse kümmert es wenig, was beim Menschen zuerst war, der Inzestwunsch oder die Inzestscheu. Sie versucht lediglich die Dialektik von Inzestwunsch und Inzestscheu und ihre Bedeutung im psychischen Leben des Menschen zu verstehen und zu interpretieren. Ob das Inzesttabu biologisch und phylogenetisch fundiert ist oder nicht, in der psychischen Entwicklung des Individuums hat es den Status einer archaischen Ich- und Überichfunktion. Das Tabu signalisiert Gefahr angesichts des ödipalen Inzestwunsches und schützt den imaginären Raum vor einer überwältigenden regressiven Realität, die tödlich wäre. Die Inzestscheu wirkt im gleichen Sinn wie die ödipalen Eltern, welche zugunsten der Phantasie und einer genitalen Zukunft mit nicht inzestuösen Objekten dem Kind die frühgenitale Befriedigung versagen. Die Haltung optimaler Befriedigung und optimaler Versagung den ödipalen Wünschen gegenüber und das väterliche Inzestverbot sind ein und dasselbe.

Erst die Überwindung der Inzestproblematik macht den Orgasmus psychisch möglich. Im Orgasmus findet eine tiefe Regression statt, in der sich momentweise Selbst- und Objektrepräsentanzen verwischen. Nur wer sich auf eine unverbrüchliche Struktur verinnerlichter Objektbeziehungen verlassen kann, kann sich auch der regressiven Lust des Orgasmus überlassen, ohne daß der Inzest, d. h. die Wiederverschmelzung der Selbstrepräsentanz mit der Imago der archaischen Mutter, droht.

Ohne Berücksichtigung der Aggression bliebe das Bild unvollständig. Allzuleicht wird die zutiefst aggressive Dimension des Inzests mit der Mutter übersehen. In der Imago der archaischen allmächtigen Mutter sind die libidinösen und aggressiven Anteile, die Repräsentanz der „guten" und der „bösen" Mutter noch wenig unterschieden. Im Inzest droht nicht allein die Abgrenzung von „innen" und „außen" und von Selbst und Objekt verloren zu gehen, sondern auch die Unterscheidung von Libido und Aggression sich zu verwischen. Der Inzest mit der Mutter, der heterosexuelle des Jungen, der homosexuelle des Mädchens, ist, im Gewand eines genitalen Wunsches, der unzeitgemäße Ausdruck des primitiven Liebesimpulses, der nun aber nicht mehr durch die „haltende Mutter" reguliert wird.

Nur noch die Psychose kann auf dieser regressiven Ebene vor der totalen Angst, Aggression, und Vernichtung schützen. Grunberger (1980, 53) erwähnt einen Mann, der als 20jähriger von seiner Mutter zum Inzest verführt worden war. Die Mutter berichtete später, daß ihr Sohn einschlief, unmittelbar nachdem er in sie eingedrungen war. Als er erwachte, war er schizophren. Auch Racamier (1982, 97ff) hat in seiner eindrücklichen Studie über „Die Schizophrenen", neben vielen anderen Aspekten, den Zusammenhang von Verführung, Inzest mit der Mutter und Psychose offengelegt.

Wolfgang Hildesheimer hat die Inzestproblematik des Mannes mit der Mutter in der fiktiven Biographie „Marbot" eindrücklich dargestellt. Marbot, ein Künstler dem Wunsche nach, der aber kein Kunstwerk schaffen kann, wird Kunsthistoriker und ist auf der dauernden Suche nach dem vollkommenen Kunstwerk. Seine Liebe zur Mutter durchzieht das ganze Buch. Nachdem er ihr beigewohnt hat, reitet er davon und bleibt spurlos verschwunden.

Allem voran ist es das verinnerlichte Bild des Dritten, an dem sich das Kind im Wirrwarr seiner sexuellen Wünsche, Gefühle und Ängste orientiert. Es repräsentiert für das Kind das Inzestverbot und garantiert damit den Schutz vor der Wiederverschmelzung mit der archaischen Mutter der Dyade. Erst wenn der Zugang zum Paradies sicher versperrt ist, kann das Kind wirklich daran gehen, die ödipale Szenerie in seinen Phantasien auszuspinnen und in seinen primären Beziehungen auszuarbeiten und auszuhandeln. Das Mädchen wendet sich nun dem Vater in positiver ödipaler Liebe zu. Für den Jungen wird er zum Rivalen. Aber Junge wie Mädchen scheinen damit vorerst vom Regen in die Traufe zu geraten. Statt des Inzests droht jetzt Kastration, aktiv und passiv. Weit davon entfernt, die Unmöglichkeit der ödipalen Liebe zu akzeptieren, erlebt es sie als Verbot, bzw. als Drohung, der genitalen Potenz beraubt zu werden, wenn es auf der Erfüllung seiner Wünsche beharrt. Die Kastrationsdrohung ist wiederum eine Funktion des Dritten. Er weist die ödipalen Wünsche des Mädchens zurück und verbietet dem ödipalen Jungen den sexuellen Zugang zur Mutter. Daß die Kastrationsproblematik beim Jungen und beim Mädchen einen anderen Verlauf nimmt, einer anderen Dynamik folgt, und daß bei beiden Geschlechtern, aber sehr verschieden, das sicht- und erigierbare männliche Glied eine zentrale Rolle spielt, liegt geradezu auf der Hand. Beiden geht es aber letztlich um die sexuelle Identität, das Gefühl, mit *seinem* Genitale intakt zu sein. Was das beinhaltet, möchte ich nun – wie angekündigt – am Beispiel des Mannes etwas weiter ausführen.

Die Phantasie des Inzests schließt notwendig den Dritten aus, und der Junge kann dank seiner fortgeschrittenen Realitätskenntnis nicht mehr übersehen, daß es sich dabei um einen aktiven, aggressiven Wunsch handelt. Die ödipale Absicht, die Urszene zu sprengen und nach den eigenen sexuellen Wünschen neu zu organisieren, bringt Rivalität und – als beherrschende Gefühlsdimension – Eifersucht in die Konstellation der frühen Triangulierung und verändert sie in radikaler Weise. Zwei Männer begehren dieselbe Frau. Dem Jungen macht das Angst. Dem Vater manchmal auch. Was in der frühen ödipalen Phase bewußt als ein einfaches, unproblematisches Wegwünschen des Vaters erschienen ist, wird jetzt, was es seiner unbewußten Bedeutung nach immer war, eine tödliche Bedrohung des einen oder des andern. Bei Gelegenheit wird der Junge auch zur Pistole greifen, oder zu irgend einem Gegenstand, der sich dazu eignet, und auf den Vater schießen: „Päng, du bist tot." Wohl dem Kind, dessen Vater ohne nachzudenken tot umfällt und alsbald quicklebendig wieder aufsteht.

Dann hat der Junge einen verläßlichen Gegner, den er ganz im Sinn der „Objektverwendung", wie sie Winnicott beschrieben hat, in der Phantasie umbringen kann, und der den Mord dank seiner eigenen Aktivität überlebt, d. h. sich nicht rächt. Der Vater weiß gar nicht und braucht nicht zu wissen, wie sehr er mit seinem Verhalten die Verinnerlichungsarbeit des Sohnes unterstützt. Wenn der Vater die Attacken seines Jungen überlebt, warum sollte der Sohn dann allfällige Attacken des Vaters nicht auch überleben? Der Kampf, vor allem der innere Kampf, kann weitergehen, oder überhaupt erst recht beginnen. Wo Mordphantasien waren, kann nun phallisches Rivalisieren werden. Das phallische Rivalisieren mit dem Vater begleitet von nun an das genitale Werben um die Mutter. Der Junge wird mit allen Mitteln seinen Vater auszustechen versuchen. Jede Liebesbezeugung der Mutter, die lediglich ihr übliches liebevolles Verhalten sein mag, wird er als Sieg über den Vater buchen. Gelegenheit dazu gibt es genug, ist doch der Vater ohnehin den ganzen Tag abwesend. Aber die Niederlage kommt gewiß. Spätestens, wenn der Vater abends seinen Platz im Bett neben der Mutter ganz selbstverständlich für sich beansprucht, allenfalls seinen Sohn ohne viel Federlesens in dessen eigenes Bett bugsiert.

Der potente Vater kann es sich aber auch einmal leisten, unter besonderen Bedingungen auf seinen Platz zu verzichten. Vielleicht weil der Junge krank ist; vielleicht, weil der Vater für ein paar Tage verreist, und die Mutter nachts doch männlichen Schutz braucht. Aber das sind Pyrrhussiege. Auch wenn kein Vater da ist, wird der Junge entdecken, und die Mutter wird ihn darin unterstützen, daß er ihr Mann nicht sein kann. Bei aller Liebe, die sie ihm entgegenbringt, und bei aller Bewunderung für seine Männlichkeit und Potenz, er bleibt ihr Junge.

Die Eltern drücken das durch ihr Verhalten aus. Ihre Beziehung zum Kind ist nicht so sehr triebbestimmt im Sinne der momentanen, sondern zärtlich im Sinne der konstanten Besetzung. Die narzißtische Komponente hat daran beträchtlichen Anteil. Die Mutter ist stolz auf ihren Jungen und gewährt ihm gern narzißtische Gratifikation für seine phallische Größe, und der Vater findet Gefallen an seiner hübschen Tochter. Vielleicht ist das auch der Punkt, an dem sich das Kind erstmals versuchsweise und flüchtig in Personen außerhalb der Familie verliebt. So in etwa dürfte in idealtypischer Weise das affektive Klima aussehen, in dem das Kind wagen kann, seine Kleinheit und genitale Unreife – in Freuds Konzept: seine Kastration – und seine Beschränkung auf die Möglichkeiten des einen Geschlechts zu akzeptieren.

Um die Grundzüge der vielschichtigen Dynamik der ödipalen Konflikte faßbar zu machen, habe ich mich auf das einfachste Schema des positiven Ödipus beim Knaben beschränkt. Nun muß ich aber doch die negativ ödipale Konstellation, d. h. die Liebe des Jungen zum Vater, zumindest andeuten. Anders würden die folgenden Schritte der Lösung der ödipalen Situation nicht verständlich. Beim Jungen knüpft die negativ ödipale Konstellation an die Bewunderung des idealisierten Vaters an, die Liebe zu ihm und die Identifikation mit ihm. Wenn es nicht gerade um die sexuelle Beziehung zur Mutter geht, ist der idealisierte ödipale Vater nicht Rivale, sondern der geliebte und bewunderte phallische Mann, mit dem der Junge sich identifiziert. Der negative Ödipus ist der Bereich, in dem es Vater und Sohn gut miteinander haben, gemeinsam etwas tun, vielleicht gar gemeinsam rivalisieren: „Wir zwei gegen den Rest der Welt." Vittorio De Sicas bewegender Film „Die Fahrraddiebe" bringt diese Seite der Vater-Sohn-Beziehung eindrücklich zur Geltung. Gerade deshalb, weil er so deutlich macht, daß es nicht der phallische Protz ist, den der ödipale Junge liebt.

Wenn wir am Begriff des negativen Ödipus zur Bezeichnung der *ganzen* Beziehung des ödipalen Kindes zum gleichgeschlechtlichen Elternteil festhalten, ist die negativ ödipale Konstellation mehr als die Phantasie des Jungen, ein Mädchen – kastriert, im Sinne Freuds – zu sein, vom Phallus des Vaters penetriert zu werden und ein Kind zu kriegen. Die negativ ödipale Liebe und Identifikation ist auch das Erbe der idealisierten Elternimago. Die Liebe des Jungen zum genitalen Vater ist Teil der Auseinandersetzung mit der Problematik der Kastration. Und das gilt ebenso für die Liebe des Mädchens zur genitalen Mutter. Denn die Kastration ist nicht eine anonyme Schicksalsdrohung. Sie ist Teil der ersten genitalen Beziehung des Kindes. Im Konzept der Kastration faßt die Psychoanalyse die Phantasien und Ängste, der genitalen Potenz beraubt zu werden oder den Rivalen der genitalen Potenz zu berauben und ihn dadurch auszuschließen. Entfaltung und Ausgang des Kastrationskomplexes sind entscheidend für den Erwerb der Geschlechtsidentität, die auch die Möglichkeit der Identifikation mit dem anderen Geschlecht einschließt.

Auch die Gestaltung der phallischen Aggression vollzieht sich im Rahmen der libidinösen Besetzung des gleichgeschlechtlichen Elternteils. Im Schutz der negativ ödipalen libidinösen Beziehung kann der Junge seine Kleinheit, seinen Mangel, seine Kastration wahrnehmen und sich der ödipalen Ambivalenz, der Wut und dem leidenschaftlichen Haß auf den Vater stellen. Die Bewältigung des ödipalen Hasses ist keine Kleinigkeit, wenn wir bedenken, daß die primäre Kastrationsphantasie nicht die passive ist, vom Vater wegen der eigenen sexuellen Wünsche kastriert zu werden. Die primäre Kastrationsphantasie ist die aktive, ist die Phantasie, den Vater zu kastrieren, um die Mutter besitzen zu können.

Die ödipale Vaterproblematik ließe sich schön am Beispiel Patricks zeigen. Ich beschränke mich auf die Mitteilung einer kurzen, signifikanten Szene, die eine Nahtstelle seiner Analyse markiert. Daß Patrick seine Konflikte auf ödipaler Ebene organisieren konnte, dürfte bereits klar geworden sein, und die folgenden Kapitel werden es noch deutlicher werden lassen.

Bevor Patrick seine Konflikte in einer bearbeitbaren Übertragung zu inszenieren wagt, baute er in einer langen Phase, in der er lediglich Monopoli und ähnliches mit mir spielte, allmählich und langsam eine negativ ödipal geprägte positive Übertragung auf. Es entstand dabei eine freie, gelöste Atmosphäre, in der sich Patricks Witz und Humor entfalten konnten, die aber auch seine Skrupelhaftigkeit und seine latenten Schuldgefühle deutlich werden ließ. Nun kann der anfänglich schüchterne Junge im Spiel aggressiv sein, nicht nur, daß er aggressiv spielt, sondern sich auch mir gegenüber aggressiv verhält. Als wir erstmals „Wild Life“ spielen, meint er gönnerhaft: „Das ist ganz leicht, da können Sie auch gewinnen.“ Als ich tatsächlich einmal gewinne, kommentiert er trocken: „Gratuliere – es kommt ja selten vor.“

Es ist aber noch mehr geschehen: Ich beginne ihn zu beschäftigen und zu beunruhigen. Und damit genügt meine unaufdringliche Präsenz und nicht deutende Haltung nicht mehr. Patrick beendet die Spielphase ganz abrupt mit – einem Spiel. Vorher will er wissen, ob ich auch manchmal wütend werde, ob es mich nicht ärgert, wenn ich immer verliere, ob ich beispielsweise böse würde, wenn mir einer „Holzkopf“ sagte usw. Es ist deutlich: Er weiß nicht, woran er mit mir ist, er kann mein Verhalten nicht interpretieren. Werde ich nicht doch wütend, wenn ich verliere, und verstecke ich meine Gefühle hinter einer gleichmütigen Fassade, was er der Mutter gegenüber tut, wie ich später erfahre? Und, falls ich doch wütend werde, erweise ich mich als unberechenbar? Er ist aggressiv gegen mich, fühlt sich als der Stärkere, was er genießt und was ihm gleichzeitig Schuldgefühle bereitet. Verletzt er mich mit seinen aggressiven Bemerkungen, und werde ich mich rächen? Einerseits freut er sich darüber, der Stärkere zu sein, anderseits will er mich als einen starken Mann erleben können, den er bewundern, auf den er sich verlassen und den er idealisieren kann.

Dann kommt das entscheidende Spiel, das die Spielphase plötzlich und natürlich beendet. Patrick will gegen mich eine Schlacht schlagen. Als Munition dient uns zusammengeknülltes Papier. Nun hetzt er mich in der Praxis herum, daß es eine Art hat. Gegen den wendigen und zielsicheren Jungen habe ich keine Chance. Aber immer wieder, es ist für mich deutlich wahrzunehmen, zögert er, nimmt sich zurück und läßt mich aufholen, um mich dann mit voller Wucht und unverhohlenem Vergnügen erneut anzugreifen.

Als er das Spiel „knapp“, wie er sagt, für sich entschieden hat, und wir, oder zumindest ich, erschöpft in die Sessel sinken, beginnt er den Spielverlauf zu kommentieren. Er muß sicher sein, daß ich verlieren kann, ohne mich kastriert zu fühlen oder mich zu rächen. Ich hätte ebenso gut gewinnen können, meint er. Er will wissen, ob ich mich über das Spiel freue, auch wenn er gewinnt. „Du mußt wissen, ob Du Dich mit mir auseinandersetzen und meiner Fairness sicher sein kannst, was immer auch geschieht“, deute ich in etwa. Darauf beginnen seine Zwangssymptome die Stunden zu beherrschen.

Es ist die Verinnerlichung der negativ ödipalen Konstellation, die dem Jungen hilft, das Dilemma zu überwinden, „entweder ich kastriere den Vater oder ich werde vom Vater kastriert“. Der Junge introjiziert das Bild des phallischen Vaters als eines „guten Objektes“, d. h. eines konfliktfähigen Objektes, das Ambivalenz erträgt und sich für die Ambivalenz des Sohnes nicht rächt. Diese Gewißheit gibt der ödipalen Aggression eine ganz andere Qualität als sie der analen und noch der rein phallischen Aggressivität eigen war. Sie zielt nicht mehr auf die Zerstörung des Objektes, sondern auf „die bewahrende Introjektion, die indes auf der unbewußten Ebene der Phantasie nicht von der Kastration des Anderen zu trennen ist: man kann nicht nehmen, ohne wegzunehmen“ (Mendel 1969, 52). Der Junge benutzt den Phallus des Vaters, um der Kränkung standzuhalten, nicht Liebhaber der Mutter sein zu können. Das ist ein wesentlicher Schritt auf dem Weg der Lösung der ödipalen Wirren. Er mag noch brüchig sein, enthält er doch beides, Anerkennung *und* In-Frage-Stellung des Vaters und seines Phallus.

Wenn die Psychoanalyse den Begriff des Phallus als ein psychoanalytisches Konzept gebraucht, ist Phallus nicht einfach ein Synonym für Penis. Die Verbindung des Penis des Kindes mit dem in der Phantasie aggressiv angeeigneten Penis des Vaters konstituiert den Phallus und die phallische Phantasie als ein Bild narzißtischer Vollkommenheit. „Der anatomische Penis muß ‚dynamisiert‘, durch einen unbewußten psychischen Vorgang ‚vitalisiert‘ werden, um in jeder Hinsicht funktionstüchtig zu sein“ (Mendel 1968, 119).

Es wird nun alles davon abhängen, ob das Kind in der Verarbeitung der ödipalen

Phantasien und Erfahrungen die Bedeutung des Vaters regressiv wieder verwischen oder sie progressiv anerkennen kann.

Muß der Junge regressiv die Bedeutung des Vaters wieder verleugnen, spielt sich die Sexualisierung nicht im Bereich der phallisch-frühgenitalen Phantasien und Affekte ab, sondern bleibt im Bannkreis der analen Machtkämpfe, in denen es um Sein oder Nicht-Sein, alles oder nichts, entweder-oder geht. Die phantastische Aneignung des Phallus wird zur Erschleichung des väterlichen Penis in der Phantasie und zur Usurpation der Position des Vaters. Usurpation ist ein analer Modus, sich Macht zu verschaffen. „Analen Phallus" nennen viele französischen Autoren die Aneignung des väterlichen Phallus, die auf Kosten des Vaters geht und nicht auf der Anerkennung des Vaters, des „väterlichen Prinzips" und der Generationenfolge beruht. Der Versuch, den Ödipus auf diese Weise zu lösen, mag einer wirklichen ödipalen Auseinandersetzung täuschend ähnlich sehen. Dabei fehlen genau die Schritte, die zur Verinnerlichung einer ödipalen Struktur führen: Die Akzeptation des Mangels, der Kastration, die Identifikation mit dem idealisierten Vater, bzw. den Eltern und die Emanzipation vom Vater, bzw. von den Eltern. Was sich als „Revolte gegen den Vater" (Mendel 1968) geben mag, ist eine Kapitulation vor dem Dilemma der Kastration und dem Dilemma von Identifikation und Emanzipation. Das bedeutet in einem den Verlust des gehaßten und des geliebten Vaters. Wenn es aber einen libidinös und aggressiv hoch besetzten „geliebten Rivalen", mit dem man Konflikte haben kann, nicht mehr gibt, braucht man andere Gegner. Die Folgen sind bekannt.

Der progressive Aspekt liegt in der Verinnerlichung des Bildes des *guten phallischen Vaters*, das bereits auf die Imago des *genitalen Vaters* und die Imago des *genitalen Selbst* verweist. Die Verinnerlichung des phallischen Vaters leitet über zur selektiven Identifikation mit dem Vater auf einer neuen Ebene. Nicht zuletzt ist es die Fähigkeit zur Besorgnis und Wiedergutmachung, und sind es die mit dem Wegnehmen verbundenen Schuldgefühle, die den Jungen weitertreiben, ihn auf neuer Ebene die Rivalität wieder aufnehmen lassen.

Diese Interpretation des Konzeptes der Kastration greift weiter als es Freud selbst schon ausgeführt hat. Er thematisierte Kastrationsangst und Penisneid als komplementäre Konzepte und interpretierte die Kastrationsphantasie als Antwort auf das Rätsel, das der anatomische Geschlechtsunterschied, das Vorhandensein oder Fehlen eines Penis, dem Kind aufgibt. Freuds Verständnis war geleitet vom phallischen Monismus, d. h. von der Annahme, daß für das Kind nur ein Geschlechtsteil, der Penis des Mannes, existiere und es kein ursprüngliches Wissen von der Vagina gebe. In Freuds Konzept ist Kastration für den Mann die Realisierung der väterlichen Drohung als Reaktion auf seine positiv ödipalen Strebungen. Der Kastrationskomplex liegt für den Mann in der Kastrationsangst. Die Frau hingegen erlebt ihre Penislosigkeit als Kastration. Sie ist verglichen mit dem Mann mit einem Nachteil versehen, den es zu verleugnen, zu kompensieren oder zu reparieren, bestenfalls zu akzeptieren gilt.

Ich kann mich hier auf eine vertiefende Diskussion nicht einlassen. Ich begnüge mich mit dem Hinweis, daß Penisneid und Kastration systematisch und genetisch zwei unterschiedlichen Ebenen angehören. Die Wahrnehmung des Geschlechtsunterschiedes und der Penisneid gehen der ödipalen Phase voraus. Es wiederholt sich hier ein begriffliches Problem, auf das ich bei der Konzeptualisierung des Ödipus hingewiesen habe. Konzeptualisiert man alle frühen Erfahrungen von Mangel und Trennung nach dem Vorbild des Ödipuskomplexes, seiner Phantasien und Ängste, wird die Abnabelung zur ersten Kastration, und kann man von einer oralen und analen Kastration reden. Kastration wird dann fast gleichbedeutend mit Trennung, bzw. jede Trennung und jeder Mangel im Laufe der Entwicklung wird als Kastration verstanden. So z. B. bei Dolto (1987). Wiederum ziehe ich es vor, das Konzept der Kastration auf die Auseinandersetzung mit der Genitalität als Teil der ödipalen Phantasien zu beschränken.

Mit der „Akzeptation der Kastration", wie manche Autoren sagen, schwindet der Ödipuskomplex. „Akzeptation der Kastration" scheint mir eine unglückliche Formulierung. Die Verarbeitung der Kastrationsproblematik ist eine Leistung des Ich, seiner integrativen Funktion, die Wesentliches zum Aufbau der verinnerlichten Objektbeziehungen und der ödipalen Struktur beiträgt. Ich spreche darum lieber von der „Integration der Kastration". Integration der Kastration heißt Akzeptieren der eigenen Begrenzung, v.a. der Begrenzung auf ein Geschlecht und eine Generation, und beinhaltet die Einsicht, daß das sexuelle Begehren auf ein Objekt angewiesen bleibt. Die primärnarzißtische Phantasie der Vollkommenheit, die immer wieder regressiv als Ausweg aus der „Not des Lebens" versucht wird, scheitert endgültig an der Kastrationsthematik. Mangel ist Teil des Begehrens. Wo es keinen Mangel gibt, gibt es keinen Wunsch. Die Fähigkeit, Mangel zu ertragen, ist *die* ödipale Errungenschaft. Sie gesellt sich zur Fähigkeit, Ambivalenz zu ertragen, die im Prozeß von Loslösung, Triangulation und Individuation erworben wurde. Akzeptation ist aber nicht Resignation. Die Errungenschaft der Adoleszenz und des Erwachsenenalters wird es sein, in erneuten Auseinandersetzungen mit der Kastration, den Mangel zu akzeptieren und sich ganz, nicht kastriert zu fühlen.

Der Untergang des Ödipuskomplexes und die Verdrängung

Als Entwicklungsphase geht der Ödipuskomplex unter, wenn das Kind seine sexuellen Wünsche von den primären Objekten loslöst. Äußerlich geschieht das mitunter recht plötzlich und ist dann ein Indiz, daß das Kind das Dilemma von Kastration und Generationenfolge zu integrieren im Begriffe ist. Die Loslösung der sexuellen Wünsche von den primären Objekten geschieht durch Verdrängung, ja, sie ist der Prototyp der Verdrängung überhaupt, etabliert erst die klare und flexible Abgrenzung des Unbewußten vom Bewußtsein. Verdrängt wird nicht die Sexualität, sondern ihre Verbindung zu den Objekten der primären Liebe. Die Affekte werden von den ursprünglichen Repräsentanzen des geliebten und des gehaßten Objektes getrennt. Dadurch wird ihnen der Status einer bewußtseinsfähigen Vorstellung entzogen. Die Sexualität scheint für's erste zu verschwinden. Aber höchstens von der sprichwörtlichen Bildfläche, kaum aus den bewußten, sicher nicht aus den unbewußten Phantasien. Die verdrängten Vorstellungen werden nun zur motivierenden Kraft, die das Kind dazu drängt, neue Objekte für die alten Wünsche zu suchen.

Bevor der junge Mensch in der Adoleszenz sich in neue Liebesabenteuer stürzt, wird er seine Triebkräfte vorerst in die Eroberung einer weiten Welt der Dinge und des Wissens investieren. *Latenz* hat Freud diese wichtige Zeit zwischen dem Untergang des Ödipuskomplexes und der einsetzenden Pubertät genannt. Kindergarten, dann Schule und peer group sind die von den Eltern weitgehend unabhängigen Welten, die das Kind nun zum Ausbau seiner Welt der inneren Objekte ausnutzt. Doch die Familie, oder ihr Ersatz, bleibt der sichere Hafen, von dem aus das Kind seine Eroberungen macht.

Im üblichen psychoanalytischen Jargon heißt das etwas mißverständlich, daß das Kind sich von den ödipalen Objekten abwendet. Das kann natürlich nur heißen, daß das Kind die Eltern als Objekte des ödipalen Begehrens aufgibt. Von nun an ist Sexualität zunächst „verboten", und das Kind ist wieder mit seinen sexuellen Empfindungen allein. Jetzt kann man – ein häufiger Ausdruck – von verpönten Wünschen reden, die das Kind abwehren muß. Selbstverständlich liebt das Kind seine Eltern weiterhin und ist auf ihre Liebe angewiesen, aber diese Liebe wandelt sich entschieden. Mit Freuds Worten: Die sinnliche und die zärtliche Strömung trennen sich voneinander. Es ist die sinnlich-sexuelle Komponente, die der Verdrängung anheimfällt. Die zärtliche Strömung ist die konstante libidinöse Besetzung, wie ich sie früher beschrieben habe. Sie ist zum einen das emotionale Reservoir, aus dem sich das Kind mit allem Nötigen für seine neuen Eroberungen versorgt, und zu dem es zurückkehren kann, wenn es bei seinen Abenteuern in Schwierigkeiten gerät. Zum andern ist sie der Ort, wo Konflikte entstehen und ausgehandelt werden können. Unnötig zu sagen, in welche Nöte ein Kind gerät, wenn die Familie oder deren Ersatz in diesen Funktionen versagt.

Mit der Loslösung der ödipalen Triebwünsche von den Eltern, so läßt sich nun zusammenfassend sagen, macht sich das Kind daran, 1. die Inzestschranke, 2. die Generationenfolge und 3. den Geschlechtsunterschied zu akzeptieren und zu integrieren. Das festigt sein Gefühl, Mann oder Frau zu sein, und gibt seiner Orientierung in der äußeren Realität der Objekte und der inneren Realität der Triebe, Affekte, Phantasien und Konflikte eine neue Richtung. Der Untergang des Ödipuskomplexes ist der Übergang von der frühen zur eigentlichen Genitalität, zum „Primat des Genitalen". In der Pubertät „wird ein neues Sexualziel gegeben, zu dessen Erreichung alle Partialtriebe zusammenwirken, während die erogenen Zonen sich dem Primat der Genitalzone unterordnen" (Freud 1905d, 108f).

Diese Leistungen sind freilich „mehr als eine Verdrängung", wie Freud (1924d, 399) bemerkt. Aber er geht hinter seine eigenen Erkenntnisse zurück und unterschätzt Flexibilität und Leistung der Verdrängung, wenn er dafür ein Jenseits der Verdrängung postuliert und von einer Zerstörung, Aufhebung und Zertrümmerung des Komplexes spricht. Im besten Fall ist das mißverständlich. Nein, zertrümmert wird da nichts. Das widerspräche auch aller psychoanalytischen Erfahrung. Halten wir ruhig daran fest, der Untergang des Ödipus ist der Prototyp der Verdrängung, oder, umfassender ausgedrückt, des „Verkehrs der beiden Systeme", der die Verdrängung und die Wiederkehr des Verdrängten in neuen Kreationen umfaßt. Wie und unter welchen Bedingungen das Verdrängte wiederkehrt, und was das Ich damit machen kann und macht, ist die alles entscheidende Frage. Geschieht die Wiederkehr des Verdrängten unter dem Diktat des Wiederholungszwanges, bleibt das Verdrängte einer neuen Bearbeitung durch das Ich entzogen, und die Verdrängung ist letztlich mißlungen. Wir sprechen hingegen von *gelungener Verdrängung*, wenn das Ich das wiederkehrende Verdrängte kreativ bearbeiten kann. Der Untergang des Ödipuskomplexes, der mehr ist als eine Verdrängung, ist der Prototyp der *gelungenen Verdrängung*.

Aufhebung des Komplexes kann sinnvoll nur heißen, daß in der Latenzphase die Grundlagen für seine wiederholte Meisterung geschaffen werden (Loewald 1978, 379). Die ödipale Situation der Kindheit ist erst der Prolog eines lebenslangen Spiels, das in immer neuen Varianten inszeniert wird. Alle entscheidenden Lebensphasen, die Adoleszenz und Partnerwahl, die Zeugung und Erziehung eigener Kinder, der Tod der Eltern, das Älterwerden bis hin zum eigenen Sterben, reaktivieren immer auch Facetten ödipaler Konflikte und verlangen nach einer altersgerechten Lösung.

Mit dem Dahinschwinden der ödipalen Phase ist die Beziehung zwischen Eltern und Kind von den ödipalen Aufregungen entlastet, und das Kind wird vor allem anderen erst einmal Kind sein. Dazu gehört nicht zuletzt, Erwachsensein zu spielen und sich mit den Eltern auf neue und selektive Weise zu identifizieren. Dabei mischen sich realistische und idealisierte Züge in einer Weise, die etwas von dem sich entwickelnden Ichideal vorausahnen lassen. Das Kind kann sich vorstellen und wünschen, zu werden wie die Eltern. Es muß nicht länger verleugnen, daß es noch klein ist, und kann darum auch anfangen, in der Möglichkeitsform zu denken. Es kann phantasieren und spielen, was vielleicht einmal möglich sein wird. Im Spiel nimmt es eine gewünschte Zukunft phantasierend vorweg.

In der Latenz beginnt des Kind auch zu fragen. Freud hat die Latenz wohl unzulänglich interpretiert, wenn er vom Abnehmen des sexuellen Interesses spricht. Sexualneugier und Sexualforschung sind nicht Ausdruck der ödipalen Phase sondern der Latenz. Das Kind auf dem Höhepunkt der ödipalen Erregungen und Verwirrungen fragt nicht. Fragen könnten zu viel Angst mobilisieren und die Verleugnungen gefährden, derer es zur Stützung seiner ödipalen Phantasien dringend bedarf. Bis zur Latenz trotzen die frühkindlichen Sexualtheorien, d. h. die infantilen Vorstellungen von Zeugung, Schwangerschaft und Geburt, jeder Aufklärung. Jetzt aber will das Kind wissen. Es will wissen, woher die kleinen Kinder kommen und wie es sich mit Penis und Vagina verhält. Es wird auf neue Weise seinen Körper und den Körper anderer erforschen. Neugierig dringt es in die Welt ein und nimmt sie in sich auf. Initiative und Werksinn nennt Erikson die Grundhaltungen dieser Zeit. Die gleichgeschlechtliche peer group gewinnt höchste Bedeutung und ist stark geprägt von Rivalität und Eifersucht auf der einen, Identifikation auf der anderen Seite. Während dieser ganzen Zeit, und sie dauert immerhin einige Jahre, ist das Kind bei aller Unabhängigkeit affektiv an die Eltern gebunden und mit ihnen identifiziert. Die Identifikation mit den idealisierten Eltern, vor allem dem gleichgeschlechtlichen Elternteil, zu lösen, ist der eigentliche adoleszente Schritt der Verarbeitung der ödipalen Konflikte.

Der Weg ins Freie: Die Etablierung des Überich und die Emanzipation von den Eltern

Um verstehen zu können, was Emanzipation in der Bewältigung der ödipalen Konflikte bedeuten mag, muß ich einige Bemerkungen zur Strukturtheorie nachtragen. Ich habe die Verinnerlichung hauptsächlich unter dem Aspekt des Aufbaus der verinnerlichten Objektbeziehungen beschrieben. Hand in Hand mit dem Aufbau der „inneren Welt" entwickeln sich aber auch das Ich und das Überich als Strukturen des psychischen Funktionierens. Mehr und mehr übernimmt das Kind selber Funktionen, die ursprünglich die Mutter ausgeübt hat. So bildet sich allmählich die Ich-Struktur mit ihren mannigfaltigen Funktionen der Wahrnehmung, des Denkens, der Steuerung der Motilität, der Realitätsprüfung und last but not least der Abwehr. Schritt für Schritt entwickelt der Mensch die Fähigkeit, auf dem Boden der verinnerlichten Objektbeziehungen und mit Hilfe seiner Ichfunktionen, seine Umwelt und seine Beziehungen selber zu gestalten. Das Ich des heranwachsenden Menschen emanzipiert sich von der Ich-Unterstützung der primären Objekte.

Viel spezifischer noch und triebnäher ist die Etablierung des Ichideals und der Überichstruktur mit dem Prozeß der Emanzipation von den präödipalen und ödipalen Eltern verwoben. Das *Ichideal* ist Erbe des frühen Narzißmus, des Größenselbst und der idealisierten Elternimago. Es hängt eng mit narzißtischer Teilnahme und Spiegelung, mit Bewunderung und Lob zusammen und dient primär der Regulierung des narzißtischen Wohlbefindens, der Sicherheit und des Selbstgefühls. Das *Überich* ist „Erbe des Ödipuskomplexes" (Freud 1940a, 137). Inzesttabu, Kastrationsdrohung und das Verbot des Vatermordes sind seine Kristallisationspunkte. Natürlich reichen seine Wurzeln weit zurück bis zu den ersten Trieb-Erfahrungen mit einem Objekt. Seine Entstehung bis zur Etablierung einer eigenen Struktur am Ende der ödipalen Situation ist ein komplizierter Prozeß. Einmal mehr muß ich mich mit wenigen Andeutungen begnügen.

Das Überich als Struktur und Funktionseinheit bildet sich aus „Strukturderivaten" der verbietenden und versagenden Aspekte verinnerlichter Objektbeziehungen. Das heißt seine „Elemente" sind nicht mehr Objektrepräsentanzen im üblichen Sinne. Sie sind nicht mehr Objektimagines in der inneren Welt. Sie sind Abstraktionen, deshalb „entpersonalisiert" und funktionalisiert (Kernberg 1981). Der Begriff der *Introjektion* hat sich mehr und mehr eingebürgert, um den spezifischen Vorgang der Überich-Bildung als psychischer Struktur zu bezeichnen. Introjiziert wird weder die Persönlichkeit noch das Verhalten der Eltern, sondern ihre Autorität, das, was sie mit erhobenem Finger sagen und womit sie dem Kind – vermeintliche oder effektive – überpersönliche, von der Sozietät geforderte und geteilte Gebote und Verbote vermitteln. Mißbilligung, Tadel, Gebot, Verbot und Androhung von Strafe sind Mittel der Regulation der Triebwünsche und des Triebverhaltens, die das Überich von den idealisierten Eltern übernimmt. Letztlich geht es um die von den Eltern vermittelten Modalitäten, Werte und Normen, die das soziale Zusammenleben, und d. h. primär die Sexualität, regeln.

Daß Eltern ihre Macht mißbrauchen und persönliche Vorlieben, Grenzen und

Abneigungen durchsetzen, um ihre eigenen mehr oder weniger gelungenen Lösungen von Triebkonflikten zu stützen, ist das pathogene Potential des Erziehungsalltages. Und schon manche Analyse ist an einem rigiden unveränderlichen Überich gescheitert. „Negative therapeutische Reaktion" hat Freud dieses Phänomen genannt, wenn unbewußte Schuldgefühle eine Entwicklung behindern, die neue Lust versprechen würde.

Aber auch wenn Eltern noch so tolerant sind – das Überich als Erbe des Ödipuskomplexes ist zunächst starr und rigid. Das lehrt schon die tägliche Beobachtung. Das Latenzkind ist ein kleiner Moralist und Gerechtigkeitsfanatiker, zumindest, wenn es um andere geht. Wir sprechen vom präautonomen Überich, das noch eng mit den Vorbildern verbunden ist, denen es entstammt. Seine primäre Funktion ist es, die ödipalen Wünsche erst einmal fein säuberlich in Verdrängung zu halten. Das Ich verdankt seine Fortschritte, die es in der Latenz macht, nicht zuletzt dem inneren Schutz des Überich. Auf das Überich selber hat es wenig Einfluß. Das Überich ist ich-fern.

Aber mit einem derart starren, der Stellungnahme des Ich weitgehend entzogenen Überich, das noch offensichtlich den Stempel der ödipalen Konflikte einerseits, der idealisierten Eltern anderseits trägt, läßt sich schlecht leben in einer Welt, in der die einzelnen ihren Platz selber suchen und wählen müssen. Das gilt sexuell, beruflich und sozial. Gerade in einer Kultur und Gesellschaftsordnung, in der das Individuum Priorität hat, ist die Individualisierung von Ichideal und Überich im Lauf der Adoleszenz höchstes Gebot.

Erst wenn das Ich als Struktur gefestigt ist, kann es langsam die Schranken zum Überich lockern, zu dessen Inhalten Stellung beziehen, einiges modifizieren oder gar verwerfen, anderes aufnehmen. Wir sprechen, etwas mißverständlich, vom autonomen Überich oder von Überich-Autonomie, meinen damit aber das Ich, dessen Autonomie sich nun auch teilweise auf das Überich erstreckt. Das Ich kann zu den Forderungen des Überich Stellung beziehen, ihnen notfalls entgegentreten und gar zuwiderhandeln.

Die „weltanschaulichen" Auseinandersetzungen der heranwachsenden Kinder mit ihren alternden Eltern sind wohlbekannt. Überich-Autonomie zu erwerben, fordert insbesondere eine Entidealisierung des gleichgeschlechtlichen Elternteils und eine Entidentifikation mit den Eltern der Latenz. Zumindest hinsichtlich der Verarbeitung der ödipalen Konflikte ist das die entscheidende Forderung der Adoleszenz.

Erst das autonome Überich ist nicht mehr bloß Einschränkung, sondern dient zusammen mit dem Ichideal ganz wesentlich der Orientierung in der Welt der Triebe und Objekte. Der Mensch ist nicht mehr blindlings dem „guten" Objekt ergeben und dem „bösen" ausgeliefert, und er muß nicht mehr beide sorgsam getrennt halten. Er besitzt einen eigenen inneren Maßstab, an dem er sich im Umgang mit seinen Objekten orientiert. Von nun an wird das Überich im Konflikt nicht zuletzt als Agent der Verdrängung eine entscheidende Rolle spielen. Es wacht darüber, welche Impulse, Strebungen, Wünsche, Handlungen und Befriedigungen im Rahmen welcher Beziehungen zugelassen werden können, ohne daß „verbotene" Wünsche und unverarbeitbare frühkindliche Konflikte reaktiviert werden. Das Überich erfüllt im psychischen Konfliktgeschehen und im Affekthaushalt eine wichtige regulierende Funktion. Es bewahrt den Menschen vor Schuldgefühl, Angst und Scham und stützt sein Gefühl, in Ordnung und liebenswert zu sein. Damit trägt es entscheidend zur Selbstachtung, zum Wohlbefinden und Sicherheitsgefühl des Selbst bei. Das geschieht – unnötig, es eigens zu sagen – weitgehend unbewußt. Erfüllt das Überich in flexibler Weise seine Funktion der Regulation des Selbstgefühls, wird der Mensch von der Billigung und Mißbilligung anderer, zunächst der primären Objekte, unabhängiger.

Bewußt wird das Überich in Schuldgefühlen, im schlechten Gewissen, wenn sich das Ich in Gedanken, Worten oder Taten den Geboten des Überich widersetzt. Gewissensbisse, Schuldgefühle, Scham und Angst, depressive Vestimmung, Minderwertigkeitsgefühle usw. sind Signale, die, wenn sie nicht abgewehrt werden, anzeigen, daß Gefahr im Verzug ist, ein Konflikt schwelt. Das rigide Überich wird sofort Abwehr in Gang setzen. Der Mensch, der Überich-Autonomie erreicht hat, wird die Signale als Herausforderung empfinden, sich mit der inneren Unstimmigkeit auseinanderzusetzen. Das präautonome Überich soll den Menschen dazu bringen, zu tun, was man von ihm erwartet. Das autonome Überich ermöglicht es ihm, das eigene zu denken und zu tun und die Grenzen zu respektieren, die ihm durch die Wünsche der anderen gesetzt sind. Die Fähigkeit, Verantwortung zu tragen, notfalls auch bewußt Schuld auf sich zu nehmen, ist Ausdruck der Überich-Autonomie.

Das autonome Überich und die Fähigkeit, auch den Überichgeboten gegenüber kritisch Stellung zu beziehen, sind die Frucht der Entidentifizierung von den idealisierten Eltern. Erst jetzt ist der Weg ins Freie offen, und der Jugendliche ist nun physisch und psychisch auch in der Lage, ihn zu gehen. Die Wiederkehr des Verdrängten kann in neuen Bahnen verlaufen und erschließt neue Möglichkeiten. Die verdrängten Wünsche entfalten auf's neue ihre dynamische Triebkraft und streben nach einem neuen Sexualziel, das ein neues Sexualobjekt erfordert. Erst in der adoleszenten Lösung ist der Untergang des Ödipuskomplexes mehr als eine Verdrängung, oder wird zur „gelungenen Verdrängung".

Die adoleszente Loslösung der Jugendlichen von den Eltern ist für beide Teile keine Kleinigkeit. Loewald (1978) spricht vom „emanzipatorischen Elternmord", Blos (1990) vom „symbolischen Vatermord". Der symbolische Elternmord hat andere Dimensionen, als wenn der kleine Junge seinen Vater totschießt. Ob die Jugendlichen den Weg ins Freie wirklich finden, wird wesentlich davon abhängen, ob sie mit dem Problem der Schuld klarkommen. Und die Eltern? „Wir sind ärmer, sie sind quitt" sagt Franz Werfel in seinem bewegenden Elternlied. Ob manchen Eltern die Trennung von ihren Kindern so schwer fällt, weil sie mit der eigenen unverarbeiteten Schuld konfrontiert werden? Oder, noch schlimmer, mit ihren Wünschen und Möglichkeiten, auf deren Realisierung sie verzichtet haben, um dem Problem der Schuld zu entgehen?

Was in der Verarbeitung der ödipalen Situation erworben wird und mehr ist als eine Verdrängung, ist die Fähigkeit, innere Konflikte wahrzunehmen, zu halten und zu lösen. Erst die Integration des Überich macht den Menschen autonom in dem

Sinn, daß er „die Stimme des Gewissens“ als Ruf des eigenen Selbst vernehmen, Schuldgefühl, Angst und Depression als Signal und Aufforderung zur Seelenarbeit verstehen kann. Dann ist er in der Lage, sich schuldig zu fühlen, Angst zu haben, zu leiden und depressiv zu sein ohne „krank“ zu werden. Wer sich nicht mit diesen Gefühlen konfrontieren kann, kann sich auch nicht auf der inneren Bühne mit Konflikten auseinandersetzen. Er bleibt von den Eltern abhängig, die er mittlerweile durch eine gesellschaftliche Klasse, eine Berufsgruppe, eine politische Partei, eine Ideologie oder religiöse Gruppe oder parareligiöse Gemeinschaft ersetzt haben mag. Den emanzipatorischen Elternmord bleibt er sich und den Eltern schuldig.

Welche Anforderungen das stellt, erleben die Analytiker hautnah mit ihren Analysanden, und jeder Analytiker war nota bene auch einmal ein Analysand. Denken wir in diesem Zusammenhang bloß nochmals an Herrn P., in dessen Fallskizze ich zumindest anzudeuten versucht habe, wie er innerlich an seine Eltern gebunden blieb, und ihm dann z. B. die nicht inzestuösen Liebesobjekte in Heilige und Huren zerfielen.

Besetzungskonstanz, Genitalität und Liebe

Das Überich ist die eine Errungenschaft des Unterganges des Ödipuskomplexes, die Etablierung von *Besetzungskonstanz* die andere. Ich habe die konstante Besetzung im Verhältnis zur momentanen früher beschrieben. Die Verarbeitung der ödipalen Situation beruht im wesentlichen auf der Fähigkeit, die sexuellen Wünsche von den primären Objekten zu lösen und die „zärtliche“, konstante libidinöse Besetzung zu halten.

Besetzungskonstanz meint mehr als Objektkonstanz, obwohl in der Literatur häufig beides nicht unterschieden wird. Objektkonstanz bedeutet, daß dasselbe Objekt libidinös und aggressiv, und auch das abwesende Objekt libidinös besetzt werden kann. Die Objektkonstanz ist eine Errungenschaft in der Beziehung zum bedürfnis-befriedigenden Objekt. Besetzungskonstanz meint die emotionale Fähigkeit, ein Objekt über seine Eignung zur momentanen Triebbefriedigung hinaus libidinös zu besetzen. Besetzungskonstanz ist die Grundlage reifer Liebe und reifer Beziehungen, die durch Gegenseitigkeit geprägt sind. Gegenseitig meint nun nicht mehr bloß, daß das Tun des einen das Tun des andern ist, sondern daß der eine dem andern nicht allein den Status eines Objektes, sondern auch eines unabhängigen Subjektes, eines Selbst zubilligt. Erst mit dem Erreichen der Besetzungskonstanz schert der Mensch nicht mehr alle potentiellen Beziehungen über denselben Kamm der unmittelbaren Triebbefriedigung. Sie erst ermöglicht die Vielfalt der menschlichen Beziehungen mit ihren reichen Unterschieden und Nuancen der Intensität und der Qualität libidinöser, narzißtischer und aggressiver Besetzung. Die Skala reicht von der dauerhaften und ausschließlichen erotischen Liebesbeziehung über Freundschaften verschiedenster Art, über die freundliche Verbindlichkeit dem Briefträger gegenüber, bis hin zur unverbindlichen und flüchtigen Partybekanntschaft, die aber auch einmal – wer weiß – der Anfang einer neuen Geschichte sein kann.

Besetzungskonstanz ist die Grundlage der Genitalität, die mehr ist als sexuelle

Potenz. Genitalität oder genitale Liebe meint beides, einen Modus der psychosexuellen Entwicklung, gipfelnd in der Orgasmusfähigkeit, und eine Ebene verinnerlichter Objektbeziehungen, die von Unabhängigkeit und Gegenseitigkeit, Konstanz und Vielfalt geprägt sind. In der genitalen Liebe vereinen sich die sinnliche und die zärtliche Strömung in der Beziehung zu nicht inzestuösen Objekten. Die genitale Liebe, die sich – um Eriksons Begriff zu gebrauchen – in Intimität und Generativität vollzieht und erfüllt, übernehmen zwei Menschen in einer gegenseitigen Beziehung die Verantwortung für den ganzen Akt. Dazu gehört allenfalls auch die Zeugung und Erziehung eigener Kinder.

Mit der Abwehr durch Gegenbesetzung als einer wichtigen Funktion von Besetzungskonstanz werde ich mich im abschließenden Kapitel auseinandersetzen.

Teil IV:

Zwei Ebenen psychischer Konfliktverarbeitung

1. Ödipale Struktur und Gegenbesetzung

Mit dem Verständnis für die Funktionsweise des Unbewußten, des Ich und der Triebe, der verinnerlichten Objektbeziehungen und des Selbst wäre der Boden für eine integrale Theorie der verinnerlichten Konflikte gelegt, welche die verschiedenen Sichtweisen auf die psychische Wirklichkeit integrieren könnte. Der verinnerlichte Konflikt läßt sich nun begreifen als dauernde Auseinandersetzung des Ich mit frühen, sich widerstreitenden wunschbestimmten Objektimagines. Das heißt im mindesten zweierlei. Der verdrängte Wunsch hat in der früher gewünschten Objektbeziehung keine Befriedigung gefunden, und der Konflikt, der daraus entstanden ist, konnte in der Beziehung, in die er gehört hätte, nicht gehalten und ausgehandelt werden. Das sogenannte schwierige Kind versucht, oft unter Aufbietung aller Kräfte, einen Konflikt in der Beziehung zu den primären Bezugspersonen zu halten, sie in den Konflikt zu zwingen, der verarbeitet werden müßte. Das ist der Ort, an dem die systemische Familientherapie einsetzt.

Die Struktur und Dynamik eines Konfliktes und seine psychische Verarbeitung werden bestimmt durch das Verhältnis von Grundkonflikt und Verarbeitungsniveau, die keineswegs identisch zu sein brauchen, es meistens auch nicht sind. Die *Grundstörung* (Balint 1973) hängt direkt mit Art und Ausmaß der Versagung eines Wunsches zusammen. Wohlverstanden, „Versagung" bezeichnet nie einen objektiven Sachverhalt und ist keine absolute Größe, die operationalisiert werden könnte. Es ist immer das Objekt des Wunsches, das *versagt* oder *sich versagt*. Und die Versagung ist immer relativ zum Subjekt des Wunsches.

Das Objekt kann sich mindestens auf drei Ebenen versagen: Es kann die *Befriedigung* des Wunsches nicht zulassen, es kann den *Wunsch* zurückweisen, und es kann das *Selbst* ablehnen, das diesen Wunsch hegt. Die Art der Versagung und das genetische Niveau des Wunsches, den sie betrifft, bildet die *Grundstörung*.

Für die spätere Gestalt ist es entscheidend, ob der Konflikt auf der Ebene seines Ursprungs fixiert bleibt oder ob das Ich in seiner Entwicklung den Konflikt „mitnehmen" und ihn letztlich auf der Ebene des Untergangs des Ödipus, d. h. mittels Verdrängung und Gegenbesetzung, erfolgreich abwehren kann. Es lassen sich grob drei Ebenen der Verarbeitung verinnerlichter Konflikte unterscheiden, die den drei Stufen des Aufbaus der verinnerlichten Objektbeziehungen entsprechen:

1. Die *psychotische Konfliktverarbeitung* entspricht der Ebene der Dyade. Sie ist geprägt durch die Unfähigkeit des Ich, Objekt- und Selbstrepräsentanzen klar zu trennen (Racamier 1982).
2. Die *Konfliktverarbeitung mittels Spaltung* entspricht der Ebene der Trennung und Individuation. Es ist die Ebene der Borderline-Störungen, der Grenzfälle, die zwischen Psychose und Neurose angesiedelt sind. Das Ich kann Objekt- und Selbstrepräsentanzen getrennt halten, spaltet aber die Repräsentanz des versagenden Objektes strikt von der Repräsentanz des befriedigenden Objektes, um den Konflikt zu vermeiden. Spaltung verformt immer die Objektbeziehungen (Kernberg 1981 u. 1988; Moser 1967).
3. Die *neurotische Konfliktverarbeitung* entspricht der ödipalen Struktur. Sie ist Triebabwehr mittels Verdrängung und Gegenbesetzung. Die Objektbeziehungen bleiben unangetastet (Mentzos 1982).

Das Verhältnis von Grundkonflikt und Verarbeitungsniveau ist komplex und kann progressiv und regressiv verlaufen. Eine Neurose z. B. kann eine „ödipale Neurose" sein, d. h. ein ödipaler Konflikt wird auf ödipalem Niveau verarbeitet. Der Grundkonflikt kann aber auch, wie etwa in der Hysterie, im Oralen wurzeln, jedoch auf ödipalem Niveau seine definitive Form und Verarbeitung finden. Es kann auch sein, daß ein Mensch die neurotische Ebene erreicht, aber spätere genitale Konflikte nicht mehr mittels Gegenbesetzung bewältigt und regressiv auf frühere Weisen der Konfliktverarbeitung zurückgreift.

Eine psychoanalytische Theorie des psychischen Konfliktes, die den komplexen Beziehungen zwischen Grundstörung und Ich-Struktur Rechnung trüge, wäre ein Gebot der Stunde. Von einem integralen Ansatz aus wäre auch das traditionelle Feld der allgemeinen und speziellen Neurosenlehre neu zu beackern. Das muß aus naheliegenden Gründen einem Projekt für sich vorbehalten bleiben. Eine gute „Einführung in die psychoanalytische Neurosenlehre unter Berücksichtigung neuer Perspektiven" hat Mentzos (1982) vorgelegt.

Ich will meine Einführung mit zwei psychoanalytischen Skizzen abrunden, die zumindest einen Eindruck der *Abwehr durch Gegenbesetzung* und *Spaltung* vermitteln mögen.

A. Verdrängung und Gegenbesetzung

Gegenbesetzung ist weit mehr als Abwehr. Sie ist wesentlicher Bestandteil des psychischen Funktionierens überhaupt. Das Ich mobilisiert deshalb zuerst die Möglichkeiten der Gegenbesetzung, wenn es gilt, einen Triebkonflikt zu bewältigen.

Scheitert die Konfliktverarbeitung an der äußeren Realität, wird der Konflikt dem unbewußten Ich überantwortet. Es hat für Kompromisse zu sorgen, die den Wunsch und Anspruch auf Befriedigung unbewußt festhalten, aber nicht erneut die Situation der Versagung provozieren und den ursprünglichen Konflikt reaktivieren. Das Ich ist Diener dreier Herren, hat Freud einmal gesagt. In seinem Bemühen, möglichst günstige Kompromisse zu bilden, muß es den Forderungen der Triebe, der Realität und des Überich gerecht werden. Darüber hinaus sollte es erst noch den eigenen Interessen Rechnung tragen. Darin liegt das Wesen der Gegenbesetzung. Sie schlägt zwei Fliegen auf einen Streich. Sie verfolgt und befriedigt die Interessen des Ich und dient ineins damit der Ersatzbefriedigung eines Triebwunsches. Glover hat das auf den Punkt gebracht, wenn er Gegenbesetzung als „Mobilisierung anderer Interessen" definiert (zit. nach Roskamp 1974, 15)

Gegenbesetzung und Verdrängung sind wesensmäßig miteinander verbunden. Über die Verdrängung brauche ich nicht mehr viele Worte zu verlieren. Sie ist uns von der Beschäftigung mit dem dynamisch Unbewußten längst vertraut. Indem sie die Wort- von den Sachvorstellungen trennt und einem Wunsch die symbolische Repräsentation versagt, macht sie ihn unbewußt, blockiert die Affektentwicklung oder leitet sie auf andere Wege. Die mit dem Wunsch verbundenen Phantasien können nicht mehr realisiert werden, weil sie keine äußere Realität mehr haben, und der Wunsch kann nicht zu seinem Ziel, der Befriedigung am Objekt, kommen.

Die Verdrängung ist Abwehr eines Triebwunsches, dessen Befriedigung die gewünschte Objektbeziehung tatsächlich oder vermeintlich bedrohen würde. Die Versagung betrifft zunächst die Befriedigung in der Realität und nicht den Wunsch als Bestandteil der inneren Welt. Die betroffene Objektbeziehung wird dadurch zwar beschnitten, bleibt aber intakt. Die Verdrängung dient dem Schutz des Wunsches, der unbewußt gemacht wird, und der Objektbeziehung, die dadurch erhalten werden kann. In Begriffen der Besetzungslehre ausgedrückt: Die Abwehr gilt der momentanen Triebbesetzung, nicht der konstanten Objektbesetzung. Das Selbst verzichtet auf die Befriedigung eines Triebwunsches zugunsten der Integrität der Objektbeziehung, die ihm unverzichtbare Quelle mannigfacher Befriedigungen ist, ihm Sicherheit und Wohlbefinden gewährleistet und das Gefühl vermittelt, geliebt zu werden. Verdrängung funktioniert selektiv und spezifisch.

Mit der Verdrängung eines Wunsches allein ist die Arbeit aber nicht getan. Das Ich muß auch dafür sorgen, die verdrängten Wünsche verdrängt zu halten und ihnen einen neuen Zugang zum Erleben zu verschaffen, der den Forderungen des Ich, des Überich und der äußeren Realität gerecht wird. Das Ich muß eine Verdrängungsschranke aufbauen, die das Unbewußte und das Vorbewußte trennt und verbindet. Eine höchst paradoxe Aufgabe, die der Mensch mehr oder weniger ökonomisch bewältigen kann. Sie läßt ihn neue Möglichkeiten erschließen, wenn sie gelingt, hält ihn in neurotischer Enge gefangen, wenn sie mißlingt. Zur Dynamik der Verdrängung gehört unabdingbar ihre Ökonomie.

Das ökonomische Mittel, dessen sich das Ich zur Aufrechterhaltung der Verdrängung bedient, ist die *Gegenbesetzung*. Bereits der Begriff sagt, was ihr Wesen ausmacht, *Besetzung* nämlich. Bei der Konfliktverarbeitung mittels Gegenbesetzung geht es nicht darum, Besetzung abzuwehren, sondern andere Interessen, andere Wünsche, Wünsche des Es und Wünsche des Ich, zu mobilisieren, die nicht abgewehrt werden müssen, und mit ihrer Ausarbeitung und Befriedigung gleichzeitig einem verdrängten Wunsch Ersatzbefriedigung verschaffen können. Besetzung wird gegen Besetzung gestellt. Das „abwehrlustige Ich" kämpft, so lange es nur geht, mit denselben Waffen wie der Wunsch.

Je echter das Interesse an einer Sache ist und je mehr Befriedigung sie dem Ich bringt, desto eher eignet sie sich bei Gelegenheit zur Verwendung als Gegenbesetzung. Indem das Ich seine eigenen Ziele verfolgt, läßt es sich auch von einem unbewußten Wunsch in Anspruch nehmen. Das Ich schafft mittels Gegenbesetzung eine Ersatzbildung, deren „kunstvoll ausgewählte Zweideutigkeit" nicht bloß, wie Freud annimmt, die „zwei einander voll widersprechenden Bedeutungen" der Abwehr und des Abgewehrten vereint, sondern in die originäre Befriedigung des Ich-Interesses auch ein Stück abgewehrte erotische Befriedigung einfließen läßt.

Die Verarbeitung verinnerlichter Konflikte mittels Gegenbesetzung kann mehr oder weniger gelingen. Im besten Fall verlaufen Befriedigung des Ich-Interesses und die Ersatzbefriedigung des Triebwunsches Hand in Hand, ohne einander zu stören. Vielleicht gar befruchtet und vertieft der abgewehrte Wunsch die Ichtätigkeit, verleiht ihr vielleicht aggressive Kraft, erotische Farbe und geheimnisvollen Reiz. Bei einer solchen glücklichen Verbindung von Ich-Interesse und gegenbesetztem sexuellem Wunsch sprechen wir von *Sublimierung*.

Oft muß sich allerdings das Selbst mit weniger zufrieden geben. Das in den Dienst der Gegenbesetzung gestellte Ich-Interesse kann durch den heimlichen Trieb-Wunsch auch gefährdet werden. Die betroffene Ich-Tätigkeit wird, im Falle eines sexuellen Wunsches, sexualisiert und verfällt nun ihrerseits der Abwehr. Am Schluß eines solchen Abwehrkampfes mag eine Ich-Einschränkung, ein neurotisches Symptom oder eine neurotische Charakterformation stehen, wie z. B. der bereits einmal erwähnte Zwangscharakter. Dazwischen steht der Mensch mit seinen neurotischen Nöten, der sich nicht unterkriegen läßt und doch nie glücklich wird, sich aber immer wieder ein Stück Befriedigung erkämpft, dafür auch Angst, Schuld und Scham in Kauf nimmt.

Nun ist wohl verständlich, warum Gegenbesetzung so schwer dingfest zu machen ist. Es gibt sie nicht, *die* Gegenbesetzung. Das Ich kann alles und jedes zur Gegenbesetzung einsetzen. Natürlich kann das Ich nicht hexen. Es kann nur mobilisieren, was Bestandteil der inneren Welt ist, und auch die Gegenbesetzungen unterliegen der Zensur des Überich. Quantitativ und qualitativ ist das Gegenbesetzungspotential eine Funktion der verinnerlichten Objektbeziehungen eines Menschen mit ihrem libidinösen, narzißtischen und aggressiven Gehalt. Wie reichhaltig, flexibel und kreativ, bzw. wie arm, eng und stereotyp das Repertoire eines Menschen ist, hängt nicht zuletzt von der Integration des Überich, dem Verhältnis von Ichideal und Überich, der Angsttoleranz und der Leidensfähigkeit eines Menschen ab.

Damit haben wir vielleicht ein einigermaßen brauchbares Kriterium gefunden, um das Verhältnis zwischen „normal" oder „gesund" und „neurotisch" sinnvoll zu bestimmen. Das Kriterium ist die Konfliktfähigkeit. „Normal" heißt nicht konfliktfrei, sondern *konfliktfähig*. Besser läßt sich jetzt wohl die Natur der psychoanalytischen Arbeit begreifen. Sie ist zunächst und weitgehend Arbeit an den Gegenbesetzungen. Erstarrte Gegenbesetzungen werden aufgelöst, neue erpropt. Das schafft

Konflikt. An die Stelle zwar quälender, aber stabiler und verläßlicher Symptome, stereotyper Phantasien und Verhaltensweisen treten neue, konflikthafte Möglichkeiten. Und wenn sie auch das ganze Maß an abgewehrter Schuld, Angst, Scham und Depression aufleben lassen, werden wir es nicht mehr gering achten, wenn sich der Analytiker ab und zu damit begnügen muß, neurotisches Elend in gemeines Unglück zu verwandeln. Gegen dieses kann sich der Mensch „mit einem wiedergenesenen Seelenleben besser zur Wehr setzen" (Freud 1895d, 312). Sobald ein Mensch sich bewußt mit einem Konflikt auseinandersetzen kann, hat der Analytiker seine Schuldigkeit getan und kann gehen. Mehr zu wollen wäre eine Grenzüberschreitung.

So verstanden macht es Sinn zu sagen, Normaliät und Neurose seien nicht scharf getrennt. „Kranksein" ist „ein im Wesen praktischer Begriff". Und ein relativer dazu. Nicht der unbewußte Konflikt und nicht die Abwehr definieren Kranksein. Entscheidend ist, ob die Abwehrleistungen eine „außerordentliche Verarmung der Person an verfügbarer seelischer Energie und somit eine Lähmung derselben für alle wichtigen Lebensaufgaben zur Folge haben... Stellen Sie sich aber auf einen theoretischen Standpunkt und sehen von diesen Quantitäten ab, so können Sie leicht sagen, daß wir alle krank, d.i. neurotisch sind, denn die Bedingungen für die Symptombildung sind auch bei den Normalen nachzuweisen" (Freud 1916–17, 372). Ja wie denn nicht, diese Bedingungen sind schließlich die Bedingungen des Menschseins.

Daß Freud die Analyse neurotischer Menschen nicht bloß als Behandlung von Kranken verstanden wissen wollte, sondern sich anheischig machte, aufgrund seiner klinischen Erfahrungen in der psychoanalytischen Situation Modelle des psychischen Funktionierens überhaupt zu entwerfen, hat ihm mitunter den Vorwurf eingetragen, den Menschen zu pathologisieren. Aber es ist umgekehrt. Nicht versteht die Psychoanalyse den Menschen nach dem Vorbild der Neurose, sondern die Neurose bedient sich zur Verarbeitung der psychischen Konflikte der höchst entwickelten Mechanismen, mittels derer auch der sogenannte Gesunde seine innere Konflikte bewältigt. Die neurotische Konfliktverarbeitung ist das höchst mögliche Niveau, auf dem ein Mensch seine psychischen Konflikte organisieren kann, geprägt von den Möglichkeiten, die der Mensch in der Bewältigung der ödipalen Konflikte erworben hat.

Diese wenigen Notizen können allerhöchstens den Anspruch einer vorläufigen deskriptiven Skizze der Gegenbesetzung erheben. Sie weiter auszubauen und zu spezifizieren wäre die Aufgabe der noch nicht verfügbaren integralen Theorie des psychischen Konflikts.

Den bisher einzigen Versuch, Gegenbesetzung systematisch zu bestimmen, hat Moser (1964) unternommen. Er bestimmt sie ökonomisch, d. h. besetzungstheoretisch als „eine hypothetische, durch die Ich-Struktur gelenkte Kraft, welche sich kontinuierlich gegen eine Triebspannung richtet und sich einer direkten Entladung widersetzt". Die Gegenbesetzungsfähigkeit beruht auf der Möglichkeit, Triebbefriedigung aufzuschieben. Sie ist die Folge psychischer Strukturierungsvorgänge und schafft psychische Struktur. Ödipale Struktur und Gegenbesetzung stehen in enger Wechselwirkung zueinander. Die Gegenbesetzung wandelt den momentanen Triebaufschub zu einer kontinuierlichen Bedürfnishemmung um, die auch noch funktioniert, wenn Befriedigungsmöglichkeiten gegeben wären. Das schafft die Möglichkeit einer Abwehr, die zwischen psychischen Strukturen verläuft, den Rückzug der Objektbesetzungen erspart, und die Objektbeziehungen von den Konflikten frei hält. Die Gegenbesetzung sichert optimal die Unabhängigkeit von den Objekten. In den Ersatz- und Kompromißbildungen schafft sich die Gegenbesetzung Möglichkeiten partieller Entlastung und Befriedigung.

Aber nicht allein die wirklichen Ersatzbefriedigungen, sondern auch die Hoffnung auf mögliche Befriedigung hat die Kraft, die Befriedigung aufzuschieben. Diese Hoffnungen entstammen früheren positiven Erfahrungen und sind Quelle von Befriedigungsphantasien in Träumen und Tagträumen, welche einen Teil der konflikthaften Spannungen zu absorbieren vermögen. „So entsteht zur Sicherung der Gegenbesetzung (und damit der Verdrängung) ein komplexes System von Ersatzbefriedigungen, die teils auf der realen Ebene, teil in der Phantasie und in Form von Hoffnungen verlaufen“ (Moser 1964, 66).

Einige Bemerkungen zu den sogenannten *Abwehrmechanismen* sind überfällig. Was sind sie? Welcher Stellenwert kommt ihnen im Konfliktgeschehen zu? Sie sind Funktionen, die sich in der Auseinandersetzung mit den Konflikten der frühkindlichen Entwicklung herausgebildet haben und ihrer Bewältigung dienen. Sie werden zu Bestandteilen der Ichstruktur und treten automatisch in Funktion, wenn die Reaktivierung eines entsprechenden Konfliktes droht. Abwehrmechanismen sind Versatzstücke, Requisiten, die jederzeit verfügbar sind und sofort, in den verschiedensten Inszenierungen, eingesetzt werden können. Sie dienen der psychischen Ökonomie, weil sie im Bedarfsfall nicht jedesmal neu erfunden werden müssen, und sie schützen den Menschen vor schmerzlichen Gefühlen, allen voran Angst, Schuldgefühl, Scham und Minderwertigkeitsgefühlen. Ein Satz flexibler Abwehrmechanismen gehört zum Repertoire der entwickelten Psyche. Ohne sie wäre das Leben schwer, die verinnerlichten Konflikte noch schwieriger zu bewältigen, als sie es ohnehin schon sind. Die Verdrängung ist der *primäre Abwehrmechanismus* der ödipalen Struktur. Die *sekundären Abwehrmechanismen* etablieren und unterhalten die Gegenbesetzung. Ich will bloß einige der wichtigsten nennen:

Die *Verneinung* macht es manchmal möglich, daß ein Vorstellungsinhalt bewußt werden kann – in verneinter Form. „‚Sie fragen, wer diese Person im Traum sein kann. Die Mutter ist es *nicht*‘. Wir berichtigen: Also ist es die Mutter. Wir nehmen uns die Freiheit, bei der Deutung von der Verneinung abzusehen und den reinen Inhalt des Einfalls herauszugreifen . . . Die Verneinung ist eine Art, das Verdrängte zur Kenntnis zu nehmen, eigentlich schon eine Aufhebung der Verdrängung, aber freilich keine Annahme des Verdrängten“ (Freud 1925h).

Rationalisierung ist eine sekundäre, rationale Rechtfertigung einer Verhaltensweise, deren eigentliche Gründe in unbewußten Konflikten liegen. Rationalisierungen werden wir im folgenden Beispiel mehrfach begegnen. Prototyp der Rationalisierung ist die sekundäre Bearbeitung des manifesten Traumes. Der primärprozeßhafte latente Inhalt soll in einen Zusammenhang gebracht werden, der dem Bedürfnis des Bewußtseins nach logischer Stringenz und Kausalität Rechnung trägt.

Die *Isolierung* hält voneinander getrennt, was zusammengehören würde. Eine konflikthafte, abzuwehrende Vorstellung kann bewußt werden, wenn sie mehr oder weniger vollständig aus dem Erlebniszusammenhang herausgelöst, vom übrigen Erleben *isoliert* wird. Die Isolierung folgt zwei Wegen, die natürlich mit Vorteil kombiniert werden. Zum einen werden die sekundärprozeßhaften Verknüpfungen gelöst, die einzelnen Gedanken voneinander getrennt. Zum Beispiel schieben Analysanden, die in der Stunde isolieren, in ihre Erzählung räumliche oder zeitliche Abstände zwischen die Bereiche, die sie voneinander getrennt halten wollen, so daß sich die Dinge nicht berühren und nicht aufeinander einwirken können. Es ergeben sich dann eigenartige Gedankenketten und Brüche. Ein Beispiel, wie Isolierung der Abwehr manifester Angst dienen kann: Während einer Stunde krachen direkt vor meiner Praxis zwei Autos aufeinander. Der Analysand zeigt keinerlei Reaktion. Etwas später spricht er davon, was ihm passieren könnte, wenn er nächstens mit seiner Freundin eine nicht ganz gewöhnliche Reise unternimmt. Darauf angesprochen erinnert er sich zuerst nicht einmal an den Knall, und nur mit Mühe findet er Zugang zu den Phantasien, die durch den Unfall, den er nur hörte, in ihm reaktiviert worden sind.

Zum andern – und dieses Moment fehlt selten bei der Isolierung, ja macht ihr eigentliches Wesen aus – werden die Affekte von den zugehörigen Vorstellungen isoliert. Der Analysand bleibt dann ganz ruhig, auch wenn er die haarsträubendsten Ereignisse erzählt. Ich habe zur Illustration der Affektverdünnung durch Verschiebung das Beispiel des Analysanden erwähnt, der als Junge fast ertrunken wäre. Das kann auch als Beispiel einer Affektisolierung gelten. Es mag gleichzeitig illustrieren, daß allen sekundären Abwehrmechanismen primärprozeßhafte Mechanismen, d. h. Verschiebung und Verdichtung zugrunde liegen. – Der junge Sozialarbeiter, von dem ich eine Stundensequenz zur Veranschaulichung der Arbeit am Übertragungswiderstand vorgestellt habe, kann auch als Beispiel der Isolierung der sexuellen und zärtlichen Komponenten in seinen intimen Beziehungen angeführt werden.

Die *Intellektualisierung* hängt eng mit der Isolierung zusammen, ja setzt eine Affektisolierung voraus. Unter Intellektualisierung verstehen wir die Tendenz, über ganz konkrete, emotional bedeutsame Erlebnisse in allgemeiner, abstrakter, eben intellektualisierender Weise zu sprechen. Aus der konkreten, individuellen Erfahrung wird ein allgemeinmenschliches Prinzip. Statt über sich und die Vorgänge im eigenen Inneren zu reden, spricht der Analysand über Gott und die Welt, statt zu phantasieren und assoziieren, philosophiert er. Ein Analysand träumt, daß er mit Freunden bei einem festlichen Essen sitzt. Plötzlich muß er hinausgehen. Während er aufsteht, erwacht er mit Herzklopfen und Angst. Nach längerem Schweigen sage ich: „Sie mußten plötzlich hinausgehen?“ – „Jaja, aber das ist nicht so wichtig. Wissen Sie, es war eine ganz besondere Atmosphäre bei diesem Essen. Kennen Sie das ‚Gastmahl‘ von Plato?“ Ohne daß ich auch nur ein Wort hätte sagen können, beginnt er über Platos ‚Gastmahl‘, über das Verhältnis von Sokrates und Plato, und über die sokratische Methode zu reden. Er vergleicht den sokratischen mit dem analytischen Dialog und „phantasierte“, wovon wohl während des Festmahles im Traum die Rede gewesen sein könnte. Sein Monolog war nicht zu stoppen. Ich versank mehr und mehr in meinen eigenen Gedanken. -- Langeweile ist eine häufige Gegenübertragungsreaktion auf Intellektualisierung.

Das *Ungeschehenmachen* ist ein Abwehrmechanismus, der tief im magischen Denken und der Allmacht der Gedanken verwurzelt ist. Ein verdrängter Impuls, der, vielleicht erleichtert durch eine äußere Situation, kurz im Bewußtsein aufblitzt, wird durch einen entgegengesetzten Gedanken oder eine entsprechende magische Handlung in der Phantasie ungeschehen gemacht. Anna Freud (1936, zit. nach Mentzos S. 64) berichtet von einem kleinen Mädchen, das schlechte Zähne hat und die ältere Schwester um ihre schönen Zähne beneidet. Einmal wünscht sie, daß der Schwester alle Zähne ausfallen mögen. Dann steht sie plötzlich auf, gießt der älteren Schwester Milch in die Tasse mit der Aufforderung: „Trink die Milch, die ist gut für die Zähne!"

Man kann sich auch vor unliebsamen Gedanken und Gefühlen schützen, indem man sie ins Gegenteil verkehrt. Die *Verkehrung ins Gegenteil* wird wohl am faßbarsten in der *Reaktionsbildung*, einem Mechanismus, der ähnlich wie das Ungeschehenmachen funktioniert. Unliebsame Affekte werden durch einen gegenteiligen Affekt abgewehrt. Das prototypische Beispiel ist die überfürsorgliche Mutter, die Haß gegen ihr Kind mit übertriebener Liebe in Schach zu halten versucht. Im Gegensatz zum Ungeschehenmachen, das an die Situation gebunden ist, wird die Reaktionsbildung zu einem festen Bestandteil des Ich und kann sogar zu einem bleibenden *Charakterzug* werden. Die klassischen Beispiele sind die übertriebene Ordnungsliebe, Korrektheit und Sauberkeit des *Zwangscharakters*, die Reaktionsbildungen gegen Feindseligkeit und Schmutzlust darstellen. Das heißt, daß auch der individuelle Charakter eines Menschen in den Dienst der Gegenbesetzung gestellt werden kann.

Es gibt noch viele andere Manöver und Mechanismen, die zur Abwehr eingesetzt werden können. So z. B. Regression, Identifikation, vor allem Identifikation mit dem Aggressor, und Wendung gegen das Selbst. Aber auch das Vermeiden von Situationen, die verinnerlichte Konflikte wieder beleben könnten, und Einschränkung der Ichaktivität sind probate Mittel der Abwehr. Die Wege der Abwehr sind Legion. Im psychischen Haushalt kann alles auch zu Abwehrzwecken gebraucht werden. Die psychische Arbeit am Konflikt ist nicht das Ergebnis irgendwelcher spezifischer Mechanismen. Abwehr ist die Aktivität des unbewußten Ich. Sie folgt im einzelnen Fall einer spezifischen Strategie, die komplex, nicht selten kunstvoll entworfen ist.

B. Ein klinisches Beispiel von Abwehr durch Gegenbesetzung

Ich möchte nun an einem Beispiel die Konfliktverarbeitung durch Gegenbesetzung als Mobilisierung anderer Interessen anschaulich zu machen versuchen. Gleichzeitig soll die Geschichte deutlich machen, wie sich die Gegenbesetzung manchmal auf Messers Schneide bewegt.

Rolf Simenauer ist zu Beginn seiner Analyse ein schüchterner, freundlicher, entgegenkommender Mann von 22 Jahren. Zur ersten Besprechung kommt er mit geringer Verspätung. Er erklärt mir ausführlich und umständlich, daß und warum er mit dem Tram zuerst in die falsche Richtung gefahren ist. Die kleine Verspätung ist ihm äußerst peinlich, mir jedoch sehr verständlich, kommt er doch aus einer anderen Stadt und kennt sich in Zürich noch wenig aus.

Um seine auf Gegenbesetzungsniveau funktionierende Konfliktverarbeitung zu illustrieren, schildere ich seinen Kampf mit seinen Arbeitsstörungen. Im Gegensatz zu den Beispielen im ersten Teil werde ich das technische Vorgehen außer acht lassen. Ich gehe darüber hinweg, daß und wie sich seine Arbeitsstörungen auch in der Übertragung manifestierten und die Analyse über längere Zeit zu einer quälenden Angelegenheit machten.

Herr S. will analytisch an sich arbeiten, nachdem er zum drittenmal am ersten Propädeutikum des begonnenen Biologiestudiums gescheitert ist. Er ist ratlos, möchte aber jedenfalls weiterstudieren. Und zwar in einem Fach, in dem er das bisher Gelernte weiterverwerten kann. Sonst wäre ja alles umsonst gewesen, meint er. Bald stellt sich jedoch heraus, daß ihm die Naturwissenschaften nicht besonders zusagen. Physik ist ihm zu theoretisch und mathematisch, Chemie zu sehr Laborarbeit, die ihn nicht recht zu begeistern vermag. Für die verschiedenen biologischen Richtungen hat er sich ebenfalls nie recht erwärmen können. Am ehesten sähe er noch ein Medizinstudium.

Seine ursprünglichen Wünsche lagen aber in ganz anderer Richtung. Zuerst wollte er Architektur studieren. Aber dann kam die Krise im Bauwesen, da hat man als Architekt keine Chancen. Auch Jus hätte ihn gereizt. Freiberuflicher Anwalt zu sein, wäre wirklich toll. Aber warum studiert er denn nicht tatsächlich Jurisprudenz? Er winkt resigniert ab. Wenn man nicht die Praxis des Vaters übernehmen kann, ist es heute eine Illusion, freiberuflicher Anwalt werden zu wollen.

Mehr nolens als volens wollte er dann ernsthaft ein Medizinstudium anfangen. Er hatte sich bereits entschieden, als er an einer Maturandenorientierung, einem Tag der offenen Tür und einer öffentlichen Vorlesung an der medizinischen Fakultät teilnahm. Diese Erfahrung hat ihn völlig entmutigt. So etwas Schwieriges wie ein Medizinstudium würde er nie schaffen. Die Professoren an der Maturandenorientierung warnten zudem beredt vor den Schwierigkeiten und Entbehrungen des Medizinstudiums und dem künftigen Ärzteüberfluß in der Schweiz.

Je näher das Abitur rückte, desto weniger beschäftigte er sich mit seiner Studienwahl. Der sonst arbeitsame und zuverläßige Junge wurde nachläßig. Alles schien ihm sinnlos, und er führte mit Kollegen und Lehrern große, leidenschaftliche Diskussionen über den unerträglichen, elitären, langweiligen und sterilen Gymnasiums- und Universitätsbetrieb, der das Individuelle egalisiert, jeden zur Anpassung an intellektuell überspitzte, menschlich aber mittelmäßige Forderungen zwingt. Er scharte eine Gruppe von Gymnasiasten, Lehrlingen und Studenten um sich, und sie diskutierten alternative Ausbildungsmodelle. Das Projekt verlief bald im Sand. Rolf wurde mehr und mehr passiv, hockte gelangweilt herum und versank in Depression.

Zufällig erhielt er von einem Onkel, einem angesehen Journalisten und Reporter, eine ausgediente, aber noch funktionstüchtige Profikamera. Er begann leidenschaftlich zu fotografieren. Er knipste nicht etwa einfach drauf los, sondern besuchte

Fotokurse und richtete sich ein einfaches eigenes Labor ein. Er beschaffte sich Literatur über die Entwicklung der Fotografie und begann, sich für Fragen der Ästhetik und Kunstgeschichte zu interessieren. Erstmals las er auch Belletristik, über die schulische Pflichtlektüre hinaus. Er konnte sich für Romane wie „Der grüne Heinrich", „Die Brüder Karamasov" begeistern. Vor allem Max Frischs „Stiller" und Alfred Anderschs „Efraim" schlugen ihn völlig in ihren Bann.

Daß zwischen seinen Arbeitsstörungen und Schwierigkeiten in der Studienwahl auf der einen, seiner Ablehnung des Schul- und Universitätsbetriebes, der Ideologisierung dieser Ablehnung, seiner Depression und seinen neuen Interessen auf der anderen Seite, ein Zusammenhang bestehen könnte, verneint er lange auch noch in der Analyse.

Schule und Abitur waren Nebensache geworden, ohne daß er aber daran gedacht hätte, die Schule so kurz vor dem Abitur abzubrechen. Seine Leistungen sanken zwar bedrohlich ab, dank seinem Fleiß und seiner Intelligenz war aber der Abschluß nie ernsthaft in Frage gestellt. Inzwischen hatte er den Anmeldetermin für das Medizinstudium verpaßt.

Die Schule bedeutete für Rolf eine dauernde Qual. Er war zwar bis zur beschriebenen Krise ein leidlich guter Schüler gewesen, aber vor dem mündlichen Unterricht und den Prüfungen hatte er immer panische Angst gehabt. Er versuchte sie durch Lernen zu kompensieren. Er konnte aber lernen so viel er nur wollte, es half ihm wenig im Kampf mit seiner Angst. So bestand eine dauernde Diskrepanz zwischen den objektiven Leistungen und seinem subjektiven Gefühl. Die Leistungen waren in aller Regel gut. Er litt aber unter der Angst, zu versagen, den Anforderungen nicht zu genügen. So arbeitete er dauernd zu viel und letztlich ineffizient, denn der Aufwand stand in keinem Verhältnis zu dem, was tatsächlich gefordert wurde.

Wie sehr diese Schwierigkeiten im Dienste der Konfliktverarbeitung standen, konnte erst in der Analyse allmählich an den Tag kommen. Als sie aktuell waren, schienen sie bloß die Konflikte zu vermehren, vor allem mit dem Vater. Eigentlich hatte der Vater Arzt werden wollen. Unter grausamem Druck der Eltern, dem er sich zeit seines Lebens nicht entziehen konnte, mußte er aber eine kaufmännische Ausbildung machen und das Geschäft der Eltern übernehmen. Kein Wunder, daß er auf die akademische Ausbildung seiner Söhne größten Wert legte. Er ließ sie beide ein privates Gymnasium besuchen. Daß er zu wiederholen im Begriff war, was er seinen Eltern vorwarf, konnten weder Rolf noch er erkennen.

Rolf kennt seinen Vater nur als verbitterten, unbefriedigten, verständnis- und lieblosen, rechthaberischen Mann. Das kommt in der Analyse allerdings erst nach und nach so zum Ausdruck. Er schildert den Vater ohne Haß und Ressentiment, mit viel Verständnis für dessen Situation und Charakter. Rolf idealisierte ihn lange, was für seine ödipale Entwicklung von ungeahnter Bedeutung war. Er hatte es nicht zuletzt dem Verständnis seiner Mutter zu verdanken, daß er den Kern seines „wahren Selbst" durch alle Widerwärtigkeiten seiner Kindheit hindurchretten konnte. Die gute Beziehung zu seiner Mutter mußte aber während der Adoleszenz weitgehend geheim und stumm bleiben. Einerseits konnte sich die Mutter gegen ihren Mann selber nicht durchsetzen, und anderseits mußte sich

Rolf gegen die Reaktivierung ödipaler Wünsche und Kastrationsphantasien aktiver und passiver Art schützen.

Mit seiner zwiespältigen Haltung gegenüber Schule und Leistung – das können wir in der Analyse allmählich aufarbeiten – unterwarf er sich äußerlich den Forderungen des Vaters, setzte sich aber innerlich gleichzeitig von ihm ab, indem er die Schule nicht affektiv besetzte. Er identifizierte sich wohl mit den *Forderungen*, nicht aber mit den *Wünschen* des Vaters. Die Schule dominierte sein Leben, er versagte sich alles Eigene: Freundschaften, Hobbies, Sport. Erst in der Krise und im Dienst der Gegenbesetzung konnte etwas von seinem eigenen Wesen und seinen eigenen Interessen Ausdruck finden. Es ist wohl deutlich, welche Bedeutung das Überich in Rolfs psychischen Konflikten hat.

Zurück zu Rolfs Laufbahn. Er bestand das Abitur nicht glänzend, aber ohne nennenswerte Schwierigkeiten. Ohne sich weiter ernsthaft mit der Studienwahl beschäftigt zu haben, begann er Biologie zu studieren, in der Meinung, er könne nach bestandenem ersten Vordiplom auf Medizin umstellen. Er mußte die Auseinandersetzung mit seinen eigenen Wünschen immer noch vermeiden, weil das unweigerlich seine verdrängten Konflikte reaktiviert hätte.

In der Analyse wird allmählich deutlich, daß im unbewußten Erleben Rolfs persönliche Befriedigung und existenzsichernde Tätigkeit unvereinbar sind. Deshalb hat er nie in Betracht gezogen, aus seinen Interessen an Kunst und Fotografie einen Beruf zu machen. Seine Begründung ist eine glatte Rationalisierung: Der Beruf des Fotografen ist zu unsicher. Nur die besten bringen es zu etwas. Wer garantiert ihm, daß er zu denen gehört? Aus denselben Gründen tauchten auch die früheren Wünsche, Architektur und Jus, gar nie mehr auf.

Zu Beginn seines Studiums ging alles so weit gut. Er war ein bescheidener, arbeitsamer, unauffälliger aber wohlgelittener Student, der anderen Verständnis entgegenbrachte, etwas von echter Überlegenheit und Reife ausstrahlte. Äußerlich war er das genaue Gegenbild seines Vaters. Er kam im Studium gut voran. Da persönliche Zufriedenheit kein Kriterium war, merkten weder er noch sein Mitmenschen, die Mutter vielleicht ausgenommen, wie unbefriedigt, ja unglücklich er in Tat und Wahrheit war. – Wir sprechen bei einem solchen Zustandsbild von einer gelungenen Abwehr.

Seiner Art entsprechend ging er gut vorbereitet in die Prüfung. Das Ergebnis – er verfehlte die geforderte Punktezahl ganz knapp – traf ihn aus heiterem Himmel. Wiederum erlebte er sich als Versager. Nach außen gab er sich ruhig und gefaßt, innerlich konnte er aber die erlittene Kränkung nicht überwinden. Die gelungene Abwehr wurde massiv in Frage gestellt. Um so weniger konnte er daran denken, das Studium abzubrechen und eine Neuorientierung einzuleiten, denn dann hätte er sich seiner Ambivalenz, seiner verschmähten Liebe und seinem Haß dem Vater gegenüber stellen müssen. Daß dies die einzige Möglichkeit darstellt, um neue, effektive Lösungen seiner erfolgreich verdrängten Konflikte zu finden, konnte er noch nicht wissen. Je länger er aber am eingeschlagenen Weg festhielt, desto mehr geriet er in Gefahr, unter anderen Vorzeichen das Schicksal seines Vaters zu wiederholen.

Er bereitete sich auf die Wiederholung der Prüfung vor. Dabei meldete sich ein zusätzliches „Symptom“: Es stellte sich eine massive Arbeitshemmung ein. Was ihm und seiner Umgebung völlig unverständlich war, läßt sich psychoanalytisch leicht verstehen. Etwas in ihm rebellierte. Seine Arbeitshemmung drückt das verdrängte Wissen darum aus, daß er genügend gelernt hat, daß er nicht durchgefallen ist, weil er auf die Prüfung schlecht vorbereitet war. Aber gerade dieser Erkenntnis mußte er sich verschließen. Die ödipale Natur seiner Schwierigkeiten im Studium mußte noch unbewußt bleiben. Der Damm jedoch, den er gegen seine inneren Konflikte errichtet hatte, hat einen entscheidenden Einbruch erlitten.

Er ging völlig verängstigt an die zweite Prüfung, mit dem sicheren Gefühl, nicht zu bestehen. Prompt schnitt er mit einem wesentlich schlechteren Resultat ab als das erste Mal.

Aber er gab nicht auf. Seine Kollegen bewunderten seinen Gleichmut und seine Beharrlichkeit. Wie sollten sie auch wissen, daß er sich damit in erster Linie gegen seine unbewußten Konflikte und die damit verbundene Angst und Depression wehrte? Unter Aufbietung aller Kräfte versuchte er, den leck gewordenen Damm wieder zu flicken. Das schien vorerst zu gelingen. Etwas von der konstruktiven Gegenbesetzung, die dem Jahr vor dem Abitur ein besonderes Gepräge gegeben hatte, flammte wieder auf. Er suchte neue Kontakte und bereitete sich gemeinsam mit einigen Kommilitoninnen und Kommilitonen auf die Prüfung vor. Dabei machte er die Erfahrung, daß er den Stoff besser beherrschte als die anderen. Das gab ihm Sicherheit, und mit einem guten Gefühl stieg er zum drittenmal in die Prüfung.

Nun schien alles gut zu gehen. In den beiden ersten Fächern schlug er sich ausgezeichnet. Er war mit sich zufrieden und freute sich. Die mündliche Prüfung im dritten Fach war schwieriger. Aber Herr Simenauer bewahrte Ruhe. Da zog mitten während der Prüfung der Beisitzer irgendwelche Papiere aus seiner Mappe und begann daran zu arbeiten. Das ist natürlich ein unqualifiziertes Verhalten eines Prüfungsexperten, das auch manchen dickfelligeren Studenten irritieren könnte. Herr Simenauer konnte eine derart massive Irritation nicht überwinden und sich schon gar nicht dagegen zur Wehr setzen. Er konnte nicht mehr recht überlegen, begann Dinge zu verwechseln, geriet ins Stottern und war überzeugt, schlecht abgeschnitten zu haben. Alle Bekannten rieten ihm, Rekurs zu beantragen. Sicher wäre er damit durchgekommen. Herr Simenauer tat das aber nicht. Und er ging auch nicht mehr zu den weiteren Prüfungen. Das war wohl das Beste, was er tun konnte. Allerdings dauerte es noch eine geraume Weile, bis er sich beim Analytiker meldete.

Es ist wiederum nicht schwer zu erraten, was sich im unbewußten Erleben Rolf Simenauers in etwa abgespielt haben mochte, als sich der Beisitzer abwandte. Schlagartig erlebte er die Situation unter dem Einfluß seiner unbewußten Konflikte. Die Realitätsprüfung versagte für einen entscheidenden Moment, er konnte nicht mehr zwischen Prüfendem und Beisitzer unterscheiden. Vor ihm saß der gleichgültige *und* fordernde, nörgelnde, ungeduldige Vater, dem er nichts recht machen kann, den er aber auch nicht überflügeln darf. Es gibt nur eins, sein Schicksal zu wiederholen.

Ich breche die Schilderung an dieser Stelle ab. Wenn es mir gelungen ist, etwas von einem Kampf lebendig werden zu lassen, der mit den Mitteln der Gegenbesetzung ausgefochten wird, muß ich wohl nicht besonders erwähnen, daß sich die Arbeit mit Herrn Simenauer fruchtbar gestaltet hat. Einfach war sie nicht, setzte er doch immer wieder alle seine Gegenbesetzungsmöglichkeiten ein, um die Analyse, d. h. die Konfrontation mit seinen Konflikten als unnötig erscheinen zu lassen. Was die Lebendigkeit und Vitalität der Menschen mit einem guten Gegenbesetzungspotential ausmacht, ist auch die Schwierigkeit ihrer Analyse. Sie verläuft, wie gesagt, oft auf Messers Schneide, und manchmal bedeutet das Gelingen der Gegenbesetzung das Scheitern der Analyse, und das Scheitern der Gegenbesetzung das Gelingen der Analyse. – Man könnte sich vorstellen, daß es Herrn Simenauer hätte gelingen können, Fotograf zu werden. Vielleicht hätte er am Erfolg scheitern müssen. Vielleicht wäre er dauernd depressiv geworden oder hätte eine psychosomatische Störung entwickelt. Ansätze hatte er zu beidem. Die Probleme in seinen Beziehungen habe ich nicht erörtert. Das gäbe dem Bild weitere Dimensionen. Es hätte auch seine Lösung sein können, kreativ und krank, depressiv und einsam zu sein. Solche Schicksale sind nicht selten. Der Analytiker hat nicht über Glück und Unglück zu urteilen; er hat überhaupt nicht zu urteilen. Er hat bloß zu analysieren. Herr Simenauer hat den Weg der Analyse gewählt. Daß seine Abwehr an der Realität gescheitert ist, hat er als Chance genutzt.

2. Die Struktur der Trennung und die Spaltung

A. Spaltung, Verleugnung und Projektion

Freud hat angenommen, daß lediglich die ödipal-neurotischen Strukturen der Übertragung fähig und der psychoanalytischen Arbeit zugänglich sind. In der Tat, der psychotische Mensch, der nicht zwischen Phantasie und Realität unterscheiden kann und dem Selbst- und Objektbilder verschwimmen, ist zu einer bearbeitbaren Übertragungsbeziehung, wie ich sie im ersten Teil charakterisiert habe, tatsächlich nicht in der Lage. Insofern hat Freud recht. Alle Voraussetzungen einer bearbeitbaren Übertragungsneurose fehlen. Nur wäre das Chaos, das zwischen Analytiker und psychotischem Analysanden rasch überhand nehmen würde, auch eine Übertragung, aber eine Übertragungspsychose. Sie erzeugt eine Übertragungsdynamik, die nicht leicht zu bearbeiten ist. Der Psychoanalytiker in freier Praxis hat es selten mit eigentlichen Psychosen zu tun. Meine einschlägigen Erfahrungen sind daher zu gering, als daß ich mich getraute, die psychotische Konfliktverarbeitung zu beschreiben und zu illustrieren. Ich verweise nochmals auf die eindrückliche Darstellung von Racamier (1982).

Es gibt aber eine ganze Reihe schwerer psychischer Störungen, die weder neurotisch noch psychotisch sind und Züge von beiden haben. *Borderline*, auf deutsch *Grenzfälle*, hat man sie aus der Verlegenheit, sie positiv bestimmen zu können, genannt. Der Name ist geblieben, bezeichnet heute aber ein Erscheinungsbild, eine Psychodynamik und Abwehrstruktur eigener Art.

Das Erscheinungsbild ist vielfältig und vielschichtig. Den Borderline-Persönlichkeiten haftet etwas an, was dem Außenstehenden als auffallende, befremdliche Diskontinuität, ja als Bruch in der Persönlichkeit erscheint. Sie können sich sehr widersprüchlich verhalten, fallen von einem Extrem ins andere, und verlieren den Kontakt zu der Seite, die nicht gerade aktuell die Situation bestimmt. Sie bleiben sich jedoch des abgespaltenen oder dissoziierten Teils durchaus bewußt. Sie verdrängen nicht, können nicht oder nicht ausreichend verdrängen. Hingegen verlieren sie den emotionalen Zugang zum abgespaltenen Teil, und die innere Welt verarmt. Sie wechseln, mitunter sehr abrupt, zwischen den widersprüchlichsten Haltungen, ohne ein Gefühl der Betroffenheit und ohne die psychischen und sozialen Konsequenzen ihres Verhaltens zu erkennen und anzuerkennen. Peter war ein Junge, der auf diesem Niveau funktionierte. Ein solcher Mensch mag außerordentlich kontakthungrig und kontaktfreudig sein, aber die Beziehungen sind merkwürdig einseitig, und eine intensive Zuwendung kann von einem Moment auf den anderen in nichts zerstieben, wenn seine Gefühle vom Partner nicht vollständig und unverändert aufgenommen und gespiegelt werden. Die Beziehungen der Borderline-Persönlichkeit sind Selbstobjektbeziehungen. Es ist mit solchen Menschen nicht gut Kirschen essen. Nicht im täglichen Leben und nicht in der psychoanalytischen Situation.

Von der Triebseite her betrachtet, liegt der Bruch oder die Diskontinuität in einer eigentümlich „selektiven" Impulsivität (Kernberg 1981, 13). Eine Borderline-Persönlichkeit mag in manchen oder den meisten relevanten Lebensbereichen eine gute Impulskontrolle haben, aber in einem bestimmten Bereich fehlt sie. Dieser Bereich erweist sich regelmäßig als signifikanter Konfliktherd. Die scheinbare Impulsivität der Borderline-Persönlichkeit ist die Abwehr eines Triebwunsches durch aktive Trennung der aggressiven von der libidinösen Seite. Indem der Patient einmal die eine, dann die andere Seite auslebt, aktiviert er derart widersprüchliche Haltungen, Erlebens- und Verhaltensweisen, daß der Außenstehende glauben könnte, verschiedene Menschen vor sich zu haben. Kernberg (1981, 13) führt einen Patienten an, der zu Zeiten impulsiv log, zu anderen Zeiten das Lügen verurteilte. Entscheidend ist die vollständige Trennung des impulsiven Lügens von den „Antilügen"-Episoden. Der Patient erinnerte sich zwar dann seines Lügens, war aber emotional ganz davon gelöst und sogar überzeugt, „daß das Lügen nicht, oder nicht mehr, zu seiner psychischen Realität gehörte".

Den Mechanismus, der hier am Werk ist, können wir *Spaltung* oder *Ich-Spaltung* nennen (Kernberg 1981 u. 1988). Die Spaltung läßt sich am leichtesten als die weitgehende Unfähigkeit begreifen, Ambivalenz zu ertragen. Damit ist Abwehr durch Verdrängung und Gegenbesetzung nicht möglich. Gegenbesetzung erfordert intakte, ganzheitliche verinnerlichte Objektbeziehungen. Dem Ich fällt nun die Aufgabe zu, widersprüchliche Anteile einer signifikanten Objektbeziehung strikt voneinander zu trennen, getrennt zu halten und dafür zu sorgen, daß immer nur die eine Seite zum Erleben und Verhalten zugelassen wird. Durch Spaltung kann das Individuum z. B. vermeiden, daß das Bild der nährenden, befriedigenden, zärtlichen „guten" Mutter mit dem der frustrierenden, abweisenden, aggressiven „bösen" Mutter in Berührung kommt. Und wir ahnen bereits, worin das Ziel der Spaltung bestehen muß, im Schutz des „guten Objektes“ vor der Bedrohung oder gar Zerstörung durch das „böse Objekt“ oder die aggressiven Impulse und Wünsche des Selbst. Die Spaltung schützt das Ich vor der Angst vor Objektverlust, indem sie alles, was mit Aggression zu tun hat oder zu tun haben könnte, von der Berührung mit dem verinnerlichten Bild des „guten Objektes“ fernhält. Borderline-Persönlichkeiten sind nicht in der Lage, einem geliebten Menschen gegenüber auch Haß und Schuld zu empfinden. Solange sie widersprüchliche Gefühle vollkommen auseinanderhalten können, sind sie im wesentlichen vor Angst geschützt.

Die Spaltung von „guten“ und „bösen“ Objektimagines ist kein zufälliges Beispiel, und es ist mehr als ein Beispiel. Es ist Prototyp und Ursprung der Spaltung. Werfen wir einen Blick zurück auf die Entwicklung der Objektbeziehungen, können wir den Mechanismus der Spaltung und seine Genese leicht begreifen. Das Kind kann bei der einsetzenden Loslösung aus der Dyade noch nicht wahrnehmen, daß die befriedigende und die versagende Mutter ein und dieselbe Person sind. So baut es zunächst gesonderte Repräsentanzen des befriedigenden und des versagenden Objektes auf. In diesem Sinne sprechen wir, Melanie Klein folgend, ebenso vage wie vielsagend vom „guten“ und „bösen“ Objekt, oder – richtiger – „Teilobjekt“. Die Fähigkeit des Ich, die verschiedenen Repräsentanzen in eine einheitliche Imago der befriedigenden und versagenden, der anwesenden und der abwesenden Mutter zu integrieren, habe ich als Objektkonstanz beschrieben. Was früher ein Vorgang psychischen Wachstums war, wird später als Spaltung aktiv in den Dienst der Konfliktabwehr, oder besser der Konfliktvermeidung gestellt. Spaltung ist Ausdruck der Unfähigkeit, einen inneren, strukturellen Konflikt in der psychischen Realität zu halten und zu bearbeiten. Die beiden Seiten des Konfliktes *äußern* sich zeitlich verschoben.

Abwehr durch Spaltung ist nicht mehr Triebabwehr, sondern Besetzungsabwehr, eine Manipulation der Objektbeziehungen, die das Selbstbild und die Bilder der bedeutsamen Beziehungspersonen eigentümlich fragmentiert. Kernberg (1988, 27f) spricht vom „Syndrom der Identitätsdiffusion“. Wenn ein Mensch dauernd zwischen widersprüchlichen Selbst- und Objektbildern fluktuiert und das entsprechende widersprüchliche Verhalten nicht in bedeutungsvoller Weise integrieren kann, bleibt er in einer flachen, beschränkten Sicht seiner selbst und der bedeutsamen anderen befangen. Der leidenschaftliche Bezug zur Wirklichkeit wird ständig unterbrochen. Die Erfahrung chronischer Leere ist die Folge.

In der Übertragung manifestiert sich die Identitätsdiffusion in der Unfähigkeit des Patienten, dem Analytiker ein deutliches Bild von bedeutsamen Interaktionen mit anderen zu vermitteln. Dem Analytiker fällt es schwer, empathisch nachzuvollziehen, wie der Patient sich selber, die anderen und sich in Beziehung zu anderen erlebt. Das Gefühl chronischer Leere wird sich in der Gegenübertragung deutlich bemerkbar machen.

Wie die Verdrängung der Gegenbesetzung bedarf, muß die Spaltung durch weitere psychische Manöver gestützt werden. *Verleugnung, Projektion und primitive Idealisierung* sind die wichtigsten sekundären Abwehrmechanismen der Spaltung.

Die *Verleugnung* ist bereits in der Skizze des typischen Erscheinungsbildes der

Borderline-Pathologie sichtbar geworden. Borderline-Persönlichkeiten verleugnen die erlebnismäßige und soziale Relevanz ihres widersprüchlichen Verhaltens. Die Verleugnung manifestiert sich hauptsächlich in einer Indifferenz den abgespaltenen Inhalten und Gefühlen gegenüber. Verleugnung bedeutet eine Störung der Wahrnehmung, der Realitätsprüfung und der synthetischen Funktion des Ich. Der Analytiker mag betroffen sein von den Widersprüchen, die sich in ein und derselben Stunde manifestieren, der Analysand bleibt gleichgültig. Versucht der Analytiker gar, dem Analysanden seine Widersprüche aufzuzeigen, versteht ihn dieser einfach nicht oder reagiert wütend. Wenig später ist auch diese Wut kein affektives Ereignis mehr.

Die *Projektion* geht noch einen Schritt weiter als die Verleugnung: Der abzuwehrende, abgespaltene Teil der inneren Welt wird in die Außenwelt verlegt – externalisiert oder eben projiziert – und kann dann außen bekämpft werden. Das Individuum entlastet sich von einem verinnerlichten Konflikt durch einen äußeren. Die Gefühle von Wut, Haß, Schuld, Entwertung sind dann die Gefühle des anderen, nicht mehr die eigenen. Projektion bringt psychische Entlastung. Der Preis sind belastete und belastende Beziehungen.

Die Projektion enthält immer einen Selbstanteil, d. h. sie ist immer und zunächst die Veränderung einer Objektrepräsentanz nach dem Vorbild einer Selbstrepräsentanz und zweitens die Verbindung dieser veränderten Objektrepräsentanz mit einer konkreten Person der Außenwelt. Das unterscheidet sie von der gewöhnlichen Übertragung, die primär Übertragung von Objektanteilen ist. In der Projektion drohen sich die Grenzen zwischen der äußeren und der inneren Welt partiell wieder zu verwischen. Daß auch der neurotische und gesunde Mensch sich bisweilen und vorübergehend projektiv von unangenehmen Gefühlen entlastet, will ich nur am Rande vermerken. Diese Projektionen sind aber partiell und flüchtig und können prinzipiell durch Realitätswahrnehmung korrigiert werden. Bei der Borderline-Persönlichkeit sind sie absolut und durch die Realität nicht beeinflußbar.

Durch Projektion der aggressiv besetzten Objekt- und Selbstrepräsentanz auf eine Person der Außenwelt schafft sich die Borderline-Persönlichkeit ein „nur böses" Objekt. Die Spaltung muß auch außen aufrechterhalten bleiben. Und so verbindet sie die libidinös und narzißtisch besetzten Objektrepräsentanzen ebenfalls mit äußeren Objekten und schafft sich so ideale „nur gute" Objekte. In dieser Welt der Extreme und des Entweder-Oder haben die Wünsche anderer keinen Platz, sonst wäre sie nicht mehr kontrollierbar. Die Kontrolle über die „Außenwelt der Innenwelt" ist für einen Menschen, der Ambivalenz nicht erträgt und nicht verarbeiten kann, von vitaler Bedeutung. Trägt ein Objekt eigene Wünsche in die Beziehung hinein und entzieht sich dadurch der omnipotenten Kontrolle des anderen, wird es schlagartig von einem absolut guten, idealisierten zu einem absolut bösen, entwerteten Objekt, oder es wird fallen gelassen. Gegenseitigkeit hat hier keinen Platz. Die Objekte der Borderline-Persönlichkeit sind absolute Selbstobjekte. Unter solchen Bedingungen ist es unmöglich, ein Netz befriedigender Beziehungen aufzubauen und zu halten.

Spaltung, Projektion, primitive Idealisierung und die Notwendigkeit der absoluten Kontrolle der Beziehungen prägen auch die spezifische Übertragung in der Analyse von Borderline-Patienten. Jeder der wechselseitig nicht akzeptierbaren, abgespaltenen Ichzustände stellt eine spezifische und auffällige Übertragungsdisposition dar, die in wechselnder und verwirrender Folge die psychoanalytische Situation bestimmen. Der Analytiker ist einem Wechselbad von Idealisierung und Entwertung, Anhänglichkeit und Feindseligkeit ausgesetzt, das chaotisch wird, wenn es ihm nicht gelingt, sowohl die primitive Liebe wie den primitiven Haß in der Übertragung zu halten und zu bearbeiten. Er muß sich während langer Zeit auf die Interpretation der Übertragung als der konkreten Interaktion von Analysand und Analytiker im Hier und Jetzt, und auf die Deutung der Spaltung in der Übertragung beschränken. Dynamische Deutungen des verinnerlichten Konfliktes empfindet der Analysand als Angriff auf sein Selbst, genetische Deutungen als Angriffe auf die verinnerlichten guten Objekte. Es entsteht eine Übertragungssituation besonderer Art, die nicht leicht zu halten ist, wenn Spaltungen allmählich aufgehoben werden können, und Wut und Schuldgefühl, Haß und Liebe erstmals aufeinanderprallen.

Nochmals möchte ich herausheben, worin sich Verdrängung und Spaltung unterscheiden. Erst die Gegenbesetzung ermöglicht es, den verinnerlichten Konflikt innen zu halten und progressiv zu bearbeiten. Während bei der Verdrängung der Triebwunsch oder gar nur dessen Befriedigung durch Unbewußtmachen abgewehrt wird, betrifft die Spaltung die Objektbeziehungen. Nicht die momentane Triebbesetzung, sondern die konstante Objektbesetzung wird abgewehrt. *Besetzungsabwehr* hat Moser (1964) die Abwehr durch Spaltung treffend genannt. Sie übernimmt dort die Funktion des primären Abwehrmechanismus, wo sich die neurotische Ebene der Besetzungs- und Gegenbesetzungskonstanz nicht oder nur mangelhaft entwickeln konnte oder zur Verarbeitung der Konflikte nicht ausreicht.

Mittlerweile wissen wir, daß das Vorherrschen von Spaltungsmechanismen beim Erwachsenen ein mehr oder weniger ausgeprägtes Scheitern der Verarbeitung ödipaler Konflikte anzeigt. Konflikte von Triangulierung, Trennung und Individuation vermischen sich mit ödipalen Wünschen. Kernberg (1988, 43) spricht von der vorzeitigen Ödipalisierung der präödipalen Beziehungen und Konflikte. Es ist vor allem die Abwehr dieser nicht entwicklungsgerechten Vorwärtsbewegung in der Triebentwicklung, die sich als frühe Ödipalisierung der Übertragung bemerkbar macht. Läßt sich der Analytiker darauf ein, auf der ödipalen Ebene zu deuten, gerät er unweigerlich ins Chaos, aus dem dann kaum noch ein Weg hinausführt. Wenn ödipale Konflikte den Aufbau der verinnerlichten Objektbeziehungen und des Selbst bestimmen, bevor klar voneinander unterschiedene Objekt- und Selbstrepräsentanzen aufgebaut werden konnten, sind Besetzungskonstanz, Bildung einer autonomen Überich-Struktur und Loslösung von den verinnerlichten „präödipal-ödipalen“ Elternimagines nicht möglich.

B. Ein klinisches Beispiel von Abwehr durch Spaltung

Albert ist ein hochaufgeschossener, 18-jähriger Jugendlicher. Er ist adrett, für sein Alter jedoch atypisch gekleidet. Erst unter dem Druck der Eltern hat er sich aufgerafft, analytische Hilfe in Anspruch zu nehmen. Er kann sich allerdings mit dem besten Willen nicht mehr länger verhehlen, daß es ihm schlechter und schlechter geht. Er findet sich in der Welt kaum noch zurecht. Er hat eine verwirrende Schullaufbahn mit vielen Wechseln hinter sich. Gegenwärtig ist er an einem privaten Gymnasium. Obwohl überdurchschnittlich begabt, kann er sich wegen schwerster Arbeits- und Denkstörungen dort kaum länger halten. Auch hat er begonnen, Drogen zu konsumieren, und ist einmal von zu Hause weggelaufen.

Die Eltern wie der Sohn verleugnen die schwere Krise, in der sich Albert offensichtlich befindet. Sie appellieren an seinen Willen, suchen, wenn er scheitert, immer wieder eine neue schulische Lösung, was Albert aber nur noch tiefer in die Krise führt. Er ist schließlich unfähig, auch nur mehr den geringsten Forderungen nachzukommen. Auch seine Beziehungen zerbröckeln mehr und mehr. Einmal ist er anschmiegsam, dann wieder grundlos feindselig, beides in auffälliger und unangemessener Weise.

Bei mir fühlt er sich anfänglich wohl und befreit, bin ich doch der erste, der versteht, daß er wirklich leidet, daß es nicht mangelnder Wille und Faulheit sind, die ihn zu seinem Verhalten treiben. In der Tat, er *kann* nicht arbeiten. Sein Wohlbefinden löst sich aber sofort auf und macht Angst, Depression und Verstimmung Platz, wenn ich seine Probleme als Ausdruck innerer Konflikte deute, die ich mit ihm bearbeiten möchte. Zusammen mit mir an seinen Konflikten zu arbeiten, ist bereits eine Anforderung, die er nicht erfüllen kann. Seine Gedanken verwirren sich, er versteht nicht, was ich sage. Sobald der geringste Konflikt in der Übertragung aktuell zu werden droht, verleugnet er seine Probleme, identifiziert sich mit seinen Eltern und glaubt, er könnte die Schule schon schaffen, wenn er nur wollte. Dann geht er mit den besten Vorsätzen weg. Oft schwänzt er dann eine Stunde.

Kommt er wieder, schildert er mir seine Gefühle der Leere, eine inhaltlich gar nicht bestimmbare, innere Spannung. Auf den Inhalt der letzten Stunde und sein Schwänzen angesprochen, blickt er mich verständnislos an. Er begreift nicht, was ich daran merkwürdig finde.

Er besitzt im wahrsten Sinne kein Selbstgefühl. Er steht sich wie ein Fremder gegenüber und schildert die zunehmenden Konflikte mit Lehrern und Kameraden, wie wenn er nicht daran beteiligt wäre. Einmal träumt er, er sei eingegossen in eine Wand, und sieht sich an sich selber vorüberziehen. Oder er sieht sich eingespannt in eine Schale um die Erde kreisen. Manchmal bringt er einen Kassettenrecorder mit zu den Sitzungen, spielt Country-Music und beschreibt seine Phantasien von Einsamkeit, Wüste und Verlassenheit. Einzig wenn er bei seinen Kollegen ist, die aber völlig anonym bleiben, spürt er sich, aber auch nur in der Teilhabe an der Gruppe. Keiner der Kollegen gewinnt persönliche Konturen.

Während der Ferien bei einer befreundeten Familie macht er mit deren Dienstmädchen seine ersten sexuellen Erfahrungen. Er schläft jede Nacht mit dem Mädchen, ohne daß er für sie etwas empfinden würde. Er berichtet davon ohne jede innere Beteiligung. Daß die Frau ihn nach den Ferien wieder treffen möchte, verwirrt ihn. Er vergißt ein Rendez-vous. Natürlich würde er wieder mit ihr schlafen, wenn es sich gerade ergäbe. Aber das kann er ja auch mit einer anderen. Daß die Frau anders fühlen könnte, kann er nicht begreifen.

Als er eines Tages eine ganz schlechte Klausur zurückerhält und ihm die Klasse – ob tatsächlich oder vermeintlich spielt in diesem Zusammenhang keine Rolle – zu verstehen gibt, er störe und solle sich zum Teufel scheren, reißt er zum zweitenmal von zu Hause aus und wird einige Tage später nach seinem ersten – objektiv harmlosen – Suizidversuch in die Klinik eingewiesen.

Er weigert sich, seine Eltern zu sehen. Lediglich sein älterer Bruder und ich dürfen ihn besuchen. Kaum hat er den toxischen Zustand – er hatte Tabletten eingenommen – überwunden, fühlt er sich in der Klinik unheimlich wohl und beginnt sich breit zu machen. Er hält Ärzte und Schwestern in Atem, läßt sich versorgen und verwöhnen, ist liebenswürdig, gibt sich hilfsbedürftig, anschmiegsam und ist dankbar. Er versteht es im Handumdrehen, alle für sich einzunehmen. Noch nie habe ich ihn so zufrieden und gelöst gesehen. Er hat sich eine Welt „total guter" Objekte geschaffen, und ist verständlicherweise irritiert, wenn ich bei meinen Besuchen seinen Suizidversuch als eine bedeutsame Handlung verstehen und bearbeiten möchte. Für ihn gibt es da nichts zu verstehen und zu bearbeiten. Daß er Tabletten geschluckt hat, und sich damit möglicherweise hätte umbringen können, ist etwas wie aus einer anderen Welt, ohne jede gefühlsmäßige Bedeutung für sein jetziges Befinden.

Er wirkt völlig gesund. Das Personal beginnt ihn entsprechend zu behandeln. Nun fallen Kleinigkeiten auf, die man vorher großzügig übersehen hat. Albert fügt sich überhaupt nicht in den Klinikalltag ein. Es ist selbstverständlich, daß für ihn das Rauchverbot im Zimmer nicht gilt. Besteht eine Schwester darauf, empfindet er das als Schikane und persönlichen Angriff. Allmählich wird offenkundig, wie sehr Albert in seiner Abhängigkeit und Hilfsbedürftigkeit fordernd gewesen war, und wie man ihm alles gewährt hatte, weil er es doch so notwendig brauchte. Ärzte und Schwestern werden die Geister, die sie gerufen haben, nicht mehr los. Wenn Albert abends schon nicht allein ausgehen darf, ist es das mindeste, daß ihn eine Schwester ins Kino begleitet, meint er. Tagsüber langweilt er sich zu Tode, lehnt aber jeden Vorschlag zu irgendeiner Beschäftigung ab. Die absolute Versorgungshaltung des Personals beginnt abzubröckeln. Albert weckt Ärger, man geht auf Distanz. Er fühlt sich schlecht aufgehoben, beschwert sich über die Klinik und will vorübergehend bei seinem älteren Bruder wohnen.

Er kommt nun wieder zu seinen Sitzungen in meine Praxis. Ein Drang nach Ferne und Straße ist jetzt das beherrschende Gefühl. Er besucht angebliche Freunde in einer anderen Stadt. Er glaubt sich von ihnen erwartet, kann aber die Beziehungen überhaupt nicht realistisch einschätzen, und ist enttäuscht, als der Empfang nicht so ist, wie er ihn sich vorgestellt hat. Er konsumiert Drogen und läßt sich von der Polizei aufgreifen. Diese benachrichtigt die Eltern, der Vater holt ihn ab. Albert setzt es durch, daß er nun bei seinem Bruder wohnen kann.

Nun wiederholt sich etwas ähnliches wie in der Klinik. Der Bruder kümmert sich sehr um ihn, wiederum fühlt er sich wohl und aufgehoben. Der Vater besucht ihn, ist verständnisvoll und geht auf seine Probleme ein. Macht er aber konkrete Vorschläge für die unmittelbare Zukunft, schlägt Alberts Stimmung unvermittelt um. Er schickt den Vater zum Teufel und wirft dem Bruder vor, er wolle ihn los sein.

Äußerlich gesehen verschlimmert sich zwar der Zustand, er wird aggressiver.

Albert beginnt aber mich und die Analyse zu nutzen. Die Übertragung verändert sich tiefgreifend und wird konflikthafter. Die Spaltungstendenzen verringern sich, und allmählich kommen wir seinen verinnerlichten Konflikten näher.

Zum Abschluß

Der Pfad, dem ich in dieser Einführung in psychoanalytisches Denken gefolgt bin, ist der verinnerlichte Konflikt und seine psychische Bearbeitung. Man könnte einen anderen Zugang wählen, der dann auch die Schwerpunkte der ausgewählten Themen – und es ist lediglich eine Auswahl – anders legen würde. Das Konzept des verinnerlichten Konfliktes ist besonders geeignet, die für das psychoanalytische Denken konstitutive Dialektik von „innen" und „außen", und die direkte Verbindung von Theorie und Technik hervortreten zu lassen. Die theoretischen Konzepte der Psychoanalyse versuchen, die psychische Wirklichkeit zu fassen, wie sie sich in der psychoanalytische Situation darstellt.

Zudem macht die Konflikttheorie besonders deutlich, daß sich die Psychoanalyse dem Verständnis des psychischen Erlebens allenfalls annähern kann, wenn es seinen Gegenstand unter verschiedenen Perspektiven in den Blick nimmt. Die Konzepte des Unbewußten, der Triebe, der verinnerlichten Objektbeziehungen und des Selbst sind Ansichten des Psychischen, die einander bedingen. Wird ein Konzept verabsolutiert – eine Gefahr, der die Objektbeziehungs- und Selbstpsychologie nicht immer entgangen ist – wird psychoanalytisches Denken flach, eindimensional und reizlos. Wie der Trieb nicht ohne das Objekt gedacht werden kann, kann das Selbst und können die Objektbeziehungen nicht ohne den Trieb, ohne die Dimension des Wunsches, des Begehrens gedacht werden.

Natürlich könnte ich manche Linie weiter ausziehen. So verdienten z.B. der Penisneid des Mädchens und der Gebärneid des Jungen, das Verhältnis von positivem und negativem Ödipuskomplex und die je spezifische Bedeutung und Verarbeitung der Kastrationsphantasien bei Mann und Frau, die Urphantasien überhaupt, weiter bearbeitet zu werden. Auch das Thema der Identifizierung habe ich häufig berührt, aber nicht systematisch behandelt. Identifikationen spielen sowohl im Aufbau der Ich-Struktur und des Selbst als auch im Konflikt- und Abwehrgeschehen eine bedeutende Rolle. Ähnlich verhält es sich mit den Affekten. Sie sind allgegenwärtig. Die Triebtheorie als Affekttheorie zu interpretieren, macht natürlich noch keine psychoanalytische Affekttheorie.

Der Weg, den ich gegangen bin, hat viele Verzweigungen und Kreuzungen. Schon der Aufbau des Buches sollte einen Zug psychoanalytischen Denkens widerspiegeln. Ich wollte eine Einführung vorlegen, die ein abgerundetes Ganzes ist und nach allen Seiten offenbleibt.

Literaturverzeichnis

Abelin, E. L. (1971). Role of the father in the separation-individuation process. In: McDevitt, J. B. u. C. F. Seetlage (Hrsg.), Separation-Individuation, Essays in Honor of Margaret S. Mahler. New York: Int. Univ. Press.

Balint, M. (1937). Frühe Entwicklungsstadien des Ichs. Primäre Objektliebe. In: Die Urformen der Liebe und die Technik der Psychoanalyse. Frankfurt/M.: Fischer, 1969.

Balint, M. (1968). Therapeutische Aspekte der Regression. Hamburg: Rowohlt 1973.

Barnes, J. (1988). Als sie mich noch nicht kannte. Zürich: Haffmans Verlag.

Bettelheim, B. (1984). Freud und die Seele des Menschen. Düsseldorf: claassen.

Blakeslee, Th. R. (1982). Das rechte Gehirn. Das Unbewußte und seine schöpferischen Kräfte. Freiburg i. Br.: Aurum.

Blos, P. (1990). Sohn und Vater. Stuttgart: Klett-Cotta.

Brenner, Ch. (1968). Grundzüge der Psychoanalyse. Frankfurt/M.: Fischer.

Brenner, Ch. (1979). Praxis der Psychoanalyse. Frankfurt/M.: Fischer.

Chasseguet-Smirgel, Janine (1988). Zwei Bäume im Garten. Zur psychischen Bedeutung der Vater- und Mutterbilder. München: Verlag Int. Psychoanalyse.

Dolto, Françoise (1987). Das unbewußte Bild des Körpers. Weinheim: Quadriga.

Eagle, M. N. (1988). Neuere Entwicklungen in der Psychoanalyse. München: Verlag Int. Psychoanalyse.

Erikson, E. H. (1950). Wachstum und Krisen der gesunden Persönlichkeit. In: Identität und Lebenszyklus. Frankfurt/M.: Suhrkamp 1966a.

Erikson, E. H. (1966b). Einsicht und Verantwortung. Die Rolle des Ethischen in der Psychoanalyse. Stuttgart: Klett.

Fenichel, O. (1945). Psychoanalytische Neurosenlehre, 3 Bde. Olten: Walter, 1974.

Freud, Anna (1936). Das Ich und die Abwehrmechanismen. In: Die Schriften der Anna Freud Bd 1. Frankfurt/M.: Fischer, 1987.

Freud, S. (1894a). Die Abwehr-Neuropsychosen. GW Bd 1.

Freud, S. (1885). Entwurf einer Psychologie. In: Freud 1950a.

Freud, S. (1895d). Studien über Hysterie. GW Bd 1.

Freud, S. (1898a). Die Sexualität in der Ätiologie der Neurosen. GW Bd 1.

Freud, S. (1900a). Die Traumdeutung. GW Bd 2/3.

Freud, S. (1905d). Drei Abhandlungen zur Sexualtheorie. GW Bd 5.

Freud, S. (1908c). Über infantile Sexualtheorien. GW Bd 7.

Freud, S. (1909b). Analyse der Phobie eines fünfjährigen Knaben. GW Bd 7.

Freud, S. (1910a). Über Psychoanalyse. GW Bd. 8.

Freud, S. (1910i). Die psychogene Sehstörung in psychoanalytischer Sicht. GW Bd 8.

Freud, S. (1911b). Formulierungen über die zwei Prinzipien des psychischen Geschehens. GW Bd 8.

Freud, S. (1912b). Zur Dynamik der Übertragung. GW Bd 8.

Freud, S. (1912–13). Totem und Tabu. GW Bd 9.

Freud, S. (1913c). Zur Einleitung der Behandlung. GW Bd 8.

Freud, S. (1914c). Zur Einführung des Narzißmus. GW Bd 10.

Freud, S. (1914d). Zur Geschichte der psychoanalytischen Bewegung. GW Bd 10.

Freud, S. (1914g). Erinnern, Wiederholen und Durcharbeiten. GW Bd 10.

Freud, S. (1915a). Bemerkungen über die Übertragungsliebe. GW Bd 10.

Freud, S. (1915c). Triebe und Triebschicksale. GW Bd 10.

Freud, S. (1915e). Das Unbewußte. GW Bd 10.

Freud, S. (1915f). Mitteilung eines der psychoanalytischen Theorie widersprechenden Falles von Paranoia. GW Bd 10.

Freud, S. (1916–17). Vorlesungen zur Einführung in die Psychoanalyse. GW Bd 11.
Freud, S. (1917c). Über Triebumsetzungen, insbesondere der Analerotik. GW Bd 10.
Freud, S. (1919a). Wege der psychoanalytischen Therapie. GW Bd 12.
Freud, S. (1920g). Jenseits des Lustprinzips. GW Bd 13.
Freud, S. (1921c). Massenpsychologie und Ich-Analyse. GW Bd 1.
Freud, S. (1923a). „Psychoanalyse" und „Libidotheorie" GW Bd 13.
Freud, S. (1923b). Das Ich und das Es. GW Bd 13.
Freud, S. (1923e). Die infantile Genitalorganisation. GW Bd 13.
Freud, S. (1924b). Neurose und Psychose. GW Bd 13.
Freud, S. (1924d). Der Untergang des Ödipuskomplexes. GW Bd 13.
Freud, S. (1924f). Kurzer Abriß der Psychoanalyse. GW Bd 13.
Freud, S. (1925d). Selbstdarstellung. GW Bd 14.
Freud, S. (1925h). Die Verneinung. GW Bd 14.
Freud, S. (1926e). Die Frage der Laienanalyse. GW Bd 14.
Freud, S. (1933a). Neue Folge der Vorlesungen zur Einführung in die Psychoanalyse. GW Bd 15.
Freud, S. (1940a). Abriß der Psychoanalyse. GW Bd 17.
Freud, S. (1950a). Aus den Anfängen der Psychoanalyse. Frankfurt/M.: Fischer.
Freud, S. (1986). Briefe an Wilhelm Fliess 1887–1904. hrsg. von J. M. Masson. Frankfurt/M.: Fischer.
Greenson, R. R. (1967). Technik und Praxis der Psychoanalyse. Stuttgart: Klett, 1973.
Grunberger, B. (1976). Vom Narzissmus zum Objekt. Frankfurt/M.: Suhrkamp.
Grunberger, B. (1980). Von der Analyse des Ödipus zum Ödipus des Analytikers. In: Narziß und Anbuis. Die Psychoanalyse jenseits der Triebtheorie Bd 2. München: Verlag Int. Psychoanal., 1988.
Hartmann, H. (1939). Ich-Psychologie und Anpassungsproblem. Stuttgart: Klett, 1960.
Hartmann, H. (1964). Ich-Psychologie. Studien zur psychoanalytischen Theorie. Stuttgart: Klett, 1972.
Heimann, Paula (1950). On Counter-Transference. Int. J. Psycho-Anal. 31: 81–84.
Hildesheimer, W. (1981). Marbot. Eine Biographie. Frankfurt/M.: Suhrkamp.
Jacobson, Edith (1964). Das Selbst und die Welt der Objekte. Frankfurt/M.: Suhrkamp, 1973.
Joffe, W. G. u. J. Sandler (1967). Über einige begriffliche Probleme im Zusammenhang mit dem Studium narzißtischer Störungen. Psyche 21: 804–826.
Jones, E. (1960). Das Leben und Werk von Sigmund Freud, 3 Bde. Bern: Huber.
Junker, H. u. Th. Waßner (1984). Psychotherapeutisch Denken. Patient und Therapeut in der analytischen Arbeit. Berlin, Springer.
Kernberg, O. F. (1981). Objektbeziehungen und Praxis der Psychoanalyse. Stuttgart: Klett-Cotta.
Kernberg, O. F. (1982). The Dynamic Unconscious and the Self. Manuskript.
Kernberg, O. F. (1988). Schwere Persönlichkeitsstörungen. Theorie, Diagnose, Behandlungsstrategien. Stuttgart: Klett-Cotta.
Klauber, J. (1976). Einige wenig beschriebene Elemente der psychoanalytischen Beziehung und ihre therapeutischen Implikationen. In: Schwierigkeiten in der analytischen Begegnung. Frankfurt/M.: Suhrkamp, 1980.
Klüwer, R. (1983). Agieren und Mitagieren. Psyche 37: 828–840.
Kohut, H. (1973). Narzißmus. Eine Theorie psychoanalytischer Behandlung narzißtischer Persönlichkeitsstörungen. Frankfurt/M.: Suhrkamp.
Kutter, P. (1989). Moderne Psychoanalyse. Eine Einführung in die Psychologie unbewußter Prozesse. München: Verlag Int. Psychoanalyse.
Laplanche, J. (1974). Leben und Tod in der Psychoanalyse. Olten: Walter.
Laplanche, J. (1988). Die allgemeine Verführungstheorie. Tübingen: edition discord.
Lichtenberg, J. D. (1983). Psychoanalysis and Infant Research. New Jersey: The Analytic Press.
Loewald, H. (1978). Das Dahinschwinden des Ödipuskomplexes. In: Psychoanalyse. Aufsätze 1951–1979. Stuttgart: Klett-Cotta.
Lorenzer, A. (1970). Sprachzerstörung und Rekonstruktion. Frankfurt/M.: Fischer.
Lorenzer, A. (1984). Die Funktion der gleichschwebenden Aufmerksamkeit. Manuskript.
Mahler, Margaret S., Fred Pine u. Anni Bergman (1978). Die psychische Geburt des Menschen. Symbiose und Individuation. Frankfurt/M.: Fischer.
Masson, J. M. (1986). Was hat man dir, du armes Kind getan? Reinbek: Rowohlt.

Mendel, G. (1968). Die Revolte gegen den Vater. Frankfurt/M.: Fischer.
Mendel, G. (1969). Die Generationskrise. Eine soziopsychoanalytische Studie. Frankfurt/M.: Suhrkamp.
Mentzos, St. (1982). Neurotische Konfliktverarbeitung. Einführung in die psychoanalytische Neurosenlehre unter Berücksichtigung neuer Perspektiven. München: Kindler.
Mertens, W. (1990a). Psychoanalyse. Stuttgart: Kohlhammer.
Mertens, W. (1990b). Einführung in die psychoanalytische Therapie, 3. Bde. Stuttgart: Kohlhammer.
Moser, U. (1964). Zur Abwehrlehre. Das Verhältnis von Verdrängung und Projektion. Jahrbuch f. Psychoanal. 3.
Moser, U. (1967). Die Entwicklung der Objektbesetzung. Psyche 21: 97–124.
Nagera, H. (Hrsg.), (1969). Psychoanalytische Grundbegriffe. Eine Einführung in Freuds Terminologie und Theoriebildung. Frankfurt/M.: Fischer, 1974.
Nunberg, H. (1959). Allgemeine Neurosenlehre. Bern: Huber.
Racker, H. (1959). Übertragung und Gegenübertragung. Studien zur psychoanalytischen Technik. Basel: Reinhardt, 1978.
Racamier, P.-C. (1982). Die Schizophrenen. Eine psychoanalytische Interpretation. Berlin: Springer.
Rapaport, D. (1959). Die Struktur der psychoanalytischen Theorie. Stuttgart: Klett.
Robert, Marthe (1967). Die Revolution der Psychoanalyse. Frankfurt/M.: Fischer.
Roskamp, H. (1974). Grundlagen der Ich-Psychologie im Werk Sigmund Freuds. In: Kutter, P. u. H. Roskamp (Hrsg.), Psychologie des Ich. Psychoanalytische Ich-Psychologie und ihre Anwendungen. Darmstadt: Wiss. Buchges.
Rotmann, M. (1978). Über die Bedeutung des Vaters in der „Wiederannäherungs-Phase". Psyche 32: 1105–1147.
Sandler, J. (1976). Gegenübertragung und Bereitschaft zur Rollenübernahme. Psyche 30: 297–305.
Sandler, J. u. B. Rosenblatt (1962). Der Begriff der Vorstellungswelt. Psyche, 1984, 38: 253–253.
Schafer, R. (1983). The Analytic Attitude. New York: Basic Books.
Schwab, G. (1976). Sagen des klassischen Altertums. Leipzig: Insel.
Segal, Hanna (1964). Melanie Klein – Eine Einführung in ihr Werk. Frankfurt/M.: Fischer 1983.
Spitz, R. A. (1967). Vom Säugling zum Kleinkind. Naturgeschichte der Mutter-Kind-Beziehungen im ersten Lebensjahr. Stuttgart: Klett.
Stern, D. (1985). The Interpersonal World of the Infant. New York: Basic Books.
Stone, L. (1961). Die psychoanalytische Situation. Frankfurt/M.: Fischer 1973.
Stork, J. (Hrsg.), (1974). Fragen nach dem Vater. Freiburg: Karl Alber.
Thomä, H. u. H. Kächele (1985). Lehrbuch der psychoanalytischen Therapie. Berlin: Springer.
Wahl, H. (1985). Narzißmus? Stuttgart: Kohlhammer.
Widmer, P. (1990). Subversion des Begehrens. Jacques Lacan oder Die zweite Revolution der Psychoanalyse. Frankfurt/M.: Fischer.
Winnicott, D. W. (1949). Haß in der Gegenübertragung. In: Winnicott 1976.
Winnicott, D. W. (1955). Die Beziehung zwischen Aggression und Gefühlsentwicklung. In: Winnicott 1976.
Winnicott, D. W. (1956). Primäre Mütterlichkeit. In: Winnicott 1976.
Winnicott, D. W. (1958). Von der Kinderheilkunde zur Psychoanalyse. München: Kindler 1976.
Winnicott, D. W. (1960). Die Theorie von der Beziehung zwischen Mutter und Kind. In: Winnicott 1974.
Winnicott, D. W. (1962). Ich-Integration in der Entwicklung des Kindes. In: Winnicott 1974.
Winnicott, D. W. (1965a). Reifungsprozesse und fördernde Umwelt. München: Kindler, 1974.
Winnicott, D. W. (1965b). Familie und individuelle Entwicklung. Frankfurt/M.: Fischer, 1984
Winnicott, D. W. (1968). Die Fähigkeit zum Alleinsein. In: Winnicott 1974
Winnicott, D. W. (1971). Vom Spiel zur Kreativität. Stuttgart: Klett, 1973.
Winnicott, D. W. (1984). Aggression. Versagen der Umwelt und antisoziale Tendenz. Stuttgart: Klett-Cotta, 1988.

Sachregister

Personenregister